NATIONAL
GEOGRAPHIC

KRETA

Inhalt

IONIAN
BANK

Autoren: Donna Dailey und Mike Gerrard
Redaktion: Rebecca Snelling
Design: Nautilus Design (UK) Ltd.
Register: Marie Lorimer

Übersetzung: Beatrix Gehlhoff

„NATIONAL GEOGRAPHIC" ist eine eingetragene Marke der National Geographic Society. Deutsche Ausgabe lizenziert durch NATIONAL GEOGRAPHIC DEUTSCHLAND (G+J/RBA GmbH & Co KG), Hamburg 2008
www.nationalgeographic.de

Unsere Autoren haben nach bestem Wissen recherchiert. Trotzdem schleichen sich manchmal Fehler ein, für die der Verlag keine Haftung übernehmen kann. Hinweise, Verbesserungsvorschläge und Korrekturen sind jederzeit willkommen. Einsendungen an:
E-Mail: spirallo@nationalgeographic.de oder
NATIONAL GEOGRAPHIC SPIRALLO-Reiseführer
MAIRDUMONT GmbH & Co. KG,
Postfach 3151, D-73751 Ostfildern

Covergestaltung und Art der Bindung mit freundlicher Genehmigung von AA Publishing

Herausgegeben von AA Publishing, einem Unternehmen der Automobile Association Developments Limited, Fanum House, Basing View, Basingstoke, Hampshire, RG21 4EA, UK. Handelsregister Nr. 1878835.

Farbauszug: Leo Reprographics
Druck und Bindung: Leo Paper Products, China

A03428

Das Magazin

Enge Bindungen

Zuerst Kreter, dann Grieche: Dieses stolze Identitätsbekenntnis verbindet Kreter aller Generationen und sozialen Schichten – vom bescheidenen Dörfler bis zum berühmten Schriftsteller Nikos Kazantzakis. Um den Charakter der Kreter zu verstehen, betrachtet man die Grundlage ihres Insellebens, die Familie und das Land.

Jahrzehntelang strebten die Kreter nach *énosis*, der Vereinigung mit Griechenland, die schließlich im Jahre 1913 erfolgte. Allerdings war dieses Streben stärker durch die praktische Sorge um die eigene Sicherheit motiviert, weniger durch das Empfinden gemeinsamer Wurzeln. Griechenlands größte Insel, durch das Kretische Meer vom Rest des Landes getrennt, blickt auf eine ganz eigene, einzigartige Geschichte zurück. Gegenüber der Regierung in Athen herrscht häufig Misstrauen, und die dort aufgestellten Regeln werden abgelehnt.

Jahrhunderte des Widerstands gegen fremde Besatzung (➤ 14) und der lange Freiheitskampf haben tiefe Spuren in der kretischen Seele hinterlassen. Kreter sind Überlebenskünstler und pochen besonders in ländlichen Gegenden mit urtümlichem Stolz auf ihre Unabhängigkeit und Eigenständigkeit. Bei Umzügen und Festlichkeiten tragen die Männer ihre Nationaltracht mit einer Schärpe, in der ein Dolch oder eine Feuerwaffe stecken – als Zeichen von Freiheit und *philotimo* (Ehre).

Hintergrund: Europa wird von Zeus entführt (Stich, 17. Jahrhundert)

Elefthérios Venizélos

Überall auf der Insel tragen Straßen und Plätze den Namen des bedeutendsten kretischen Staatsmannes, Elefthérios Venizélos (1864–1936). Geboren im Dorf Mourniés in der Nähe von Chaniá, kämpfte er gegen die türkische Herrschaft und führte 1897 einen Protestzug an, bei dem erstmals auf Kreta die griechische Flagge gehisst wurde. 1910 wurde er griechischer Premierminister; er vollendete die Vereinigung Kretas mit Griechenland.

Seite 5: Ikone der Madonna mit Kind

Es bleibt in der Familie

Wenn ein Taxifahrer Sie zum Laden seiner Kusine oder dem Hotel seines Bruders bringt, ist nicht nur Nepotismus im Spiel, sondern es geht dabei um kretische Lebensart. Familie bedeutet hier weit verzweigte Verwandtschaft – es ist ganz normal, dass drei Generationen unter einem Dach leben, und enge Familienangehörige helfen einander in Zeiten der Not.

Bei gesellschaftlichen Ereignissen mischen sich auf Kreta die Generationen. Oft sieht man Jugendliche in trendigem Outfit in der örtlichen Bar Seite an Seite mit Großvätern in ausgebeulten Kniehosen und hohen Stiefeln sitzen. Obgleich viele junge Menschen die Dörfer verlassen und sich in den Städten eine weniger anstrengende Arbeit in der Tourismusbranche suchen, fahren die meisten nach Hause, wenn dort ein Fest gefeiert wird oder Hilfe bei der Olivenernte nötig ist.

Schwarz gekleidet

Warum sind die älteren Frauen in den Dörfern so häufig schwarz gekleidet? Traditionell trugen die Kreter nach einem Trauerfall in der Familie drei Jahre lang Schwarz. Die Unterdrückung durch fremde Mächte brachte einen solchen Kreislauf von Verlust und Trauer in Gang, dass Schwarz allmählich zur Nationalfarbe wurde.

Oben: Der kretische Politiker Elefthérios Venizélos

Kretische Dorfbewohnerin in traditioneller Tracht

» Es ist ganz normal, dass drei Generationen unter einem Dach leben. «

Sind alle Kreter Lügner?

Der Philosoph Epimenides, selbst Kreter, behauptete dies vor 2000 Jahren. Der Apostel Paulus zitierte ihn und damit blieb die Behauptung kleben. Vermutlich geht sie auf einen alten kretischen Glauben an einen Fruchtbarkeitsgott zurück, der starb und jährlich wieder geboren wurde. Die Kreter erklärten, ihr »Zeus« sei unter dem Berg Gioúchtas in der Nähe von Knossós begraben, doch die Nordgriechen, für die Zeus unsterblich war, erzürnten sich über diese Häresie und brandmarkten die Kreter als Lügner. Im Allgemeinen sind die Kreter ein ehrliches Völkchen – zumindest Fremden gegenüber. Allerdings lieben sie gute Geschichten. Sie reden gern und übertreiben oft oder geben Versprechen, die am nächsten Tag längst vergessen sind. All dies ist Teil ihres Wesens – abwechselnd teilnahmsvoll oder gleichgültig, entspannt, leidenschaftlich oder niedergeschlagen, aber stets im Augenblick authentisch.

Die ersten Europäer?

Der griechischen Mythologie zufolge war der Gott Zeus in eine phönizische Prinzessin verliebt. Eines Tages, als sie in der Nähe des Strandes Blumen pflückte, verwandelte er sich in einen Stier, um sie zu täuschen. Spielerisch ließ er sie auf seinem Rücken reiten, dann sprang er plötzlich ins Meer und schwamm mit ihr davon, nach Kreta. Hier vergewaltigte er sie unter einer Platane in Górtis; später wurden sie in der Diktäischen Höhle verheiratet. König Minos von Knossós und seine Brüder waren ihre Nachkommen. Der Name der Prinzessin? Europa.

Ein Hirte im Amárí-Tal hütet seine Herde

Ein Fremder und ein Gast

Das griechische Wort *xenoi* hat eine doppelte Bedeutung: »Fremder« und »Gast«. Gastfreundschaft hat auf Kreta eine hohe Bedeutung. Heute kommen so viele Touristen, dass man nicht mehr jeden zu sich nach Hause einladen kann, doch wird man oft

Typische Kaffeehaus-Gesellschaft

durch spontane Gesten der Gastfreundschaft überrascht – frisch vom Baum gepflückte Feigen, ein *Raki* die Einladung, an einer Mahlzeit teilzuhaben. Solche Großzügigkeit kann man nicht zurückzahlen, denn die Kreter haben Freude am Geben. Zeigen Sie Ihre Wertschätzung durch ein Lächeln oder ein einfaches Wort des Dankes (möglichst auf Griechisch).

Kretische Institutionen

Das *kafenion* (Café), teils Kaffeehaus, teils Kneipe, gehört zu Kreta wie der Pub zu den Briten. In jeder Stadt und jedem Dorf gibt es mindestens eines. Man erkennt es leicht an den Männern, die davor sitzen und starken griechischen Kaffee oder Schnaps trinken, Karten oder Backgammon spielen, Neuigkeiten austauschen oder politische Diskussionen führen. Das *kafenion* ist eine Domäne der Männer, inoffizieller Männerclub und öffentliches Café, und während wenige kretische Frauen mit der Tradition brechen und hereinkommen, macht man bei Gästen eine Ausnahme.

Die *voltá*, der Abendspaziergang, den die Venezianer einst einführten, ist die Zeit, in der man in gemischter Gesellschaft zusammenkommt. Rund um den Dorfplatz oder entlang einer Uferpromenade schlendern Familien und Paare Arm in Arm, bleiben stehen, um mit Freunden zu schwatzen, und Gruppen junger Männer und Frauen tauschen Klatsch aus und flirten. Es ist eine Gelegenheit, sich in seine besten Kleider zu werfen, zu sehen und gesehen zu werden.

Moderne kretische Kinder wissen um alte Traditionen

Der mit dem Stier tanzt

Griechenland mag der Geburtsort der Olympischen Spiele sein, aber lange bevor in klassischer Zeit die erste Fackel durch ein Stadion getragen wurde, beeindruckten kretische Athleten die Massen, indem sie Saltos über den Hörnern heranstürmender Stiere drehten.

Kreta war die Heimat der ersten europäischen Hochkultur, die hier etwa 3000 v. Chr. bis 1100 v. Chr. blühte. Erstaunlicherweise blieb sie unentdeckt, bis der Engländer Arthur Evans im 20. Jahrhundert mit Ausgrabungen in Knossós begann (►76).

Er nannte dieses alte Volk Minoer nach dem mythischen griechischen König Minos. Allerdings scheint Minos ein Titel und kein Personenname gewesen zu sein, ähnlich wie der ägyptische Pharao, und wenigstens 22 Herrscher trugen diesen Namen.

Diese Priesterkönige bauten beeindruckende Paläste – Knossós, Festós, Mália und Zákros sind die größten bislang entdeckten –, wo sie über eine reiche, künstlerisch geprägte, hoch rituelle Kultur

Der Stierkopf-Rhyton, ein Trinkbecher aus Knossós

Die Schlangengöttin

Eine weitere mächtige religiöse Figur der Minoer war die Schlangengöttin, eine Frau, die in jeder Hand eine Schlange hält. Ihre nackten Brüste symbolisierten Fruchtbarkeit, während die Schlange, die sich häutet, für Heilung und Wiedergeburt steht.

Elfenbeinfigur eines Athleten, gefunden in Knossós

herrschten. Die Minoer liebten Spiele und athletische Wettbewerbe. Stierspringen entsprach sowohl ihrem Interesse an Sport wie auch ihren religiösen Verpflichtungen. Die Athleten packten den heranstürmenden Stier bei den Hörnern, schlugen einen Salto über seinem Rücken und landeten auf den Füßen, die Arme im Sieg erhoben. Männer wie Frauen nahmen an diesem dramatischen Spektakel teil, das großen Mut, Beweglichkeit und Geschick erforderte.

Unmöglich? Spanische Stierkämpfer behaupten dies, und einige Wissenschaftler glauben, dass die Szenen, die auf minoischen Fresken dargestellt sind, symbolisch aufgefasst werden müssen. In der Tat hatten Stiere eine starke religiöse Bedeutung in der minoischen Gesellschaft. Sie verkörperten Männlichkeit und wurden auf Vasen und als Figurinen abgebildet. Riesige Skulpturen der »Heiligen Hörner« krönten die Palastwände.

» … packten den heranstürmenden Stier bei den Hörnern, schlugen einen Salto über seinem Rücken und landeten auf den Füßen, die Arme im Sieg erhoben. «

Ein zeremonielles Trinkgefäß, der Rhyton, wurde in Form eines Stierschädels geformt. In heiligen Riten, die vermutlich mit dem Kreislauf des Ackerbaus in Verbindung standen, wurde ein Stier gefangen und gefesselt, seine Kehle wurde durchschnitten und das Blut in diesen heiligen Bechern aufgefangen. Das Ritual ehrte den Stier und spendete den Minoern göttliche Lebenskraft. Stierspringen, ob es nun tatsächlich vollzogen wurde oder nicht, mag den Triumph des Menschen über die Kräfte der Natur symbolisiert haben.

Das berühmte Stierspringer-Fresko (Archäologisches Museum in Iráklion)

Leben als Kunst

Vieles von dem, was wir über die Minoer wissen, ist aus ihren wunderschönen Kunstwerken abgeleitet worden. Eindrucksvolle Fresken, die einst die Wände von Palästen zierten, zeigen Menschen, Tiere und Szenen des minoischen Lebens. Die Malereien, die Bewegung und Sinnlichkeit miteinander verbinden, wurden kunstvoll in leuchtenden Farben ausgeführt, die aus Pflanzen, Mineralien und Schalentieren gewonnen wurden. Die Künstler malten die Haut der Frauen weiß, die der Männer rot: Nach dem, was wir aus den Fresken wissen, spielten Frauen in der Gesellschaft eine wichtige Rolle.

Hervorragende Skulpturen, Keramik, Mosaiken und Schmuckstücke legen den Schluss nahe, dass die Minoer wohlhabend waren. Ihre Palasthäuser hatten Dachterrassen, Lichthöfe, Bäder und ausgefeilte Kanalisationssysteme. Die Minoer waren wohlgenährt, verfügten über riesige Kornkammern und

Die minoischen Epochen

Chronologisch unterteilen Archäologen die minoische Kultur in vier Hauptperioden:

Vorpalastzeit (2600–1900 v. Chr.):
Auf Kreta entsteht eine Bronzezeitkultur.

Ältere Palastzeit (1900–1700 v. Chr.):
Erste minoische Paläste werden erbaut, dann aber durch Erdbeben zerstört.

Jüngere Palastzeit (1700–1450 v. Chr.):
Große neue Paläste werden errichtet. Blütezeit der Kultur.

Nachpalastzeit (1450–1100 v. Chr.):
Die minoische Kultur schwindet, während die Mykener Einzug halten.

In dieser Halle fand man das Stierspringer-Fresko

Riesige Vorratskrüge

» ... die Minoer waren vermutlich wohlhabend «

gewaltige Gefäße, die *pithoi*, zur Aufbewahrung von Wein und Olivenöl. Die Minoer waren außerdem große Seefahrer, die ihre landwirtschaftlichen Produkte weithin gegen Kupfer und Zinn eintauschten, um Bronze herzustellen, sowie gegen Gold, Silber und wertvolle Steine, um Schmuck und Kunstwerke anzufertigen.

Erstaunlicherweise wurden ihre Paläste ohne jede Wehranlage gebaut; man kann also annehmen, dass die Minoer in Frieden lebten und keine Feinde fürchteten.

Die Legende vom Minotaurus

Der Meeresgott Poseidon sandte König Minos einen weißen Stier. Als er dessen Opferung verlangte, konnte Minos sich nicht überwinden, das schöne Tier zu töten. Aus Rache sorgte der wütende Gott dafür, dass sich Pasiphae, die Frau des Königs, in den Stier verliebte. Aus ihrer Vereinigung ging der Minotaurus hervor, eine Kreatur mit dem Kopf eines Stieres und dem Körper eines Mannes. Minos hielt das Monster in einem Labyrinth unter dem Palast gefangen. Alle neun Jahre wurden 14 junge Menschen aus Athen dem Minotaurus zum Fraß vorgeworfen.

Theseus, der Sohn des Königs von Athen, schwor, dem grausigen Spiel ein Ende zu setzen. Freiwillig meldete er sich als eines der Opfer. Er drang in den Palast ein und verführte Minos' Tochter Ariadne, die ihm ein Schwert und einen aufgerollten Faden gab, damit er den Stier töten und wieder aus dem Labyrinth finden konnte.

Katastrophales Ende

Diese bedeutende Zivilisation fand um 1450 v. Chr. ein jähes Ende, als eine nicht bekannte Katastrophe eintrat, die alle Paläste zur gleichen Zeit zerstörte. Viele glauben, dass ein Vulkanausbruch auf der nahe gelegenen Insel Santorini (Thíra) auf Kreta eine Folge von Flutwellen, Erdbeben und Bränden auslöste. Dies würde die verkohlten Überreste erklären, die man in manchen Palästen gefunden hat. Andere favorisieren Theorien über eine Invasion von außen, z. B. durch die Mykener, oder eine interne Rebellion gegen die Palastherrscher. Was immer die Ursache gewesen sein mag, binnen 200 Jahren waren die Minoer fast verschwunden, doch der Grund bleibt rätselhaft.

Die Doppelaxt

Die Doppelaxt war ein zweifaches Symbol, das die Zu- und Abnahme des Mondes und die religiöse und politische Macht des Priesterkönigs symbolisierte.

Oben: Minoischer Sarkophag im Archäologischen Museum in Chaniá

Hintergrund und Mitte: Theseus tötet den Minotaurus

FREMDE MÄCHTE

Vom Untergang der Minoer bis ins frühe 20. Jahrhundert hinein wurde Kreta von einer ganzen Reihe fremder Invasoren beherrscht. Während des Zweiten Weltkriegs stand es unter deutscher Besatzung. Die Jahrhunderte der Fremdherrschaft und der lange Freiheitskampf haben nicht nur Landschaft und Städte, sondern auch den Charakter der Menschen geprägt.

Die Griechen

Festlandgriechen waren die ersten Eindringlinge auf der Insel. Mykenische Krieger vom Peloponnes bauten Knossós und andere minoische Siedlungen wieder auf. Als ihre Macht schwand, drangen die Dorer aus Nordgriechenland vor und errichteten Stadtstaaten in Górtis, Lató und anderswo. Die Ureinwohner, die Eteokreter, zogen sich in Siedlungen in den Bergen zurück.

Das Mosaik von Dionysos und Ariadne stammt aus der römischen Epoche

Überall auf Kreta blieben byzantinische Kirchen erhalten

» die reinste und vornehmste Menschenrasse, die je gelebt hat «

Was besagt der Name?

Kretas Hauptstadt ist unter vielen Namen bekannt geworden. Auch wenn ihre Ursprünge viel älter sind, hat die Stadt unter den Römern als Hafen gedient. Diese gaben ihr den Namen Herakleium, wovon sich der heutige Name ableitet. Nachdem die Sarazenen die Stadt im 9. Jahrhundert erobert hatten, errichteten sie Wehranlagen, umgaben sie mit einem Graben und nannten sie Rabdh-el-Khandak (Burg mit dem Graben), oder Chandax. Im Mittelalter nannten die Venezianer die Stadt wie auch die Insel Cándia. Unter türkischer Herrschaft bezeichneten die Kreter die Stadt als Megalo Kastro, »große Festung«. Den offiziellen Namen Iráklion (Herakleion) nahm sie 1922 an.

Der Byzantinische Adler

Der zweiköpfige Adler, ein Symbol der Macht des Byzantinischen Reiches, ist auf vielen orthodoxen Kunstwerken dieser Zeit abgebildet.

Der Löwe des Evangelisten Markus war das Symbol der venezianischen Herrschaft

Die Römer

Die Römer eroberten Kreta 67 v. Chr. und machten Górtis (► 81) zu ihrer Hauptstadt. Es war eine Zeit des Friedens und Wohlstands; Straßen, Aquädukte und Bewässerungssysteme entstanden. Der Apostel Paulus brachte 59 n. Chr. das Christentum auf die Insel.

Die Byzantiner

Mit dem Fall Roms gehörte Kreta zum Byzantinischen Reich, das von Konstantinopel aus regiert wurde. Während der ersten und der zweiten byzantinischen Periode blühten Christentum und Kunst. Viele Kirchen entstanden auf der Insel, einige blieben bis heute erhalten.

Die Araber

Die Sarazenen, Araber, die zunächst aus Spanien, dann aus Alexandria vertrieben worden waren, eroberten Kreta im 9. Jahrhundert. Górtis und andere Städte wurden zerstört, Chandax (Iráklion) diente als Piratenversteck und Sklavenmarkt. Aus dieser dunklen Zeit gibt es wenig Überreste. Der byzantinische General Nikephóras Phokás eroberte die Insel nach einer scheußlichen Belagerung zurück, bei der gefangene Sarazenen enthauptet und ihre Köpfe über die Befestigungsmauern katapultiert wurden.

Die Venezianer

Nach dem Zusammenbruch des Byzantinischen Reiches wurde Kreta für 1000 Silberstücke an Venedig verkauft. Die venezianische Herrschaft, die 465 Jahre dauerte, brachte Wohlstand, Kultur und den Bau großer Befestigungsanlagen und Häfen. Ansehnliche Villen, Häuser und Brunnen aus dieser Zeit findet man in Réthimnon, Chaniá und Iráklion. Die Kreter allerdings erhoben sich regelmäßig gegen das harsche Feudalsystem, das ihre Beherrscher etabliert hatten.

Unten: Türkische Festung in Áptera, in der Nähe von Soúda

Zeitleiste

1450–1100 v. Chr. Mykenische Zeit
1100–67 v. Chr. Dorische Zeit
67 v. Chr.–337 n. Chr. Römerherrschaft
337–824 Erste Byzantinische Epoche
824–961 Arabische Besatzung
961–1204 Zweite Byzantinische Epoche
1204–1669 Venezianische Zeit
1669–1898 Türkische Besatzung
1898 Kreta erhält Autonomie
1913 Énosis (Union) mit Griechenland
1941–45 Deutsche Besatzung während des Zweiten Weltkriegs

Die Türken

1645 griffen die Türken Chaniá an, doch dauerte es noch 24 Jahre, bis sie auch den Rest der Insel kontrollierten. Unter der osmanischen Herrschaft erlebte die Insel einen wirtschaftlichen und künstlerischen Niedergang. Christen wurden verfolgt, und die Kreter mussten Grausamkeiten erdulden. Heldenhafte Freiheitskämpfer rebellierten, besonders die Sfakioten in Westkreta, die von ihren Hochburgen in den Bergen Angriffe starteten.

Priester und Patrioten

Klöster haben eine zentrale Rolle bei der Verteidigung Kretas gegen Invasoren gespielt, wobei Priester und Äbte zu den tapfersten Helden der Insel gehörten.

Allein der Name Moní Toplóu (➤ 116f) – auf Türkisch bedeutet dies »Kanone« – drückt Widerstand aus. Während des Aufstands von 1821 eroberten die Türken das Kloster und henkten zwölf Mönche am Tor, weil sie Rebellen Unterschlupf gewährt hatten. Im Zweiten Weltkrieg bot Toplóu kretischen und britischen Kämpfern Schutz. Als die Deutschen dort einen Radiosender entdeckten, wurden Abt Silignákis und etliche Mönche erschossen.

Melhisedek, Abt von Moní Préveli (➤ 144), hisste 1821 die erste revolutionäre Fahne gegen die Türken in Rodákino. Zwei Jahre später wurde er im Kampf tödlich verwundet. Während des Zweiten Weltkriegs riskierten Mönche aus Préveli ihr Leben, um Dutzenden alliierter Soldaten bei der Flucht per U-Boot von nahe gelegenen Stränden zu helfen, nachdem Kreta gefallen war.

Der Berühmteste in dieser Reihe ist Gabriel Marinákis, der Abt von Moní Arkádi (➤ 130f), der während des Aufstands von 1866 den Befehl zur Sprengung der Munitionsdepots gab, um sie nicht den Türken zu überlassen. Das Opfer Hunderter Leben und der heroische Tod so vieler Geistlicher schockierte Politiker und Intellektuelle in Europa und den Vereinigten Staaten und bewegte sie dazu, den kretischen Freiheitskampf zu unterstützen.

Mönch (links oben) aus dem Kloster Arkádi (oben)

Links: Das berühmte Kloster Préveli

Der Kampf um Kreta begann mit der umfangreichsten Luftinvasion der Militärgeschichte. Deutschland war so entschlossen, die Insel zu erobern, dass es am 20. Mai 1941 eine Offensive startete, bei der Flugzeuge und Fallschirmtruppen den Himmel verdunkelten. Zehntausende deutscher Soldaten drangen auf die Insel vor, und dieses Ereignis lebt im Bewusstsein jedes Kreters fort, auch wenn er damals noch gar nicht geboren war.

Der Kampf um Kreta

Die Bedeutung Kretas lag in seiner Größe und geografischen Lage. Zur Zeit der Invasion erholten sich etwa 32 000 alliierte Soldaten auf Kreta, die aus Griechenland und den anderen Balkanstaaten evakuiert worden waren. Die italienische Armee war im Oktober 1940 in Griechenland einmarschiert, hatte mit deutscher Hilfe das ganze Land unter Kontrolle gebracht und so die Evakuierung der Truppen nach Kreta erzwungen. Die Lage der Insel im südlichen Mittelmeer, genau an der richtigen Stelle für den Zugang nach Griechenland, den Nahen Osten und Nordafrika, verlieh ihr eine hohe strategische Bedeutung.

Der britische Premierminister Winston Churchill hatte Kreta als seine Inselfestung bezeichnet, die er für uneinnehmbar hielt, und eine Weile gelang es den alliierten Seestreitkräften, die deutschen Truppen in Schach zu halten. Daraufhin plante Hitler den Luftangriff.

Schlacht verloren, Krieg gewonnen

Hitler hatte zunächst geplant, im April 1941 mit dem Einmarsch in Russland zu beginnen, sich dann aber entschieden, weitere Truppen für die Eroberung Kretas abzustellen. Dadurch verzögerte sich der Angriff auf Russland bis zum Juni. Möglicherweise verlor er durch diese Entscheidung den Krieg, denn als Folge der Verzögerung gelang es seinen Truppen nicht mehr, vor dem Einsetzen des russischen Winters Moskau oder Leningrad (St. Petersburg) zu erobern. Stattdessen befahl Hitler seiner Heeresgruppe Süd, Stalingrad (heute: Wolgograd) anzugreifen. 250 000 deutsche Soldaten wurden getötet oder verwundet, ein Schlag, von dem sich Hitlers Armee nicht mehr erholte. Obgleich sie den Kampf um Kreta verloren, gewannen die Alliierten am Ende den Krieg.

Deutsches Soldatengrab in Máleme

Die Schlacht beginnt

Am 20. Mai um 6 Uhr begann die Bombardierung. Um 8 Uhr, nach einer kurzen Pause, flog eine weitere Welle von Maschinen heran, und um 8.15 Uhr landeten die ersten Fallschirmspringer. Viele Tausend füllten den Himmel, wobei sie sich zuerst auf Chaniá und den wichtigen Flugplatz nahe Máleme konzentrierten.

Die deutschen Verluste waren zunächst groß, da kretische Zivilisten herbeieilten, um den Truppen bei der Verteidigung der Insel zu helfen. Männer, Frauen und Kinder, bewaffnet mit Gewehren und Heugabeln, töteten viele Invasoren, als diese auf die Erde glitten. Nach etlichen Stunden heroischer Verteidigung eroberten die Deutschen Hügel

Dorfbewohner ergeben sich den deutschen Truppen

Kinderbild der Schlacht um Kreta (Marinemuseum in Chaniá)

Verluste

Offizielle Verlustangaben beruhen oft auf Schätzungen und setzen die Zahl der Beteiligten zu niedrig an. Griechische Angaben liegen nicht vor, doch die deutsche Luftwaffe meldete 5255 griechische Gefangene. Die alliierten Streitkräfte meldeten 1751 Tote bei 1738 Verwundeten und 12 254 Kriegsgefangenen, und die alliierten Seestreitkräfte sprachen von weit über 2000 Gefallenen. Die Deutschen schätzten ihre Verluste auf 4000 Tote oder Vermisste sowie 2600 Verwundete. Wahrscheinlich starben in der Schlacht mindestens 10 000 Menschen, viele weitere kamen während der deutschen Besatzung Kretas 1941–45 ums Leben.

107, eine strategische Position, von der aus sie den Flugplatz kontrollierten. Nun konnten deutsche Flugzeuge landen und mehr Truppen und Waffen heranschaffen.

Am Nachmittag landeten deutsche Truppen auch in Iráklion und Réthimnon, allerdings wurde Réthimnon erst am 31. Mai eingenommen. Zu dieser Zeit waren die Alliierten auf dem Rückzug; sie überquerten die Weißen Berge, marschierten die Imbros-Schlucht hinab und schifften sich im kleinen Hafen Chóra Sfakíon nach Ägypten ein.

» **Männer, Frauen und Kinder, bewaffnet mit Gewehren und Heugabeln ...** «

Viele Kreter schlossen sich dem Widerstand an

Patrick Leigh Fermor

Der britische Reiseschriftsteller Patrick Leigh Fermor war als Nachrichtenoffizier der britischen Armee auf Kreta stationiert. Nach der deutschen Invasion lebte er, als Hirte getarnt, zwei Jahre lang in den Bergen und half bei der Koordinierung des kretischen Widerstands. 1944 war er verantwortlich für die tollkühne Entführung des deutschen Kommandeurs auf Kreta, General Kreipe (➤ 88, Anógia). Fermors Mitverschwörer W. Stanley Moss erzählt die Geschichte in *Ill Met by Moonlight*. Den Widerstandskämpfern gelang es, Kreipe mitten aus dem deutschen Hauptquartier zu entführen, ihn in die Berge zu schaffen und ihn schließlich von der Insel fort zum Verhör nach Ägypten zu bringen.

Das kretische Essen ist das gesündeste der Welt, wie eine Reihe von Studien gezeigt hat. Zum Glück sind die Mahlzeiten nicht nur gesund, sondern auch sehr lecker; sie setzen sich zusammen aus Hülsenfrüchten, Olivenöl, frischem Obst und Gemüse, sehr viel frischem Fisch – und dem kräftigen Rotwein der Insel. Zusätzlich enthalten sie andere gesunde Bestandteile, etwa Nüsse, Gewürze, Knoblauch, Brot, Käse und Fleisch.

ISS, TRINK UND

Gemüse

Zur so genannten »Kreta-Diät« gehört viel frisches Gemüse, das reich an Vitaminen und Fettsäuren ist und deshalb Herzerkrankungen vorbeugt. Kreter verzehren dreimal so viel Gemüse wie andere Europäer; auf der Insel werden Artischocken, Tomaten, Gurken, Spinat, Auberginen, Bohnen, Karotten, Kartoffeln und Lauch angebaut.

Obst

Kreter sollen außerdem viermal so viel Obst verzehren wie der durchschnittliche Südeuropäer und sechsmal mehr

Oben: Ein gesundes Mittagessen

Mitte: Orangen wachsen auf Kreta im Überfluss

Links: Der Markt in Chaniá quillt über von Obst und Gemüse

Löwenherz

In einer Herzstudie in Lyon teilten französische Ärzte ihre Patienten in zwei Gruppen. Eine Gruppe erhielt eine gängige Diät mit wenig Fett und wenig Cholesterin, wie sie von der US-amerikanischen Gesellschaft für Kardiologie für Herzkranke empfohlen wird; die zweite Gruppe wurde auf Kreta-Diät gesetzt. Die Ergebnisse waren erstaunlich. Nach zwei Jahren lag die Sterberate in der zweiten Gruppe um 75 Prozent niedriger als in der ersten.

als die Nordeuropäer. Hervorzuheben ist vor allem die vitaminreiche Orange, die auf der Insel selbst im Winter in solchem Überfluss wächst, dass die Bauern ihre Ernte oft gar nicht los werden. Auch Weintrauben werden viel gegessen; ihre Schale enthält Antioxidantien, von denen man annimmt, dass sie vor Krebs schützen.

Unten: Olivenöl – gesunder Inhalt in dekorativer Flasche

BLEIB GESUND

In Chaniá werden Nüsse, Samen und Trockenfrüchte verkauft

Fisch

Obwohl Kreta eine große Insel ist, befindet man sich wegen ihrer langen, schmalen Form nirgends so weit vom Meer entfernt, dass es keinen frischen Fisch gäbe. Meist stehen Schwertfisch, Thunfisch, Brassen, Seebarsch, Meeräsche, Tintenfisch, Weißfisch und Sardinen auf der Speisekarte. Im Landesinneren wird außerdem Forellenzucht betrieben.

Wein

Man nimmt an, dass maßvolle Mengen Rotwein generell gut für die Gesundheit sind. Rotwein enthält Antioxidantien, die zum Schutz vor einer Reihe von Krankheiten beitragen, und Studien haben gezeigt, dass Menschen, die ein oder zwei Gläser am Tag trinken, länger leben als Abstinenzler oder starke Trinker.

Fisch ist fester Bestandteil der Kreta-Diät

Fischöle stecken voller Vitamine, außerdem schützen sie vor Herzkrankheiten.

Olivenöl

Kreta produziert besonders gutes Olivenöl. Olivenöl reduziert ungesundes Cholesterin im Blut, das zu verstopften Arterien führen kann, und hilft, Fettablagerungen abzubauen. Wenn Sie das nächste Mal einen griechischen Salat essen, brauchen Sie nicht auf das Olivenöl zu verzichten, weil Sie meinen, dass es Ihnen schadet. Auch ein Brot ohne Butter mit Käse in geringer Menge wird Sie gewiss nicht dick machen.

Die Kreta-Diät

Der amerikanische Ernährungswissenschaftler Dr. Ancel Keys begann 1956 mit einem Vergleich der Ernährungsgewohnheiten, Krankheiten und Sterblichkeitsraten in sieben Ländern, darunter Japan, Italien und die USA. Griechische Untersuchungen wurden auf Korfu und Kreta durchgeführt, wobei Kreta die bei weitem niedrigsten Sterblichkeitsraten durch Krebs und Herzkrankheiten aufwies. 1986 gab es zum Beispiel in Finnland 972 solcher Todesfälle je 100 000 Einwohner, dagegen lag die Zahl auf Kreta nur bei 38 und damit am niedrigsten weltweit. Ebenso zeigte Kreta insgesamt das geringste Auftreten von Krankheiten. Dr. Keys war davon so beeindruckt, dass er sich fortan nach der Kreta-Diät ernährte. 2004 starb er im Alter von 100 Jahren.

Der Rhythmus der Insel

»
Sag mir mit einem Lachen, mit einem Weinen, dass du mich nicht liebst: Was kümmert's mich?
«

Selbst der große Romancier Nikos Kazantzakis (➤ 34) schrieb Liedertexte – so tief ist die Musik in der kretischen Seele verankert. Das Zitat stammt aus einem weit verbreiteten Liedtypus auf Kreta, der *mantinada*. Die Form, die bis ins 5. Jahrhundert v. Chr. zurückreicht, besteht aus gereimten Verspaaren mit 15 Silben; oft werden extreme Empfindungen der Freude oder Trauer ausgedrückt.

Andere Musiktypen sind z. B. *rizitika*, Rebellenmusik, die oft bei Hochzeiten, Taufen und anderen Festen gespielt wird, sowie *erotokriti*, Volkslieder, die aus dem 10 000-Zeilen-Epos gleichen Namens von Vitsentzos Kornáros (➤ 111) stammen.

Das Hauptinstrument ist die *lyra*, ein dreisaitiges Instrument, das traditionell aus Maulbeerholz gebaut und auf dem Knie wie eine aufrecht gestellte Geige gespielt wird. Ergänzt durch *laouto* (Laute) und *tambouras* (Busuki) entsteht der wahre Kreta-Klang.

Musik ist der Herzschlag Kretas

Meistermusiker

Die Musikläden in Iráklion (➤ 69) sind eine gute Quelle für authentische kretische Musik. Halten Sie Ausschau nach Nikos Xilouris (einer der größten Spieler) und seinem Bruder Antonis, genannt Psarantonis. Thanassis Skordalos ist ein weiterer Anwärter auf den Titel »Der Größte«. Einer der besten Orte, um zeitgenössische Künstler zu hören, ist die Taverne O Gounas in Réthimnon (➤ 152).

Feste

Kreta bietet tolle Feste. Über die öffentlichen und religiösen Feiertage, die Heiligengedenktage und die Namenstage (Äquivalent des Geburtstags) hinaus, die im ganzen Land gefeiert werden, dankt die Insel für ihre Fruchtbarkeit mit Festen, die dem Wein, Sultaninen, Kastanien und anderen Produkten gewidmet sind. Außerdem veranstalten die größeren Städten jährliche Kunst- und Kulturfeste.

Gläubige verlassen nach der Messe am Ostersonntag die Kirche

Januar

6. Epiphanias und Segnung des Wassers in Häfen rund um die Insel

März

25. offizieller Gedenktag zum Beginn des Aufstands gegen die Türken 1821

Karneval: Vielerorts wird 40 Tage vor Ostern (siehe unten) gefeiert, ganz besonders in Siteía.

April

23. Fest des Ágios Giórgios, des hl. Georg, des Schutzpatrons der Hirten; viele Festivitäten in verschiedenen ländlichen Gemeinden

Ostern: Die Daten variieren und unterscheiden sich gewöhnlich von denen des christlichen Osterfestes. Es ist das wichtigste Fest im griechisch-orthodoxen Jahr. Religiöse Prozessionen münden in die Messe am Samstagabend, am Ostersonntag folgen Feiern.

Mai

1. Am Maifeiertag fahren traditionell viele Menschen zum Picknick aufs Land.

20. Die Schlacht um Kreta; bis zu einer Woche lang wird mit Veranstaltungen in und um Chaniá daran erinnert.

21. Das Fest der Heiligen Konstantin und Helena wird in vielen Kirchen und Klöstern gefeiert, die ihren Namen tragen, besonders in Moní Arkádi.

Juni

24. Fest Johannes' des Täufers

Ende Juni: Marinewoche, die grundsätzlich in der Bucht von Soúda gefeiert wird.

Parade zum Ochi-Tag in Réthimnon

Sommer

Das Sommerfestival in Iráklion zieht sich durch alle Sommermonate.
Von **Anfang Juli** bis **Mitte August** findet das Kulturfestival Kornaria in Siteía statt.
Im **August** und **September** gibt es in Réthimnon ein Renaissance-Festival mit internationalen Theater- und Musikaufführungen.

Juli

Ende Juli: Weinfest in Réthimnon; zwei Wochen voller Feste mit Musik und Tanz

August

6. Die Metamorphosis besteht aus Gottesdiensten und Feiern, besonders in Voukoliés (südwestlich von Chaniá), Máles (bei Ierápetra) und Zákros.
15. Mariä Himmelfahrt, ein offizieller Feiertag
25. Fest des Ágios Títos, Kretas Schutzpatron, mit Feiern überall auf der Insel und großen Prozessionen in Iráklion
Mitte August: Das Sultaninenfest in Siteía dauert eine Woche und feiert nicht nur die lokalen Sultaninen, sondern auch deren Ursprung, die Weintrauben, und den Wein, der daraus gemacht wurde. Viele Festivitäten.
Ende August: In Kritsá wird eine traditionelle kretische Hochzeit gefeiert, zu der alle Besucher der Insel eingeladen sind.
Ende August: Am Abend des letzten Vollmonds im August gibt es eine kulturelle Veranstaltung in der Festung in Siteía.

September

14. Fest des Ágios Stavrós, ein religiöser Feiertag, der in den Dörfern um Chaniá begangen wird.

Oktober

Mitte Oktober: Das Kastanienfest findet in Westkreta im Dorf Élos (➤ 167) und Umgebung statt.
28. Ochi-Tag: In ganz Griechenland wird an den Tag erinnert, an dem der griechische General Metaxas 1940 Mussolinis Gesuch, italienische Truppen ins Land zu lassen, einsilbig mit Ochi (Nein) beantwortete.

November

7.–9. Es wird der großen Explosion in Moní Arkádi (➤ 130f) gedacht.
21. ein lokaler Feiertag zu Ehren der Muttergottes mit einem Gottesdienst in der Kathedrale von Chaniá

Dezember

6. Fest des Ágios Nikólaos, des Schutzpatrons der Seefahrer; am eindrucksvollsten in Ágios Nikólaos (➤ 106), aber auch in anderen kleineren Orten rund um Kreta, die denselben Namen tragen.

Karfreitagsprozession

Kretische Kreaturen

Nilpferde in Chaniá? Elefanten in Elafónissos? Tatsächlich haben exotische Tiere die Insel in vergangenen Zeiten durchstreift, doch hat sich Kretas Landschaft – und mit ihr Flora und Fauna – durch die menschliche Besiedlung erheblich verändert.

Kretas prägende natürliche Formationen sind die Berge, die zwei Drittel der Inselfläche bedecken. Vier große Bergketten durchziehen die Insel von Ost nach West. Am höchsten und eindrucksvollsten sind die Levká Óri, die Weißen Berge im Westen. Zum zentralen Psiloritis-Gebirge gehört Kretas höchster Gipfel. Im Osten schließen sich das Díkti- und das Siteía-Gebirge an. Da sie hauptsächlich aus Kalkstein bestehen, sind die Berge übersät mit Höhlen unterschiedlicher Größe, von großen Kavernen mit eindrucksvollen Formationen bis hin zu unerforschten Strudelkesseln.

» Vier große Bergketten durchziehen die Insel von Ost nach West «

Habitat

Wenn man heute Kretas trockene Landschaft betrachtet, die oft von untersetzter Kermeseiche und *phrygana* (einem niedrigen Buschwerk) bedeckt ist, kann man sich schwer vorstellen, dass sie einst mit Zedern und Zypressen dicht bewaldet war. Die seefahrenden Minoer waren die Ersten, die die alten Bäume fällten – sie benötigten Bauholz für Schiffe und Gebäude –, doch die Venezianer und Türken setzten die Rodungen fort und heute existieren nur noch kleine Flecken des Primärwalds, vor allem in abgelegenen Gegenden.

Mit dem Verlust ihres Habitats starben Kretas Hirsche und viele andere größere Waldsäugetiere aus. Von den kleinen Säugetieren, die überlebt haben, ist besonders die endemische Kretastachelmaus mit ihren charakteristischen Rückenstacheln beachtenswert.

Auf vielen Hügeln wachsen aromatische Wildkräuter wie Oregano, Thymian, Salbei und Majoran. Kretischer Diptam, *diktamo*, ist eine medizinische Pflanze, die in abgelegenen Schluchten wächst. In alter Zeit benutzte man sie zur Heilung von Pfeilwunden und zur Linderung der Geburtswehen.

Der *kri-kri*, manchmal *agrimi* genannt, ist eine große Wildziegenart mit geschwungenen Hörnern, ähnlich denen eines Steinbocks. Das Sommerfell ist rötlich-braun, die Männchen haben einen recht großen Bart. In antiker Zeit waren die Tiere zahlreich und wurden oft in minoischen Kunstwerken dargestellt, aber seither wurden sie fast bis zur Ausrottung bejagt. Die einzig noch vorhandene natürliche Population findet sich in abgelegenen Gebieten der Weißen Berge (wo seit der Errichtung des Nationalparks 1962 ihre Zahl erfreulicherweise gestiegen ist). Einige Tiere wurden nach Día und auf andere Inseln gebracht, um sie zu schützen. Der *kri-kri* ist sehr scheu, aber mit etwas Glück kann man Jungtiere in der Samariá-Schlucht (➤ 140f) entdecken.

Auf der Nahrungssuche – der Bartgeier im Flug

Leuchtend gelber Hornmohn

Gefiederte Bewohner

Kretas geografische Lage und unterschiedliche Lebensräume wie hohe Felsküsten, felsige Eilande, Feuchtgebiete und Wiesen machen es zu einem Mekka der Vögel. Von den 420 in Griechenland heimischen Arten sind 350 auf Kreta gesichtet worden, und die Insel ist außerdem ein Durchzugsgebiet für Zugvögel.

Kreta ist das letzte griechische Brutgebiet für den seltenen und bedrohten Lämmergeier oder Bartgeier. Dieser großartige Vogel hat eine Flügelspanne

Die Ímbros-Schlucht in Südkreta

von bis zu drei Metern. Weniger als drei Brutpaare existieren noch, doch man sieht den Bartgeier gelegentlich über der Omalós- oder der Lassíthi-Hochebene. Mit größerer Wahrscheinlichkeit werden Sie aber einen Gänsegeier mit seinem auffallenden weißen Kopf entdecken. Auch diese Vögel sind selten, treten aber doch noch in größerer Zahl auf. Mit viel Glück entdeckt man vielleicht auch einen Eleonorenfalken oder einen Steinadler.

Florale Kreuzungen

Im Frühling sprüht die Landschaft von Farben, wenn die Wildpflanzen auf jedem Feld und in jeder Felsspalte blühen. Ein Drittel der 6000 griechischen Pflanzenarten findet man auf Kreta, neun Prozent davon sind endemisch. Eine der ungewöhnlicheren Pflanzen ist der *Phoenix theophrasti*, eine einheimische Dattelpalme (➤ 117). Mehrere Dutzend afrikanische und asiatische Arten sowie Pflanzen vom Balkan und aus Westeuropa sind ebenfalls zu finden.

Vor allem ist Kreta jedoch für seine wilden Orchideen bekannt – auf der Insel wachsen 67 verschiedene Arten – und für seine Zwiebelpflanzen, darunter wilde Tulpen, kretische Iris und der kretische Ebenholzstrauch.

Europas ältester Wald?

Entlang der Baumgrenze (1650 m) der südlichen Weißen Berge stehen über 1000 Jahre alte Zypressen. Sie zählen nicht nur zu den ältesten Bäumen Europas, sondern frühe Zeichen von Niederwald könnten auch darauf hindeuten, dass sie den ältesten bewirtschafteten Wald der Welt darstellen. In dieser

Im Frühjahr bedeckt ein Blütenmeer die Hügel

Die Unechte Karettschildkröte steht unter Naturschutz

Höhe werden die Bäume selten höher als zwei Meter, ihr Durchmesser ist aber oft übernormal groß. Die Jahresringe am Stamm geben Aufschluss über Klimaschwankungen seit der Römerzeit.

Küstenbewohner

Die Strände westlich von Réthimnon, westlich von Chaniá und rund um Mátala sind wichtige Brutplätze für die Unechte Karettschildkröte. Diese Tiere legen ihre Eier bei Nacht in den Sand und sind durch die Entwicklung des Tourismus stark bedroht. Die griechische Gesellschaft zum Schutz der Meeresschildkröten betreibt Schutzprogramme. Stark vom Aussterben bedroht ist die Mittelmeer-Mönchsrobbe, die um die Eilande vor der Küste gesichtet wurde.

Wütende Katze

Die kretische Wildkatze, *fourokattos* (wütende Katze), galt als Mythos, bis eine Gruppe von Studenten, die Fleischfresser untersuchte, 1996 zufällig ein solches Tier einfing. Dieser erstaunliche Fund bestätigte Berichte von Hirten in den Psiloritis-Bergen, die behauptet hatten, das schwer zu fassende Nachttier gesehen zu haben. Das Tier mit 5,5 Kilo Gewicht, einem lohfarbenen Fell und einem tigerartigen Knurren ist nicht mit den Katzen des griechischen Festlandes oder Europas verwandt, sondern mit einer nordafrikanischen Spezies.

Schluchten

Samariá ist die berühmteste Schlucht auf Kreta (➤ 140f), doch gibt es noch etliche andere, die lohnende – und weniger überlaufene – Wanderwege zu bieten haben. Dazu gehören: Ímbros-Schlucht (➤ 145): nordöstlich von Chóra Sfakíon; Kotsifoú-Schlucht: nördlich von Plakiás; Kourtaliótiko-Schlucht: nördlich von Moní Préveli; Arádena-Schlucht: westlich von Lutró.

Die »Eiserne Pforte« in der Samariá-Schlucht

Die Fakten

Oberfläche: 8300 km²
Länge von Ost nach West: 250 km
Breite von Nord nach Süd: 60 km (breiteste Stelle), 12 km (schmalste Stelle)
Höchste Erhebung: Berg Ida (Psiloritis) 2456 m
Längste Schlucht: Samariá, 18 km
Längster Fluss: Geropotamós, in der Messará-Ebene, 45 km

DIE IKONEN

»Auf Kreta gibt es noch viele Ikonenmaler«, sagt Yiorgia Petrakis, »aber nicht viele von ihnen malen mit dem Herzen.« Yiorgia legt gerade eine Pause ein bei ihrer Arbeit in der Ikonenwerkstatt, die sie mit ihrem Mann Ioannis in Elúnda betreibt. Hinten im Laden steht ihre Staffelei, die mit Holzstützen versehen ist, sodass Yiorgia ihre Handgelenke aufstützen kann, wenn sie lange arbeitet.

Ikonenmalerei ist eine große kretische Tradition. Die Künstler der Insel waren vom 15. bis 17. Jahrhundert unter dem Namen Kretische Schule (► 32) für dieses Genre berühmt. Natürlich wurden Ikonen schon viele Jahrhunderte vorher gemalt, doch während dieser Zeit bestand in Venedig, der künstlerischen Hauptstadt der westlichen Welt, eine große Nachfrage nach Werken kretischer Künstler.

Oben: Yiorgia Petrakis bei der Arbeit im Atelier

Diese Kunst genießt auf Kreta hohes Ansehen, obwohl heute nur noch wenige Künstler Ikonen auf traditionelle Weise anfertigen. Die in Thessaloniki geborene Yiorgia begegnete Ioannis während des gemeinsamen Studiums an der Malschule der Universität Athen. Sie heirateten und zogen 1992 in seine Heimatstadt Elúnda, wo sie ihre Werkstatt eröffneten.

»Wir haben etliche Jahre studiert«, sagt Yiorgia. »In der Ikonenmalerei gibt es viele Regeln. Man kann sie nicht erklären, man muss sie empfinden. Es muss aus dem Herzen kommen.«

Der Rahmen für ein Ikonenbild muss aus hartem, trockenen Holz bestehen, z. B. aus

MALERIN

Eiche, Kastanie oder Pinie, nicht aus öligem Holz wie dem Olivenbaum. Das Papier ist aus Baumwolle handgeschöpft, Ei und Essig braucht man, um Eitempera herzustellen, und Goldblätter von 23 Karat liefern den Hintergrund. Auch die Farben werden auf traditionelle Art hergestellt, mit Farbstoffen, die aus Mineralien, Pflanzen und Metallen gewonnen werden. Yiorgia und Ioannis kaufen ihre Farben von der einzigen Fabrik in Griechenland, die sie noch auf diese Weise erzeugt.

»Manchmal dauert es Jahre, um eine einzige Farbe herzustellen«, erklärt Yiorgia. »Ein Metall wird in der Erde vergraben, bis es so verrottet ist, dass man genau die gewünschte Farbe erhält. Und es kann einen Monat dauern, eines der größeren Bilder zu malen; deshalb können echte Ikonenbilder recht teuer sein. Aber wir haben Kunden aus aller Welt. Meist erledigen wir Auftragsarbeiten, aber wir haben auch immer Bilder im Laden, die die Leute kaufen können. Bei der Arbeit geht es aber natürlich nicht nur ums Können. Es ist das Empfinden für Maria, für Jesus, das das Bild beeinflusst. Deine Liebe zu ihnen muss zum Ausdruck kommen.«

Als Yiorgia an ihre Leinwand zurückkehrt, ist klar zu erkennen, dass ihre eigene Liebe in jeder Ikone durchscheint. Der Geist der Kretischen Schule lebt fort in diesem kleinen Laden im Ferienzentrum Elúnda.

Unten: Ikone mit Maria und Kind aus der Werkstatt Petrakis'

Autoren & Künstler

Homer, der griechische Epiker des 8. vorchristlichen Jahrhunderts, hat gewissermaßen die Literatur »erfunden«, als er seine Erzählungen zu spinnen begann, die schließlich in der *Odyssee* und der *Ilias* niedergeschrieben wurden. Die alten Griechen legten außerdem den Grundstein für das moderne Drama, als während des goldenen Zeitalters des Perikles in Athen (5. Jh. v. Chr.) Schriftsteller wie Sophokles, Euripides und Äschilos revolutionäre neue Stilrichtungen entwickelten.

In jüngeren Zeiten hat Griechenland zwei Träger des Literaturnobelpreises hervorgebracht: die Dichter George Seferis und Odysseus Elytis.

Elytis (1911–96) wurde auf Kreta geboren, und trotz seiner Ausbildung in Athen und Paris kehrte er oft in seine griechische Inselheimat zurück. Er war einer der großen Kriegspoeten Griechenlands, der seine Erfahrungen im Kampf gegen die Deutschen während des Zweiten Weltkriegs beschrieb. 1979 wurde er mit dem Nobelpreis geehrt.

Kreta hat eine Reihe guter Autoren und Künstler hervorgebracht, wenn auch viele von ihnen keine Weltgeltung erlangten. Zwei Ausnahmen sind der Maler El Greco und der Autor Nikos Kazantzakis.

Die Kretische Schule

Ab der Mitte des 15. Jahrhunderts gewann Kreta unter den Venezianern zunehmende Bedeutung als Handelszentrum. Dies ging so weit, dass es vom 15. bis 17. Jahrhundert ökonomisch mit Venedig gleichzog, obwohl die Inselbewohner an ihren eigenen künstlerischen Traditionen festhielten. Sie wurden sowohl von der italienischen wie von der byzantinischen Kunst beeinflusst: Viele Künstler aus Konstantinopel zogen nach Kreta. Alle Kunstformen blühten, und die Kretische Schule war so stark, dass sie selbst Einfluss auf ihre Meister in Venedig und im übrigen Europa nahm.

El Greco (Der Grieche)

El Grecos wirklicher Name lautete Domenikos Theotokopoulos. Er wurde 1541 auf Kreta geboren, vermutlich in dem Dorf Fódele (► 88), obgleich es dafür keinen dokumentarischen Nachweis gibt. Theotokopoulos war ein sehr talentierter Maler. Er lernte bei einem der bedeutendsten kretischen Künstler seiner Zeit, Michael Damaskinos, dessen Meisterwerke im Ikonenmuseum in Iráklion (► 60f) zu sehen sind. Mit 27 Jahren zog Theotokopoulos nach Venedig, um seine Studien fortzusetzen und die Kunst der Ikonenmalerei zu betreiben. Dort kombinierte er erfolgreich den byzantinischen Stil, den er sich auf Kreta angeeignet hatte, mit dem Renaissancestil, der in Italien vorherrschte. Nach fast zehn Jahren in Italien mit begrenztem kommerziellem Erfolg zog der Künstler nach Toledo in Spanien, wo er bis zu seinem Tod 1614 überwiegend lebte. Dort gelangte er zu Ruhm, sowohl als Bildhauer und Architekt wie auch als Maler. Etliche seiner Gemälde hängen in der Nationalgalerie in Athen, aber nur eines kann man auf seiner Heimatinsel sehen, im Historischen Museum in Iráklion (► 58f).

Das Porträt von El Greco hängt im Prado in Madrid

» ... kombinierte er erfolgreich den byzantinischen Stil, den er sich auf Kreta angeeignet hatte, mit dem Renaissancestil ... «

Nikos Kazantzakis

Kretas andere überragende Künstlerpersönlichkeit ist der Autor Nikos Kazantzakis (1883–1957), der seine Autobiografie in Verbeugung vor seinem großen Vorfahren *Rechenschaft vor El Greco* nannte. 1883 in Iráklion geboren, wird er für alle Zeiten mit jener Figur in Verbindung gebracht, die er 1946 in seinem Roman schuf – *Alexis Sorbas*. Obgleich er als ein Beispiel für den robusten kretischen Charakter gilt, stammte Sorbas in Wirklichkeit vom Festland. Er kam nach Kreta und zeigte den Einheimischen, wie man lebt. Die Ambivalenz des Autors gegenüber seinen Landsleuten auf der Insel manifestiert sich auch in seinem großen Roman *Griechische Passion*.

Kazantzakis war stolz auf seine Insel, und die Insel ist stolz auf ihn. Auf seinen Wunsch hin wurde er in Iráklion beigesetzt, oben auf der Martinengo-Bastion auf der Stadtmauer. Sein Epitaph trifft den kretischen Charakter: »Ich erhoffe nichts, ich fürchte nichts, ich bin frei.«

Anthony Quinn machte Alexis Sorbas unsterblich

Das Grab von Nikos Kazantzakis

Pandelis Prevelakis

Pandelis Prevelakis (1909–86), geboren in Réthimnon, wurde ein guter Freund von Kazantzakis, dessen Biografie er fortschrieb. Obgleich er stets im Schatten von Kazantzakis stand, gilt Prevelakis als zweitwichtigster Autor Kretas. Sein immer wieder aufgelegter Roman *Chronik einer Stadt* ist eine historische Fiktion über Réthimnon. Es lohnt sich, danach zu stöbern.

Erster Überblick

Ankunft

Ankunft auf Kreta

Die beiden wichtigsten Ankunftsstellen auf Kreta liegen an der Nordküste. Die Hauptstadt Iráklion bedient die Mitte und den Osten der Insel, die zweitgrößte Stadt, Chaniá, bietet Zugang zum Westen. Beide haben einen Fährhafen und einen internationalen Flugplatz. Iráklion wird von mehr Airlines und Fährlinien bedient. Wenn Sie aber vor allem den Westen der Insel besuchen möchten, ist Chaniá besser geeignet.

Ein dritter Flugplatz mit der Kapazität für internationale Flüge wird in Siteía eröffnet, das ebenfalls an der Nordküste, aber im Osten der Insel liegt. Doch herrscht über das Datum der Eröffnung noch Unklarheit.

Für die 160 Kilometer lange Strecke zwischen Iráklion und Chaniá benötigt man etwa zwei Stunden über die gut ausgebaute Nationalstraße, die sich fast an der gesamten Nordküste Kretas entlangzieht. Zwischen beiden Orten verkehren regelmäßig Busse, und beide Orte sind Teil eines gut ausgebauten Busnetzes, das sich über ganz Kreta erstreckt.

Flughafen Iráklion

- Der Flugplatz liegt **5 Kilometer östlich des Stadtzentrums** (Tel. 2810 22 84 02).
- Die **Buslinie 1** vor dem Terminal fährt von 6 bis 23 Uhr alle paar Minuten zum Stadtzentrum. Der Fahrpreis beträgt ca. 1 €.
- Vor dem Flughafen warten **zahlreiche Taxis**. Hüten Sie sich vor Schleppern; gehen Sie lieber zum offiziellen Taxistand.
- Achten Sie darauf, dass das **Taxameter** eingeschaltet ist, oder vereinbaren Sie vorher einen Fahrpreis. Nehmen Sie sich die Zeit, am Taxistand auf die Tafel zu sehen, auf der die ungefähren Fahrpreise zu den beliebtesten Zielen angegeben sind.
- Ein **Taxi nach Iráklion** kostet etwa 10 € (nach Mitternacht teurer) mit einem kleinen Aufschlag für Gepäck.
- **Geldwechselstuben, Autovermietungen, Gepäckkarren, Geschäfte, Bars** und **Cafés** gibt es am Flughafen.
- Falls Sie **ein Auto mieten**: Der Flugplatz liegt nahe der New Road. Folgen Sie den Schildern nach Ágios Nikólaos, wenn Sie nach Osten wollen, oder nach Iráklion und dann Réthimnon, wenn Sie nach Westen wollen. Das Stadtzentrum von Iráklion ist ca. 15 Minuten entfernt.
- Wenn Sie – länger oder kürzer – am Flughafen **parken** wollen, benutzen Sie den großen und preiswerten öffentlichen Parkplatz gegenüber dem Terminalgebäude am Ende der zweispurigen Fahrbahn.
- Leider sind **Verspätungen** bei Charterflügen im Sommer nicht unüblich. Vor der Kontrollstelle ist sehr viel mehr Platz als dahinter, passieren Sie also nicht unnötig früh die Passkontrolle.
- Saisonabhängig gibt es bis zu **15 Flüge pro Tag** nach Athen, die Flugzeit dauert eine knappe Stunde.
- **Linienflüge** gibt es außerdem nach Thessaloniki, Rhodos, Santorini (Thíra), Páros und Mýkonos.
- Die meisten Inlandsflüge werden von der nationalen Fluggesellschaft Olympic Airways angeboten, aber es gibt auch eine Reihe kleinerer Airlines.

Flughafen Chaniá

- Der Flugplatz liegt **bei Soúda**, etwa 15 Kilometer nordöstlich des Stadtzentrums (Tel. 28210 632 64).
- **Öffentliche Busse** fahren ankommende Flüge an, aber es gibt keinen Linienverkehr, und die meisten Reisenden nehmen ein Taxi.

- **Taxis** sind zahlreich. Eine Fahrt in die Stadt kostet ca. 10 €. Bitte beachten Sie die oben genannten Vorsichtsmaßnahmen.
- **Geldwechselstuben**, Autovermietungen, Geschäfte und Cafés gibt es am Flughafen.
- Mehrmals täglich bestehen **Flugverbindungen** nach Athen durch die nationale Fluglinie Olympic Airways und kleine unabhängige Airlines wie Air Greece, Air Manos und Aegean Airlines.
- Aegean Airlines fliegt außerdem **täglich** nach Thessaloniki.
- Wenn Sie einen **Wagen mieten**, folgen Sie den Schildern nach Soúda, um auf die New Road zu kommen, ansonsten folgen Sie den Schildern nach Chaniá, um das Stadtzentrum zu erreichen. Wenn Sie zur New Road kommen, biegen Sie links ab Richtung Osten und folgen Sie der Beschilderung nach Réthimnon und Iráklion oder biegen Sie nach rechts Richtung Westen ab. Hier weisen Schilder nach Chaniá, aber die Straße führt um die Innenstadt herum.

Flughafen Siteía

- Der Flugplatz liegt etwa **2 Kilometer nordwestlich des Stadtzentrums** (Tel. 28430 244 24).
- **Taxis** fahren ankommende Flüge an: Der Fahrpreis bis Siteía liegt bei ca. 5 €.

Hafen Iráklion

- Der Fährhafen liegt **etwas östlich** des Stadtzentrums.
- Der Weg ist nicht weit, bei **schwerem Gepäck** empfiehlt sich ein Taxi.
- Es gibt **tägliche Fährverbindungen** nach Athen und Santorini (Thíra) sowie regelmäßige Verbindungen auf die Kykladen, die Sporaden und nach Thessaloniki.
- **Informationen** erteilt die Hafenaufsicht (Tel. 2810 24 49 12).

Hafen Chaniá

- **Fähren** machen im Hafen nahe Soúda etwa 20 Autominuten östlich des Stadtzentrums fest. **Taxis** sind verfügbar.
- Es gibt eine **tägliche Fährverbindung** nach Athen.
- **Informationen** erteilt die Hafenaufsicht (Tel. 28210 988 88).

Touristeninformation

Fremdenverkehrsbüros findet man nur in größeren Städten. Wo es keine gibt, fragen Sie in Reisebüros nach Informationen.

Griechische Zentrale für Fremdenverkehr (Iráklion): Odós Xanthoudiou 1, Tel. 2810 22 82 25, gegenüber dem Eingang zum Archäologischen Museum
Chaniá: Akti Tombazi (Hafen), Tel. 28210 203 69
Réthimnon: Odos Venizelou, Ufer, am Ostende Richtung Plateía Iroon, Tel. 28310 291 48
Ágios Nikólaos: Nördlich der Brücke zwischen See und Hafen, Tel. 28410 223 57
Siteía: am Wasser, Tel. 28430 283 00

Eintrittsgelder

Die Eintrittspreise für Museen und andere im Text erwähnte Sehenswürdigkeiten sind in folgenden Kategorien angegeben.
Preiswert: unter 2 Euro **Mittel:** 2–3,5 Euro **Teuer:** über 3,5 Euro

Unterwegs auf Kreta

Auf Kreta herumzureisen ist leicht, aber die Insel ist groß, und wenn auch Zeit zum Entspannen bleiben soll, sollte man sich auf eine Region beschränken.

Busverbindungen

- Die Busverbindungen sind **im Allgemeinen gut**. Es gibt z. B. etwa 25 Busverbindungen pro Tag zwischen Iráklion und Chaniá und eine ähnliche Zahl zwischen Iráklion und Ágios Nikólaos.
- Die **besten Verbindungen** bestehen zwischen den größeren Städten und den größeren Touristenorten. In abgelegenen Gebieten sind oft ältere Busse im Einsatz, die Verbindung beschränkt sich auf einen Bus am frühen Morgen in die Hauptstadt und eine Rückfahrt am Nachmittag.
- Das Verkehrsnetz wird **vom KTEL betrieben**, die Busse sind hellblau. In größeren Städten gibt es oft mehr als eine Haltestelle, erkundigen Sie sich vorher nach dem Abfahrtsort.
- Fahrkarten sollte man **im Voraus** an der Bushaltestelle kaufen. In kleineren Orten mit nur einer Haltestelle werden Tickets oft im am nächsten gelegenen Laden verkauft. Halten Sie Ausschau nach Hinweisschildern, oder fragen Sie.
- Ein **Fahrplan** für ganz Kreta kommt jedes Jahr heraus; er ist an Busstationen und bei Reisebüros erhältlich. Wenn möglich, prüfen Sie die Abfahrtszeiten noch einmal nach, da diese sich ändern können.
- Fahrpläne kann man im Voraus auf der KTEL-Website einsehen: **www.ktel.org**

Taxis

- Taxis sind auf Kreta **im Allgemeinen preiswert**, auch für längere Fahrten.
- Auch bei Wagen mit **Taxameter** ist es üblich, einen Preis für eine bestimmte Fahrt auszuhandeln, doch sollte das stets im Voraus geschehen.
- **Taxistände** verfügen über eine Tafel, auf der die Preise zu den wichtigsten Zielen angezeigt sind.

Fähren

- Für Reisen innerhalb Kretas sind Fähren **normalerweise nicht die beste Option**, da es verhältnismäßig gute Straßen und ein gutes Busnetz gibt.
- Reisen entlang der Südküste bilden die Ausnahme: Im Sommer besteht eine **regelmäßige Verbindung** von Paleochóra im Westen nach Agía Galíni weiter östlich mit Halt in Soúgia, Agía Rouméli und Chóra Sfakíon. Dies ist sehr viel einfacher, als die Busse ins Binnenland und um die Berge herum zu benutzen, es sei denn, Sie haben ein eigenes Fahrzeug.
- Von Paleochóra aus verkehrt eine Fähre zur **küstennahen Insel Gávdos**.
- Die **größeren Häfen an der Nordküste** sind Iráklion, Chaniá, Siteía, Ágios Nikólaos und Kastélli Kíssamos. Mit Ausnahme des zuletzt genannten Ortes besteht überall Fährverbindung nach Piräus, dem Hafen von Athen, und zu anderen griechischen Inseln; Kastélli Kissamos ist der beste Hafen für Verbindungen zum Peloponnes.

Straßen

- Die meisten **Hauptstraßen** sind in gutem Zustand, die beste ist die E 75, die Städte an der Nordküste Kretas miteinander verbindet. Sie ist durchweg als New Road beschildert, man nennt sie aber auch Nationalstraße.
- Abseits der Hauptstraßen sind die **Straßenzustände höchst unterschiedlich**, Schlaglöcher und Steinschlag sind selbst auf Hauptstrecken üblich.
- Auf vielen Hauptstraßen ist die **rechte »Spur«** eher ein breiter Seitenstreifen, auf den man ausweicht, um ein anderes Auto überholen zu lassen.

- Am besten erkundigt man sich vor Ort nach dem **Zustand der Straße**, da Straßen, die auf der Karte gut aussehen, sich als ausgefahrene Wege erweisen können. Griechenland steht in Europa an zweiter Stelle, was die Verkehrstoten angeht.
- Viele Einheimische fahren **mitten auf der Straße**. Häufig wird rücksichtslos überholt, selbst vor unübersichtlichen Kurven.
- Wenn ein anderer Autofahrer **das Licht aufblendet**, bedeutet das, dass er als Erster fährt und NICHT, dass er Ihnen die Vorfahrt überlässt. Oder er warnt vor einer Geschwindigkeitskontrolle an der nächsten Ecke.
- Es wird **viel gehupt**, aber dies kann einfach bedeuten, dass der Fahrer einen Freund erkennt oder am Laden eines Verwandten vorbeikommt, also beziehen Sie das Hupen nicht unbedingt auf sich.

Verkehrsregeln

- Es herrscht **Rechtsverkehr**.
- Das Anlegen der **Sicherheitsgurte** ist vorgeschrieben, doch viele Einheimische ignorieren dies.
- **Kinder** unter zehn Jahren dürfen nicht vorne sitzen.
- **Alkohol am Steuer** ist ein schweres Vergehen. Bei einem Blutalkoholwert von 0,5 Promille droht bereits eine hohe sofortige Geldbuße, ein Wert von über 0,8 Promille ist ein kriminelles Vergehen und kann zur Inhaftierung führen. Die Polizei führt manchmal stichprobenartig Alkoholkontrollen durch.
- Die **Geschwindigkeitsgrenze** liegt bei 120 Stundenkilometern auf Autobahnen, 90 Stundenkilometern auf anderen Hauptstraßen und 50 Stundenkilometern in Ortschaften. Das Tempolimit kann etwas variieren, achten Sie auf die Beschilderung.
- **Fahrzeuge, die von rechts kommen**, haben Vorfahrt, auch im Kreisverkehr.

Mietwagen

- In allen wichtigen Städten und Touristenorten sowie an Flughäfen gibt es mehrere **Mietwagenfirmen**.
- Die **Preise** sind auf Kreta höher als im europäischen Durchschnitt, doch unterbieten lokale Firmen gern die größeren internationalen Mietwagenfirmen.
- Theoretisch ist ein **internationaler Führerschein** erforderlich, in der Praxis genügt aber eine gültige nationale Fahrerlaubnis.
- Das **Mindestalter** variiert je nach Anbieter zwischen 21 und 25 Jahren.
- Im Mietpreis inbegriffen sind üblicherweise **Haftpflichtversicherung** und **unbegrenzte Kilometer**, doch ist es ratsam, zusätzlich eine Kaskoversicherung abzuschließen.
- Mietwagenfirmen **verlangen normalerweise eine Kaution** per Kreditkarte oder bar.
- Im **Spätsommer oder Herbst** kann es sich auszahlen, bei einer namhaften Firma wie Hertz oder Europcar einen höheren Preis zu zahlen, weil deren Fahrzeuge vermutlich besser gewartet sind.

Mit dem eigenen Auto

- Sie können Ihr Auto **bis zu sechs Monate** oder bis zum Ablauf von Steuern oder Versicherung nach Kreta mitnehmen.
- EU-Bürger brauchen **keine grüne Versicherungskarte** mehr.
- Diese Regeln werden auf Kreta immer wieder geändert; erkundigen Sie sich also bei einem **Automobilclub** wie dem ADAC nach neuesten Informationen.

Pannen

- Autovermieter geben eine **Notfallnummer** an.
- Mitglieder des ADAC und anderer Motorclubs erhalten kostenlose Pannenhilfe vom griechischen Autoclub **ELPA**. Die Telefonnummer für Notfallhilfe ist auf ganz Kreta 104, Informationen erhält man unter 174.

Übernachten

Dieser Führer listet einen sorgfältig ausgewählten Querschnitt von Unterkünften auf, von preiswerten, aber gemütlichen Hotels bis hin zu jenen, die internationalen Luxusstandard bieten. Im Allgemeinen ist der Standard der Unterkünfte recht hoch, die Preise sind vergleichsweise niedrig, sodass eine Kreta-Reise nicht zu einer teuren Angelegenheit werden muss.

Hotelbuchung

- Es ist durchaus üblich, **das Zimmer anzusehen**, bevor man es bucht.
- Sie müssen Ihren **Pass** an der Rezeption hinterlegen, einerseits, damit die Anmeldeformalitäten erledigt werden können, andererseits als Sicherheit gegen Zechpreller.
- In der Hochsaison ist eine **Reservierung** sehr zu empfehlen. Viele Hotels sind pauschal für Reisegruppen gebucht.
- Reisen ohne reservierte Unterkunft sind **im Frühling und Herbst einfacher**.
- Viele Hotels sind **Familienbetriebe** und werden normalerweise makellos sauber gehalten. Die Badezimmer sind oft einfach, doch findet man dort meist alles, was für einen angenehmen Aufenthalt nötig ist.

Zimmervermietung

- Neben der konventionellen Hotelunterbringung findet man auch Schilder mit dem Hinweis **»Zimmer zu vermieten«** (*rooms* auf Englisch und *domatia* auf Griechisch). Dabei handelt es sich oft um Zimmer in Privathäusern, die meist sehr billig sind. Die Standards sind unterschiedlich; sehen Sie sich das Zimmer vorher an.
- Mit etwas Glück »adoptiert« man Sie als **Familienmitglied**, sodass Sie die großzügige kretische Gastfreundschaft genießen können.

Preise

- Alle Hotels werden von der Touristenpolizei **jährlich inspiziert** und die Zimmerpreise und Hotelkategorien geprüft. Laut Gesetz müssen diese Angaben in jedem Zimmer aushängen, normalerweise auf der Innenseite der Tür.
- Außerhalb der Saison sind die **Preise mitunter verhandlungsfähig**, im Sommer sollte man nicht mit Nachlässen rechnen. Die Zimmerpreise variieren nach Saison und Ausstattung, Zimmer mit Meerblick sind in der Regel teurer.
- **Frühstück kann im Zimmerpreis inbegriffen** sein oder auch nicht; dies kann man ebenfalls dem Hinweis an der Tür entnehmen. Die Qualität des Hotelfrühstücks ist sehr unterschiedlich, von karg bis großzügig. Wenn das Frühstück optional ist, kann man darauf verzichten und in einem Café frühstücken.

Tipps

- Wenn Sie selbst keine Unterkunft finden können, versuchen Sie es im **Fremdenverkehrsbüro** (wenn es eines gibt), im **Reisebüro**, oder fragen Sie nach der **Touristenpolizei**. Vielerorts hat diese eine Liste der Unterkünfte und kann Ratschläge geben.
- Viele Hotels nutzen **Solarenergie**. Deshalb ist der frühe Abend die beste Zeit für eine heiße Dusche, da kleine Tanks manchmal am nächsten Morgen kein warmes Wasser mehr liefern.
- Griechische **Abwassersysteme** haben ihre Eigenheiten; Toilettenpapier darf nicht mit abgespült werden, da es die Rohre verstopft. Stattdessen benutzt man den bereitstehenden Korb. Eine Ausnahme bilden nur die moderneren Luxushotels. Im Zweifelsfall sollte man nachfragen.

Essen und Trinken

Die griechische Küche ist ausgesprochen lecker, und Kreta kann erhobenen Hauptes mit jeder Mittelmeerinsel mithalten. Die Kreta-Diät (➤ 20ff) mit reichlich frischem Fisch, Obst und Gemüse hat sich sogar als besonders gesund erwiesen.

Spezialitäten

Kretas Küche ähnelt der konventionellen griechischen Küche, bietet darüber hinaus aber eine gute Auswahl an einheimischem Käse und Wein.

- Probieren Sie den süßen ***myzithres*-Frischkäse** als Abwechslung zu *feta*.
- **Schnecken** sind recht häufig in kretischen Gerichten zu finden; dies ist seit der minoischen Zeit so, auch **Wild** ist vertreten.
- **Kaninchen** gibt es hier häufiger als im übrigen Griechenland, oft zu einem ***stifado* (Eintopf)** verarbeitet.
- Probieren Sie auch ***loukaníka*** (köstliche, in den Dörfern hergestellte Würste), **Ziege** oder die örtliche Variante von ***kleftiko*** – Lammfleisch und Käse im Teigmantel im Ofen gebacken.
- Eine Art Nationalgericht ist ***dhakos***, das besser schmeckt als es klingt: ölgetränktes Weißbrot, Zwieback mit Tomaten.

Tavernen und Restaurants

- Es besteht ein verschwommener Unterschied zwischen **Restaurants** und Tavernen. Restaurants gehören eher der oberen Preisklasse an, und dort bekommt man wahrscheinlich ein Weinglas und nicht nur ein kleines Wasserglas, ein Leinentischtuch statt der Papiervariante.
- **Tavernen** sind bodenständiger, der Service ist weniger förmlich, und man wird möglicherweise in die Küche gebeten, um einen Blick auf die Tagesspezialitäten zu werfen. Die Küche in diesen Familienbetrieben kann jedoch genauso gut sein wie die in teureren Lokalen.
- ***Psarotavernas*** sind auf Fisch spezialisiert; ***Psistaries*** bieten Gegrilltes, oft über Holzkohle; eine *Ouzeri* ist eine Bar, die auf Ouzo spezialisiert ist. Er wird mit kleinen Tellern voll griechischer Vorspeisen, den *meze* oder *mezedhes*, serviert.
- Die **Kleiderordnung** ist überall, mit Ausnahme der schicksten Restaurants, sehr entspannt.
- In teureren Lokalen kann man einen Tisch **vorbestellen**, doch ist dies auf Kreta nicht üblich. Die Kellner werden entweder einen Tisch herbeischaffen oder bitten zu warten, bis ein Platz frei wird.

Essenszeiten

- **Frühstück** gibt es in Hotels normalerweise schon früh am Morgen, die Cafés, in denen man frühstücken kann, öffnen nicht vor 8 Uhr.
- **Mittag- und Abendessen** werden beide recht spät eingenommen. Die Kreter essen zwischen 14 und 15 Uhr zu Mittag, doch gibt es auch Lokale, die von etwa 12 Uhr an für das Touristengeschäft geöffnet haben. Abends wird manchmal schon ab 18 Uhr Essen serviert; manche Lokale servieren auch den ganzen Tag über, sodass man nicht sicher sein kann, ob eine Tafelrunde bei einem sehr späten Mittag- oder einem frühen Abendessen sitzt.
- **Kreter** essen kaum je vor 21 Uhr zu Abend, und die echten einheimischen Restaurants füllen sich erst, wenn es auf Mitternacht geht.

Speisekarte und Rechnung

- Auf der Speisekarte stehen oft **zwei Preise**, mit und ohne Steuern, Sie müssen aber den Preis »mit Steuern« bezahlen.

- In den meisten Lokalen findet man **Speisekarten** auf Griechisch und Englisch und immer häufiger auch in anderen Sprachen, insbesondere auf Deutsch.
- **Bedienung** ist normalerweise inbegriffen, aber es ist üblich, zusätzlich einen Betrag von etwa fünf Prozent oder das Wechselgeld von der Rechnung liegen zu lassen.

Getränke

- Probieren Sie die lokalen **Fassweine**, die vor Ort gekeltert und direkt vom Fass verkauft werden. Der allgemeine Standard ist überraschend gut, wobei die Roten meist etwas besser sind als die Weißen.
- In Zentralkreta und in der Region um Siteía im Osten liegen die besten Weinbaugebiete.
- Der echte kretische Schnaps ist ***Raki***, auch ***Tsikoudhia*** ohne den Anisgeschmack. Oft wird nach dem Essen ein Gläschen auf Kosten des Hauses ausgeschenkt.

Einkaufen

Kreta ist kein Reiseziel, das die Menschen wegen seiner Einkaufsmöglichkeiten anzieht, doch wenn man dort ist, findet man ohne weiteres eine reiche Auswahl an Mitbringseln für Familie und Freunde. Allerdings hängt es davon ab, ob man sich eher für billige und lustige Souvenirs erwärmen kann oder eher für teuere Kunst und Handwerk. Bleibt anzumerken, dass viele der billigen Souvenirs in Übersee hergestellt und importiert sind.

Auf Kreta spielt das traditionelle Handwerk eine wichtige Rolle, umso mehr, als viele Touristen Geschmack daran finden.

Keramik

- Die bekannten billigen, farbenfrohen **blauen und gelben Teller** der Insel sind überall erhältlich.
- Das Dorf **Margarítes** (➤ 142) ist das Zentrum der Keramikherstellung.

Ikonen

- Ikonen werden auf Kreta noch **in traditioneller Weise** gefertigt (➤ 30f). Achten Sie auf das Echtheits-Zertifikat auf der Rückseite.
- Ikonen gibt es überall auf der Insel in Souvenirläden, doch **besonders hochwertige Exemplare** findet man bei Kirchen und Klöstern und an Orten wie der Petrakis-Ikonenwerkstatt in Elúnda (➤ 30 und 123).

Schmuck

- Überall auf der Insel verkaufen Schmuckläden **hochwertiges Silber und Gold**. Die Stücke werden nach Gewicht verkauft und sind eine gute Wertanlage.
- Halten Sie Ausschau nach Geschäften, in denen man den **Goldschmied hinten bei der Arbeit sehen** kann; dann wissen Sie, dass Sie echte Handarbeit kaufen.

Lederwaren

- Das Leben in Kretas Bergen ist hart, und robuste Lederwaren werden schon lange zu praktischen Zwecken hergestellt. Heute fertigen die Ledergeschäfte außerdem **Handtaschen, Börsen, Brieftaschen und andere Waren** für Touristen, aber man kann auch noch einheimische Waren wie die langschäftigen kretischen Stiefel kaufen.
- **Chaniá** bietet die größte Auswahl (➤ 153).

Webarbeiten

- Die Inseltradition blüht noch, besonders in Bergorten wie **Kritsá** (➤ 104), **Psýchro** (➤ 123) und **Anógia** (➤ 88f).
- Die Geschäfte hängen voller **Teppiche und Decken**, nicht alle Stücke sind Handarbeit. Die hochwertigen Textilien sind ausnahmslos teuer, aber ihren Preis wert.
- **Chaniá** ist auch für Webarbeiten eine gute Adresse (➤ 153).

Holzschnitzereien

- Viele Touristenorte haben ihre eigene **Olivenholzwerkstatt** mit Souvenirläden, die schöne geschnitzte Schüsseln, Löffel, Salz- und Pfefferstreuer und viele andere Dinge verkaufen.

Essen und Trinken

- Wem das lokale Feuerwasser, der *Raki*, schmeckt, der möchte ihn vielleicht auch nach Hause mitnehmen. ***Raki*** wie auch **Ouzo** erhält man in schönen Flaschen, die man später als Vase oder zur Dekoration benutzen kann.
- In fast jeder Stadt findet sich inzwischen ein Laden, der sich auf **Kräuter und Gewürze aus Kreta** spezialisiert hat. Der Koch der Familie möchte diese bestimmt ausprobieren.
- Der besonders reine und geschmackvolle **kretische Honig** wird gern gekauft, doch ist er meist weit teurer als zu Hause.
- Ein wirklich guter Kauf ist **Olivenöl**; Öl von Kreta gehört zu den hochwertigsten aus Griechenland.

Ausgehen

Bühnen und Festivals

- Kunstformen wie **Tanz und Theater** konzentrieren sich eher auf Sommerfestivals. Dann verwandeln sich alte Festungen und Monumente in theatralische Schauplätze. Iráklion (➤ 70), Chaniá (➤ 154), Réthimnon (➤ 154), Siteía (➤ 124) und Ágios Nikólaos (➤ 124) haben alle ihr eigenes Festival.

Bars, Clubs und Diskotheken

- **Bars** sind keine typisch kretische Einrichtung, da Griechen keine großen Trinker sind und eher das Kafeníon aufsuchen, um unter Menschen zu sein. In den letzten Jahren ist allerdings ein Wandel eingetreten: Junge Kreter gehen jetzt wie die jungen Leute überall auf der Welt in modische Bars. In den großen Städten gibt es viele solcher Lokale, oft dicht beieinander liegend, und man braucht nicht lange, um herauszufinden, wo im Ort am meisten los ist. Bars in Ferienorten sind meist eher touristisch geprägt, oft nach dem Vorbild eines britischen Pub oder eines deutschen Bierkellers.
- Zwischen **Clubs und Diskotheken** besteht normalerweise kein Unterschied. In den größeren Orten finden sich zumeist mehrere konkurrierende Lokale. In einigen Orten wie Mália gibt es eine Reihe von Nachtlokalen, in denen bis zum frühen Morgen die Musik dröhnt. Wie in jedem Touristengebiet kann sich die Mode von einer Saison zur nächsten ändern und Clubs oder Bars können Besitzer, Namen und Stil wechseln. Bei einigen ist der Eintritt frei, andere verlangen Eintritt, dafür ist das erste Getränk kostenlos. Die Preise sind nicht besonders hoch. Die meisten Lokale kommen nicht vor Mitternacht in Schwung … bleiben es aber, bis der letzte Gast geht. Da es keine Veranstaltungsmagazine gibt, halten Sie Ausschau nach Plakaten an Hauswänden und Telegrafenmasten, um zu erfahren, was wo los ist.

Kino

- Ein Kinobesuch ist auf Kreta eine beliebte Freizeitbeschäftigung, und in vielen Orten kommen mit dem Sommer die **Freiluftkinos**. Dort hat jeder seinen Spaß; erwarten Sie allerdings nicht, alles zu verstehen, oft geht es laut und fröhlich zu.
- Viele **amerikanische Filme** werden im Original mit griechischen Untertiteln gezeigt; vergewissern Sie sich vorher auf den Plakaten, die im Ort oder an der Kinokasse aushängen.

Sportliche Aktivitäten

- **Radfahren** und **Mountainbiking** sind auf Kreta nicht so verbreitet wie Wandern, aber in einigen Orten kann man Fahrräder mieten oder sich einer geführten Tour anschließen. Erkundigen Sie sich im Fremdenverkehrsbüro oder in der örtlichen Reiseaagentur.
- **Zu Pferd** lassen sich die abgelegenen Gegenden Kretas wunderbar erkunden. Auf der Insel gibt es mehrere Reitställe, die in den entsprechenden Abschnitten aufgelistet sind.
- Die besten **Tennisplätze** gehören normalerweise zu den großen Hotelanlagen. Einige stehen nur den Hotelgästen zur Verfügung, andere sind gegen Gebühr auch für andere Gäste offen, fragen Sie nach! In Chaniá und Iráklion gibt es öffentliche Tennisplätze.
- **Wandern** ist für viele Menschen einer der Hauptgründe für einen Kretabesuch. Die Berge sind spektakulär und wenig überlaufen, und selbst weniger energiegeladene Gäste fühlen sich meist den Herausforderungen der Samariá-Schlucht (➤ 140f) gewachsen. Reisebüros bieten oft auch Wanderungen zu weniger bekannten Orten an, z. B. zur Ímbros-Schlucht (➤ 145). In etlichen Städten gibt es Wandervereine, die jeweils im Text aufgeführt sind.
- **Wassersportarten** sind in den Orten rund um die Insel sehr verbreitet und außer den kleinsten Dörfern hat jeder irgendeine Art von Wassersportzentrum. Die Aktivitäten reichen vom Bananaboat bis zu Jet-Ski, Wasserski und Sporttauchen, wenn auch Letzteres auf bestimmte Gebiete beschränkt ist, weil es in den Gewässern rund um Kreta immer noch viele unerforschte archäologische Stätten gibt. Für weitere Informationen fragen Sie beim örtlichen Tauchclub nach; es gibt mehrere in Chaniá (➤ 154), Ágios Nikólaos (➤ 124), Réthimnon (➤ 154) und anderswo.

Zeitschriften

- Die umfassendste Veranstaltungsliste findet man in der kostenlosen ***Kriti Times*** in deutscher und englischer Sprache. Normalerweise wird sie am Flughafen an Neuankömmlinge verteilt, sie ist aber auch sonst vielerorts erhältlich.
- ***Cretasommer***, ebenfalls kostenlos auf Deutsch und Englisch, bezieht sich vornehmlich auf Réthimnon, enthält aber auch ein paar Artikel über die Insel im Allgemeinen.

Schwule und lesbische Reisende

- Es gibt **keine eigene Schwulenszene** auf Kreta und keine Urlaubsorte, die sich speziell an schwule Reisende wenden, wie dies z. B. auf Mýkonos oder Lésbos der Fall ist.
- **Schwule Reisende sind ebenso willkommen** wie jeder andere Urlauber, und die Kreter sind so tolerant wie alle Griechen. Auffallend gekleidete schwule und lesbische Paare ernten eher amüsierte als ablehnende Blicke.
- Man sollte jedoch keine Grenze überschreiten. **Offenkundige Zärtlichkeiten**, wie das Küssen in der Öffentlichkeit, gehen einen Schritt zu weit und werden nicht mit der gleichen Toleranz betrachtet.
- **Homosexualität** ist in ganz Griechenland ab einem Alter von 17 Jahren **erlaubt** (männliche Homosexualität ist sehr viel stärker verbreitet als weibliche), aber man findet nicht viele Kreter, die dies zur Schau stellen.

Iráklion

Erste Orientierung

Ein anmutiges Venezianisches Kastell bewacht den Hafen von Kretas Hauptstadt Iráklion, der fünftgrößten Stadt Griechenlands, die das wichtigste Einfallstor zur Insel bildet. Viele Gäste beschränken sich auf eine schnelle Besichtigung des Archäologischen Museums oder nutzen die Stadt als Ausgangsbasis für einen Knossós-Besuch. Obwohl es oft laut und lebhaft zugeht, hat Iráklion viele Reize und verfügt über ausgezeichnete Restaurants, für die sich eine Übernachtung lohnt. Die Loggia, mehrere Kirchen und der Morosini-Brunnen zählen zu den Attraktionen, an denen die stolze Geschichte und der Charakter der Stadt deutlich werden.

Seite 45: Die türkische Flotte im alten Iráklion

Iráklion wurde im Zweiten Weltkrieg stark bombardiert, dies ist der Grund für die Vermehrung der freudlosen modernen Betonbauten in der ehemals hübschen venezianischen Stadt. Einige alte Gebäude haben jedoch überlebt, und die alten Stadtmauern ziehen sich drei Kilometer lang rund um die Altstadt und trennen sie von den wuchernden Vorstädten. Außer dem Naturhistorischen Museum liegen alle interessanten Sehenswürdigkeiten der Stadt innerhalb der Mauern. Die wichtigste Durchgangsstraße durch die Altstadt ist die Odós 25 Avgoústou, die vom Hafen in die Stadt und am Straßenmarkt vorbeiführt. Die meisten der Hauptattraktionen liegen an dieser Strecke oder an kleinen Plätzen in der Nähe. Die Odós Daidálos kreuzt die Odós 25 Avgoústou und führt zum Archäologischen Museum. Man kann die kurzen Strecken zwischen den Sehenswürdigkeiten zu Fuß gehen; es gibt reichlich Cafés und Bars, um auszuruhen und etwas Kaltes zu trinken.

Statue auf der Plateía Kornárou

★ Nicht verpassen!

Nach Lust und Laune!

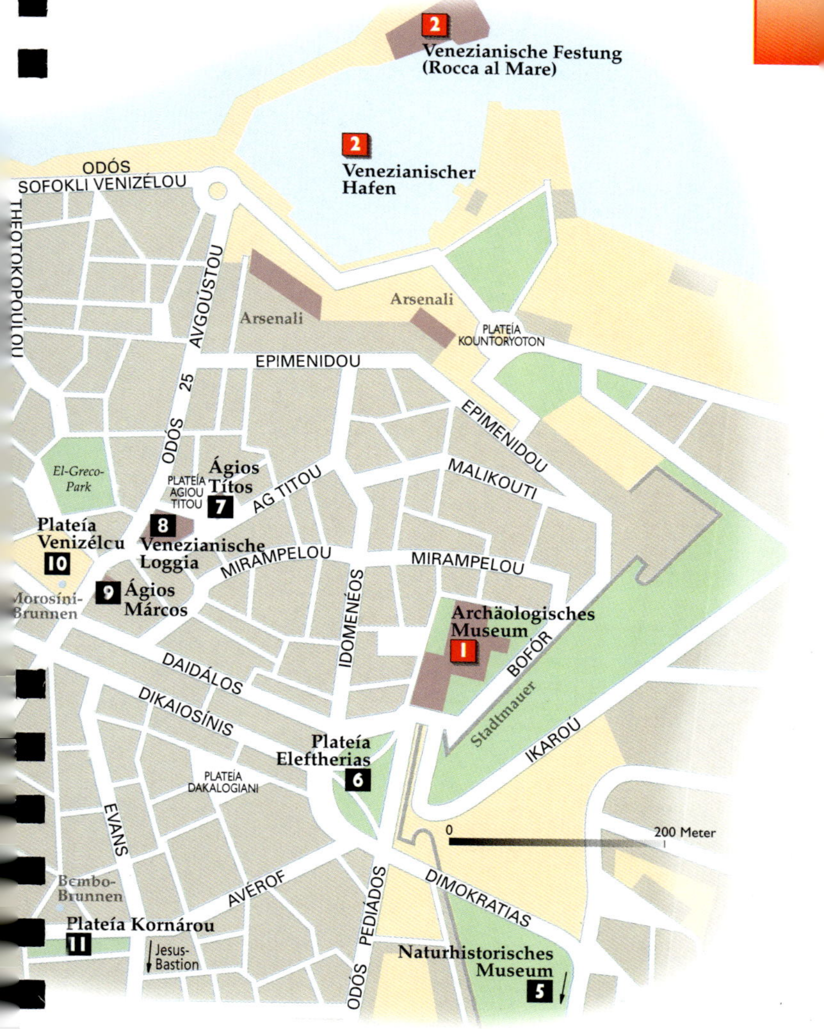

Iráklions Hauptsehenswürdigkeiten lassen sich gut an einem langen Tag bewältigen, wenn man die frühen und späten Öffnungszeiten nutzt. Man sollte sich zuvor nach den Öffnungszeiten erkundigen, denn an bestimmten Tagen kann es notwendig sein, den Besuch von Ikonenmuseum und Archäologischem Museum zu tauschen.

Iráklion an einem Tag

8 Uhr

Der Tag beginnt mit einem frühen Start im **Archäologischen Museum** (rechts, ➤ 50ff). Wer noch nicht gefrühstückt hat, kann dies mit Kaffee und Gebäck im Museumscafé nachholen. Denken Sie daran, Ihre Eintrittkarte aufzubewahren; Sie können das Museum damit am selben Tag noch einmal besuchen, falls Sie später wiederkommen möchten.

10.30 Uhr

Gehen Sie die Odós Daidálos, die Haupteinkaufsstraße, hinunter, und biegen Sie am Ende an der Plateía Venizélou rechts ein. Folgen Sie der Odós 25 Avgoústou, und bewundern Sie unterwegs die **Venezianische Loggia** (➤ 63). Gleich dahinter steht die hübsche **Kirche Ágios Títos** (➤ 62) etwas zurückgesetzt an einem kleinen Platz. Gehen Sie weiter bis zum Hafen.

11.30 Uhr

Schlendern Sie am **Hafen** entlang, und besichtigen Sie die **Venezianische Festung** (unten, ➤ 56f). Von ganz oben hat man einen der schönsten Ausblicke der Stadt.

12.30 Uhr

Genießen Sie ein frühes Mittagessen am Hafen in der Taverna Paralia (➤ 68) mit schönem Blick auf die Festung.

13.30 Uhr

Am Ufer entlang geht es zum **Historischen Museum** (links, ➤ 58f).

15 Uhr

Zurück an der Plateía Venizélou bewundern Sie den Morosini-Brunnen (rechts). Wenn Sie Zeit haben, ist dies die beste Stelle zum Leute beobachten. Machen Sie Pause im Bougatsa Kirkor und probieren Sie Kretas traditionelles Cremegebäck, *bougátsa*, oder entspannen Sie sich im nahe gelegenen El-Greco-Park.

16.30 Uhr

Besuchen Sie das **Ikonenmuseum** (rechts, ➤ 60f) sowie die Kathedrale und die Kirche Ágios Minás (➤ 61), beide am selben Platz. Werfen Sie anschließend einen letzten Blick auf die minoischen Schätze im Archäologischen Museum, oder genießen Sie vor dem Abendessen einen Drink in einer der Bars an der Odós Daidálos (➤ 70).

Archäologisches Museum

Iráklions Archäologisches Museum ist nicht nur das bedeutendste Museum auf Kreta, es ist das größte Depot für minoische Altertümer und zählt zu den besten Museen für die antike Welt. Diese großartige Sammlung von Keramik, Fresken, Schmuck, Kult- und Gebrauchsgegenständen erweckt die minoische Welt zu neuem Leben. Es empfiehlt sich, vor der Besichtigung der antiken Paläste hierher zu kommen: Dann wird der Blick auf die Ruinen bereichert sein durch das Empfinden für Farbe, Kreativität und Reichtum der faszinierenden Kultur, die einst auf dieser Insel erblühte.

Das Archäologische Museum deckt 5500 Jahre kretische Geschichte ab – vom Neolithikum (5000–2600 v. Chr.) bis zum Ende der römischen Ära (4. Jh.). Das zweigeschossige Gebäude entstand zwischen 1937 und 1940, doch inzwischen sind die Sammlung und der sommerliche Ansturm weit über den vorhandenen Platz hinausgewachsen. Da in den nächsten Jahren eine Umgestaltung des Museums geplant ist, um neue Ausstellungsräume zu schaffen, werden möglicherweise während der Bauarbeiten einzelne Säle geschlossen oder Exponate umgestellt.

Eintrittskarten erhält man am Kiosk im Innenhof. Dahinter liegen ein kleiner Garten und ein Café auf der Terrasse hinter dem Hauptgebäude. In der Eingangshalle steht ein großer Tisch, wo man Postkarten und einen Museumsführer kaufen kann. Dies ist nicht unbedingt notwendig, da die wichti-

Prozession auf dem Sarkophag aus Agía Triáda

Zeitleiste

Archäologen ordnen die Artefakte des Museums folgenden Epochen zu:
Vorpalastzeit: 2600–1900 v. Chr.
Altpalastzeit: 1900–1700 v. Chr.
Neupalastzeit: 1700–1450 v. Chr.
Späte Palastzeit: 1450–1400 v. Chr.
Nachpalastzeit: 1400–1150 v. Chr.
Subminoische, geometrische, orientalische und archaische Zeit: 1150–6. Jahrhundert v. Chr.
Klassische, hellenistische und römische Zeit: 5. Jahrhundert v. Chr.–4. Jahrhundert n. Chr.

Der Diskos von Festós birgt viele Rätsel

gen Exponate auf Griechisch und Englisch beschriftet sind, allerdings nicht sehr detailliert. Die Sammlung ist von Raum zu Raum chronologisch angeordnet, Funde aus den wichtigsten minoischen Epochen sind gruppenweise entsprechend ihren Fundorten angeordnet.

Rundgang

Saal I beherbergt einige der ältesten Artefakte Kretas, angefangen bei neolithischem Steinwerkzeug und Götzenbildern bis zu früher minoischer Keramik, Figurinen und Schmuck aus der Vorpalastzeit (siehe **Zeitleiste**). Die Ursprünge des Stiersports, später ein wichtiges Ritual im Palastleben, erkennt man in kleinen Tonfiguren von Stieren, an deren Hörnern sich Akrobaten festhalten (Vitrinen 12, 13 und 15). Beachten Sie auch die frühen Beispiele minoischer Handwerkskunst wie die Vasilikí-Keramik aus Ostkreta mit anmutigen, lang gestreckten Tüllen sowie tiefroten und schwarzen Sprenkeln, die durch den ungleichmäßigen Brand entstanden sind. Bemerkenswert sind auch die frühen Siegelsteine (► 53).

In **Saal II** sieht man Funde aus Knossós und Mália aus der Altpalastzeit. Die bemalten und glasierten Tonplättchen des so genannten Stadtmosaiks (Vitrine 25) bilden die vielstöckigen Wohnhäuser der minoischen Architektur ab. Die menschlichen und tierischen Figurinen sind Votivgaben, die man in Gipfelheiligtümern fand. *Taximata* aus Ton, die verletzte Füße, Arme oder andere Körperteile nachbilden, sind Vorläufer der silbernen Gaben, die heutzutage in den Kirchen an den Ikonen befestigt werden. Die Keramik mit dem weiß-roten Dekor der Kamáres-Ware und den zarten »Eierschalen«-Tassen ist bereits kunstvoller ausgeführt.

Der Stil erreicht seinen Höhepunkt in **Saal III** mit Funden aus dem Palast von Festós aus der gleichen Periode. Hier sieht man große Amphoren, die mit

Europas erstes geschriebenes Wort

Die frühesten Schriftzeugnisse in Europa entstanden, soweit bekannt, um 2000 v. Chr. auf Kreta. Diese als Linear A bezeichneten Inschriften entstanden etwa 600 Jahre vor den mykenischen Dokumenten in Linear B. Bislang fand man fast 1600 Linear-A-Inschriften. Obgleich man sie noch nicht vollständig entziffert hat, wird vermutet, dass es sich bei den meisten um Verwaltungslisten handelt. Man nimmt an, dass nur etwa zehn Prozent religiösen Charakter haben.

Minoische Motive

Achten Sie auf die Motive, die auf Gegenständen aus minoischer Zeit zu erkennen sind: die Doppelaxt, die Spirale und die heiligen Hörner wurden oft auf Keramik gemalt oder geritzt. Votivfiguren haben die Form von Stieren oder Göttinnen mit erhobenen Armen.

kunstvollen Spiralen, Fischen und anderen Mustern verziert sind, sowie das königliche Tafelgeschirr (Vitrine 43), darunter ein gewaltiger Obstständer und ein Krater mit einem Reliefschmuck aus großen weißen Blumen. Das Highlight ist jedoch der Diskos von Festós (► 85) mit den auf beiden Seiten aufgestempelten Schriftzeichen, möglicherweise ein ritueller Text. Er steht allein in einer zentralen Vitrine.

Einige der schönsten Kunstwerke des Museums – sie stammen aus der Neupalastzeit, als die minoische Kunst ihren Gipfelpunkt erreichte – findet man in **Saal IV**. Beim Eintreten sieht man gleich in der linken Ecke ein kunstvolles Spielbrett aus Knossós, das aus Elfenbein mit Goldeinfassung gefertigt ist und Einlegearbeiten aus Bergkristall und Lapislazuli enthält. Vitrine 50 birgt zwei herrliche Statuen der Schlangengöttin, sakrale Relikte aus den

Oben: Nehmen Sie sich Zeit für die Exponate

Schatzkammern des Tempels. Beide Figuren sind barbrüstig, eine hält ein Schlangenpaar in den erhobenen Armen, die andere hat die Schlangen um die ausgestreckten Arme gewunden. Sie repräsentieren eine wichtige minoische Gottheit oder stellen Priesterinnen bei einer rituellen Handlung dar.

Schaukasten 51 enthält den Stierkopf-Rhyton aus Knossós (ein Rhyton ist ein Trankopfergefäß für religiöse Zeremonien). Er ist aus Steatit (einem schwarzen Stein) gemeißelt, die Augen bestehen aus Bergkristall, die Nüstern aus weißem Perlmutt, die Holzhörner sind rekonstruiert. Eindrucksvoll sind auch andere lebensechte Kunstwerke wie der Alabasterkopf einer Löwin, ebenfalls ein Trankopfergefäß, und ein steinerner Axtkopf in Form eines Panthers (beide aus Mália in Schaukasten 47); Vitrine 56 zeigt die Elfenbeinfigur eines Akrobaten im Sprung. Der Schilfkrug (Kasten 49) mit seinen dunklen Farben und Mustern bildet Themen aus der Natur ab, er zeigt eine neue Entwicklung in der Keramik.

Männliche Figurine aus der Museumssammlung

Schön klein

Siegelsteine sind klein, aber hervorragend gearbeitet. Tiere, Menschen, Phantasiefiguren und Jagd- oder religiöse Szenen wurden kunstvoll und detailliert in hartes Gestein wie Achat oder Amethyst gemeißelt. Diese Bilder wurden dann auf Tonsiegel gedrückt, die als Unterschriften auf Schriftstücken oder als Garantie auf Warenladungen dienten. Keine zwei Exemplare sind gleich.

Saal V mit Funden aus der späten Palastzeit aus dem Gebiet um Knossós zeigt das Modell eines minoischen Hauses aus Archánes. In Schaukasten 69 sind seltene Beispiele der Linear-A-Schrift, der geschriebenen Sprache der Minoer, neben Linear-B-Schriften vom griechischen Festland zu sehen.

Saal VI enthält Objekte aus Begräbnisstätten in Knossós und Festós. Vitrine 71 birgt eine Tonstatuette von Männern, die ihre Arme zu einem Kulttanz zwischen den Heiligen Hörnern verschränkt haben, sowie eine andere aus Ton gefertigte Szene, eine rituelle Waschung. An der hinteren Wand finden sich die seltsamen Überreste eines Pferdebegräbnisses, in Vitrine 78 liegt ein Helm aus den Fangzähnen eines Ebers. Weitere Schaukästen enthalten Schmuck und Bronzeobjekte.

Drei riesige Doppeläxte aus Bronze, die auf Holzpfählen emporragen, bewachen den Eingang zu **Saal VII**. Die prominenteste minoische Goldschmiedearbeit überhaupt – der

Unten: Goldarmreif aus Knossós

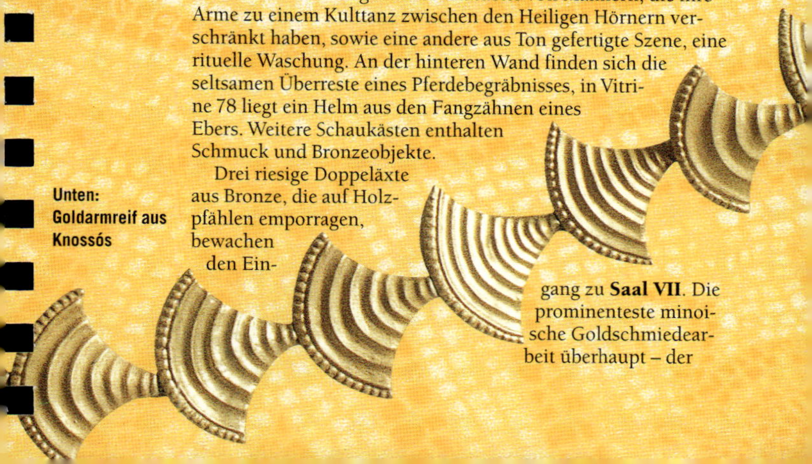

Abschiedsgeschenke
Männer wurden mit Bronzewaffen und Werkzeugen beerdigt, Bronzespiegel waren beliebte Grabbeigaben für Frauen.

»Honigbienen-Anhänger«, zwei goldene Bienen an einem Honigtropfen – liegt versteckt zwischen den Schmuckstücken in Vitrine 101 an der Rückseite des Saales. Ebenfalls berühmt sind die drei Steatitvasen aus Agía Triáda (Schaukästen 94–96): Die »Schnittervase« zeigt einen Zug von Erntearbeitern und Musikanten; die »Rapporttasse« porträtiert eine hoch gestellte Persönlichkeit, die als Tribut Tierfelle in Empfang nimmt; und der Boxer-Rhyton zeigt Faust- und Ringkämpfe sowie Stierspringer.

Saal VIII ist den Schätzen des Zákros-Palastes (► 118) gewidmet. In Vitrine 109 an der Wand befindet sich eines der Vorzeigeobjekte des Museums, ein phänomenaler Rhyton aus Bergkristall mit einem Henkel aus grünen Kristallperlen, der aus über 300 Fragmenten kunstvoll wieder zusammengesetzt wurde. Der Rhyton aus einem Gipfelheiligtum (Schaukasten 111) zeigt Kultstätten der Minoer.

Saal IX birgt Funde aus Siedlungen in Ostkreta, darunter Gourniá, und verfügt über eine schöne Sammlung von Siegelsteinen.

Die **Säle X** bis **XII** repräsentieren die Nachpalastzeit. Hier ist die minoische Kunst im Schwinden begriffen, und mykenische sowie ägyptische Einflüsse werden deutlich.

Saal XIII enthält Dutzende Tonsarkophage, die mit geometrischen Mustern bemalt sind. Viele sind wie Badewannen geformt; zwei enthalten Skelette.

Im Obergeschoss bildet **Saal XIV**, der Freskensaal, den Höhepunkt des Museums. Die langen Wände schmücken die berühm-

Die berühmte Schlangengöttin

Eine Bronzegöttin aus Dréros bei Elúnda

Rechts: Tonmodell eines minoischen Hauses

ten Wandmalereien aus Knossós: der Stierspringer, der Lilienprinz, die Delphine aus dem Schlafzimmer der Königin. Von den ursprünglichen Fresken sind nur Fragmente erhalten. In der Mitte des Raumes befindet sich der großartige Sarkophag aus Agía Triáda, der vollständig erhalten ist. Er ist mit kunstvollen Darstellungen eines Leichenzuges geschmückt.

Die **Säle XV** und **XVI** enthalten kleinere Fresken, darunter die sinnliche *Pariserin* (Nr. 27).

Zurück im Erdgeschoss enthalten die **Säle XIX** und **XX** klassische griechische und römische Bildhauerkunst.

KLEINE PAUSE

An der nahe gelegenen **Plateía Eleftherias** gibt es Tavernen; Bars und Restaurants liegen in Gehweite an der **Odós Korai**.

---

183 D4 · Odós Xanthoudidou 1 · 2810 22 60 92 · Mo 12–17, Di–So und Feiertage 8–17 Uhr; im Winter kürzer · Café (€) · Bushaltestelle in der Nähe des Museums · teuer · kein Blitz

ARCHÄOLOGISCHES MUSEUM: INSIDER-INFO

Top-Tipps: Kommen Sie gleich morgens, um die Mittagszeit oder am späten Nachmittag um **dem ärgsten Ansturm von Reisebussen zu entgehen**.
- Sie müssen nicht alles auf einmal sehen. **Die Eintrittskarte gilt am selben Tag für einen erneuten Besuch.** Legen Sie also eine Pause ein, wenn Sie müde oder nicht mehr aufnahmefähig sind.

Unbedingt: **Diskos von Festós** (Saal III)
- **Schlangengöttinnen** (Saal IV)
- **Stierkopf-Rhyton** (Saal IV)
- **Bergkristall-Rhyton** (Saal VIII)
- **Freskenhalle** (Säle XIV–XVI)

Geheimtipp: Achten Sie auf die kleinen Schätze, z. B. die **Siegelsteine**, den **Bienenanhänger** (Saal VII) oder den **Elfenbeinschmetterling** (Saal VIII).

Muss nicht sein! Die **klassischen griechischen und römischen Statuen** wirken nach der minoischen Kunst wenig anregend.

2 Venezianischer Hafen und Festung

Iráklions Venezianischer Hafen gehört zu den größten Attraktionen der Stadt. Ein Spaziergang mit einem Besuch der Venezianischen Festung, die den Hafen bewacht, lohnt sich unbedingt. Von der Festung blickt man nicht nur über die Stadt, sondern auch auf die Überreste der Venezianischen Werften, der *arsenali*, auf der Landseite.

Anmutige Bögen der *arsenali* von Iráklion

Unten: Der Löwe des hl. Markus auf der Festungsmauer

Arsenali

Aus der Nähe wirken die *arsenali*, so wie sie heute in die moderne Stadt eingebettet sind, nicht sonderlich eindrucksvoll, aber der Blick von der Festung offenbart ihre früheren Ausmaße und ihre Bauweise. Auch mit Hilfe des Modells im Historischen Museum (➤ 58f) kann man sich ein Bild davon machen, wie die Anlage unter venezianischer Herrschaft ausgesehen haben muss. Die Werften aus dem 16. Jahrhundert, in denen große Schiffe gebaut und repariert wurden, waren seinerzeit von Arbeitslärm erfüllt. Heute schaukeln hier kleine Fischerboote.

Die Festung

Die Festung, die den Hafeneingang beherrscht, wurde zwischen 1523 und 1540 errichtet, doch gab es an dieser Stelle schon früher Befestigungsbauten, einer davon wurde 1303 bei einem Erdbeben zerstört. Die Venezianer bauten das Kastell wieder auf und nannten es Rocca al Mare, Fels im Meer.

Der Löwe des Markus

Der geflügelte Löwe des Evangelisten Markus war das Emblem der Republik Venedig. Er wurde in allen Gebieten verewigt, die unter der Herrschaft der Republik standen, z. B. in Kalkstein oder Marmor über Torbögen oder an öffentlichen Gebäuden und Befestigungsanlagen. Auf Kreta sind etwa 80 dieser Reliefs bekannt.

VENEZIANISCHER HAFEN UND FESTUNG: INSIDER-INFO

Top-Tipp: Wenn in der Festung eine **Ausstellung** läuft, können sich die Öffnungszeiten ände^n. Vorsichtshalber sollte man sich vor dem Besuch erkundigen.

Geheimtipp: Achten Sie auf die **Löwen des hl. Markus** (siehe Kasten) über dem Eingangstor und an der dem Meer zugewandten Mauer.

Oben: Heute bewacht die Venezianische Festung nur Fischerboote

Man betritt zunächst ein riesiges dunkles Gewölbe, von dem verschiedene Räume und Gänge abzweigen. Vorne rechts führt eine lange steile Rampe zu den oberen Stockwerken, wo man, wenn man die Mauern erklimmt, schöne Ausblicke auf den Hafen und die dahinter liegende Stadt oder hinaus aufs Meer gewinnt. Auch einige Türme kann man erklettern.

An dieser Stelle lässt sich eine höchst bedeutsame Episode aus der Geschichte der Festung nachvollziehen. 1647 zogen sich die venezianischen Herrscher auf Kreta vor dem Ansturm der türkischen Invasoren in die Festung zurück. Die Belagerung dauerte bis 1669 und wurde zu einer der längsten der Geschichte. Schließlich mussten die Venezianer kapitulieren, doch erst nach einem langen und blutigen Kampf, in dem 30 000 Venezianer und 118 000 Türken ihr Leben verloren haben sollen.

Die Festung wurde umfassend restauriert und wirkt ein wenig wie eine Filmkulisse, doch ihre Maße bleiben eindrucksvoll. Gelegentlich sind hier Wanderausstellungen zu sehen, mitunter werden im oberen Stock Theaterstücke und Konzerte veranstaltet.

KLEINE PAUSE

Bei einem Drink oder einer Mahlzeit in der **Taverna Paralia** (➤ 68) kann man den schönen Blick auf die Festung genießen.

Venezianische Festung

183 D4 · tägl. 8.30–15 Uhr · preiswert · Fotografieren erlaubt

3 Historisches Museum

Um sich einen Überblick über die Geschichte Kretas und Iráklions zu verschaffen, ist ein Besuch in diesem kleinen, aber informativen Museum, das in einem eleganten venezianischen Stadthaus untergebracht ist, ein Muss. Zu den Höhepunkten der Sammlung zählen das Arbeitszimmer von Nikos Kazantzakis und das einzige noch auf Kreta befindliche Werk El Grecos.

Typisch kretisches Haus im Historischen Museum

Am Eingang sollte man unbedingt ein Faltblatt mitnehmen, das auf Griechisch, Deutsch und Englisch erhältlich ist. Es enthält eine Übersicht über das Museum und eine kurze Beschreibung dessen, was in jedem Raum zu sehen ist. Die meisten Exponate sind in Griechisch und Englisch beschriftet, doch bei einigen Stücken sind die Angaben nur dürftig.

Dagegen decken die Informationstafeln in **Saal I** gleich nach dem Eintreten rechts detailliert vier wichtige Epochen der kretischen Geschichte ab und entsprechen vier Regalen mit Exponaten aus jenen Zeitaltern: die erste byzantinische Epoche (330–824), die arabische Besatzung (824–961), die zweite byzantinische Epoche (961–1204) und die venezianische Herrschaft (1204–1669).

Hauptexponat in diesem Raum ist ein schönes Modell von Iráklion (Maßstab 1:500) im Jahr 1645. Zu dieser Zeit hieß die Stadt noch Chandax; diesen Namen hatten ihr die Araber gegeben, als sie sie im frühen 9. Jahrhundert zur Inselhauptstadt machten. Er leitet sich möglicherweise von den arabischen Wörtern *Rabdh el-Khandak* (Festung mit Graben) her. An den Wänden zeigen Karten die Entwicklung der Stadt; unter den Tafeln sind Knöpfe angebracht, mit denen man die entsprechenden Teile des Modells erleuchten kann.

Die Museumstour setzt sich hinter dem Ticketschalter über mehrere Etagen fort.

Saal II ist der Keramik gewidmet und zeigt schöne Schalen und Teller, die während der venezianischen Epoche aus Italien importiert wurden. Sie stehen gleich neben einheimischer Keramik aus derselben Zeit, sodass der italienische Einfluss auf das lokale Design deutlich wird. Krüge und Schalen aus der Zeit der arabischen Besatzung der Insel sind ebenfalls zu sehen.

In den übrigen Räumen im Erdgeschoss sind byzantinische Stücke, venezianische Wappen und Steinmetzarbeiten ausgestellt (man beachte den Brunnen aus einem Palazzo des 17. Jahrhunderts in Raum VI); über eine Treppe geht es in den ersten Stock.

Der Höhepunkt auf **Ebene B** ist der kleine Raum mit El Grecos Gemälde *Klosterschule der hl. Katharina vom Berg Sinai*. Dieses einzige seiner Werke, das sich noch auf Kreta befindet, entstand 1570. Auch hierzu erhält man Hintergrundinformationen. Ebenfalls auf dieser Etage sind etliche Ikonen zu sehen. Einer der hinteren Räume ist dem Unabhängigkeitskampf gegen die Türken gewidmet.

Hauptausstellungsstück auf **Ebene C** ist das Arbeitszimmer des Dichters Nikos Kazantzakis, der von 1948 bis 1957 in Antibes lebte. Zu sehen sind Manuskripte seiner Werke, seine Bibliothek und Ausgaben seiner Bücher in diversen Übersetzungen – unbedingt sehenswert für alle, die sich für Kazantzakis und sein Werk interessieren.

Der kretische Revolutionsführer Manolis Kazanis

Das Obergeschoss des Museums präsentiert eine Sammlung, die den Lebenskreis des Menschen von der Geburt über Eheschließung bis zum Tod anhand ausgewählter Exponate illustriert. Die schöne Sammlung von Webarbeiten, Stickereien, alten Trachten, Haushaltsgegenständen, Musikinstrumenten und anderen Objekten wird hier zusammen mit Neuerwerbungen ausgestellt.

KLEINE PAUSE

In der unmittelbaren Umgebung gibt es keine besondere Restaurantempfehlung, aber wenn man zwei Minuten Richtung Hafen geht, gelangt man zur **Taverna Kastella** mit Blick aufs Meer.

183 D4 Odós Lysimahou Kalokairinou 7 2810 28 32 19/28 87 08; Fax 2810 28 37 54; E-Mail: info@historical-museum.gr; www.historical-museum.gr
Mo–Sa 9–14.30, Mi auch 18–21 Uhr mittel kein Blitz

Die türkische Flotte im Hafen von Iráklion (Wandgemälde)

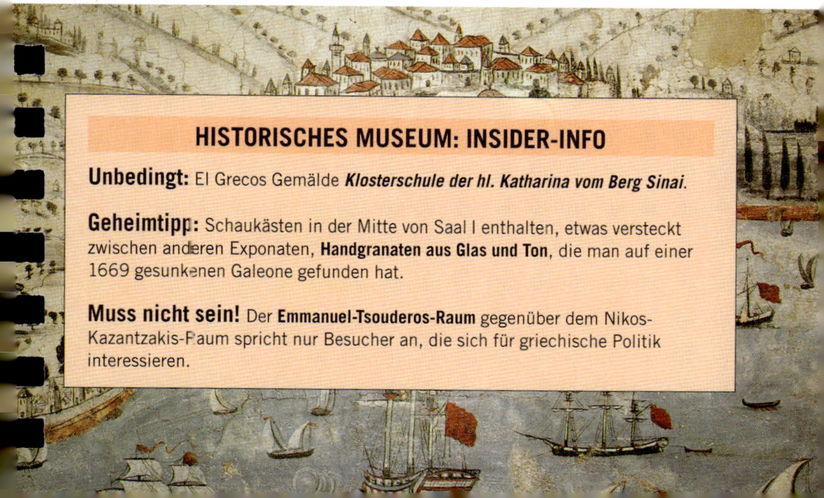

HISTORISCHES MUSEUM: INSIDER-INFO

Unbedingt: El Grecos Gemälde ***Klosterschule der hl. Katharina vom Berg Sinai***.

Geheimtipp: Schaukästen in der Mitte von Saal I enthalten, etwas versteckt zwischen anderen Exponaten, **Handgranaten aus Glas und Ton**, die man auf einer 1669 gesunkenen Galeone gefunden hat.

Muss nicht sein! Der **Emmanuel-Tsouderos-Raum** gegenüber dem Nikos-Kazantzakis-Raum spricht nur Besucher an, die sich für griechische Politik interessieren.

4 Ikonenmuseum

(Agía Ekateríni)

Kretische Ikonenmaler galten als die besten der Welt, und hier in der kleinen Kirche Agía Ekateríni kann man einige der schönsten Werke von Michael Damaskinos, einem der überragenden Meister dieser Kunst, bewundern. Außerdem umfasst die Sammlung liturgische Gewänder, Bibeln und illuminierte Manuskripte, Münzen und Wandmalereien, die aus Kirchen und Klöstern in ganz Kreta gerettet oder von diesen gestiftet wurden.

Die Kirche, die die Sammlung beherbergt, wurde 1555 gebaut, aber das Gestühl ist entfernt worden, sodass man den Marmorboden sieht. In den Seitenschiffen ist Platz für Ausstellungsvitrinen; Ikonen schmücken die Wände.

Gleich hinter der Tür befindet sich die Kasse; an der Wand gegenüber hängen sechs eindrucksvolle Ikonen aus dem 16. Jahrhundert, Arbeiten von Michael Damaskinos. Er war der einzige kretische Maler seiner Zeit, der mit dem Talent El Grecos konkurrieren konnte. Wie der Meister selbst ging Damaskinos zum Studieren nach Venedig, doch kehrte er auf seine Heimatinsel zurück, und die hiesigen Ikonen zählen zu seinen besten Arbeiten. Abgebildet sind verschiedene biblische Ereignisse wie die *Anbetung der heiligen drei Könige*, das *Abendmahl* und der *Brennende Dornbusch*; alle entstanden zwischen

Detail aus einer Arbeit von Michael Damaskinos

IKONENMUSEUM: INSIDER-INFO

Top-Tipps: Die **Öffnungszeiten des Museums ändern sich** von Zeit zu Zeit; wenn möglich sollte man sich vorher erkundigen.

- Da es **keine Klimaanlage** gibt, kann es in dem Gebäude sehr heiß und stickig werden; kommen Sie deshalb so früh wie möglich.

Geheimtipp: In der ehemaligen Südkapelle der Kirche ist die außergewöhnliche Ikone der **Madonna von Kardiótissa** aus Moní Kera zu sehen. Die Jungfrau, in Rot gewandet, hat einen sorgenvollen Blick, der direkt auf die Seele des Betrachters gerichtet scheint.

1582 und 1591 für Moní (Kloster) Vrontísiou, nordwestlich von Zarós (➤ 156f). Ihre Lebendigkeit, die Bildtiefe und Farbintensität erwecken den Eindruck, als seien die Bilder erst gestern entstanden. 1800 wurden sie nach Iráklion gebracht, um sie vor der Zerstörung durch die Türken zu bewahren.

Weitere byzantinische Schätze

Zwei Vitrinen im Mittelschiff enthalten byzantinische Münzen und alte Manuskripte. Im linken Seitenschiff findet man eine Reihe großer Ikonen, die aus Bergkapellen und -klöstern gerettet wurden; sie stammen überwiegend aus dem 15. und 16. Jahrhundert, ihre Schöpfer sind nicht bekannt. Ganz in der Nähe steht eine Vitrine mit den schönen illuminierten Handschriften aus Moní Epanosiphi (16. Jh.) und, dieser gegenüber, der kunstvoll geschnitzte hölzerne Bischofsthron aus Moní Kera.

Wenn man sich dem Hochaltar nähert, sieht man weitere Ikonen, darunter ein sehr lebendig wirkendes *Jüngstes Gericht* aus dem 17. Jahrhundert. Hier werden Verstorbene nackt in die Hölle hinabgestoßen, wo Teufel sie eifrig in Empfang nehmen und in die feurige Esse werfen.

Linker Hand sind auch Wandmalereien in leuchtenden Farben und eine große steinerne Ikonostase zu sehen. Zwei Schaukästen enthalten Kelche, Bibeleinbände und ein heiliges Kreuz.

***Die Enthauptung Johannes' des Täufers* (Ikone, 18. Jh.)**

Nach dem Verlassen der Kirche gelangt man quer über den Platz zu der kleinen **Kirche Ágios Minás** und zu der großen Kathedrale gleichen Namens aus dem 19. Jahrhundert mit schön ausgemalten Decken und einer gewaltigen steinernen Kanzel.

KLEINE PAUSE

An der Südostecke des Platzes führt die Odós Karterou hinunter zur **Plateía Kornárou** (➤ 64), wo das türkische Badehaus heute ein hübsches Café beherbergt.

183 D4 · Platéia Agía Aikaterínis · Mo–Fr 10–13 Uhr · preiswert
Fotografieren verboten

Nach Lust und Laune!

5 Naturhistorisches Museum

Es lohnt sich, den etwas weiteren Weg zum Naturhistorischen Museum einzuschlagen, das in einem modernen Gebäude mit Klimaanlage außerhalb der Stadtmauern an der Straße nach Knossós untergebracht ist. Das Museum gibt eine gute Einführung in die Tier- und Pflanzenwelt und die Landschaften Kretas, und wenn Sie Ausflüge ins Landesinnere oder eine Inselrundfahrt planen, wird dies ganz sicher Ihren Blick für die Dinge schärfen, die Sie dort zu sehen bekommen. Das Museum liegt etwa auf halbem Weg zwischen dem Stadtzentrum und Knossós, also kann man leicht auf dem Weg zum minoischen Palast oder auch auf dem Rückweg einen Halt einplanen. Achten Sie auf die farbenfrohen Banner außen am Gebäude.

Die Räume im Erdgeschoss enthalten informative Tafeln über Flora und Fauna Kretas. Lebensgroße Dioramen bilden die Biotope Höhle, Wald, Feuchtgebiet und Strand ab und zeigen Vögel und Tiere, die sie bewohnen. Auf einheimische Greifvögel und durchziehende Spezies wird gesondert hingewiesen. Glaskästen im Souvenirladen beherbergen lebende Schlangen, den merkwürdigen gefleckten Walzenskink und die Kretastachelmaus. Andere Räume sind gefährdeten Arten und den Lebewesen des Hochgebirges gewidmet, etwa der kretischen Wildziege (*kri-kri*), dem Gänsegeier und dem Bartgeier.

Um ins obere Stockwerk zu gelangen, muss man den botanischen Garten durchqueren, in dem es im Frühjahr und Sommer aromatisch duftet, wenn die vielen Wildkräuter in Blüte stehen. Oben gibt es eine informative Ausstellung über die Evolution der Menschheit, einen rekonstruierten minoischen Bauernhof und eine Ausstellung von Fossilien, Gestein und Mineralien, die Kretas geologische Entwicklung zeigen.

183 D4 ✉ Odós Knosou 157 ☎ 2810 32 47 11 Mo–Fr 9–15, So 10–18 Uhr Café (€) 2, 3, 4 frei Fotografieren erlaubt

6 Plateía Eleftherias

Übersetzt bedeutet der Name »Platz der Freiheit«, und dieser große offene Platz oben an der Odós Daidálos, gegenüber dem Archäologischen Museum, bietet zunächst einmal Freiheit von der mitunter beängstigenden Enge der Stadt. Traditionell bildete dieser Platz das Zentrum der Stadt, und obgleich der Verkehrsstrom, der an seinem Rand entlangbraust, seine Anziehungskraft etwas verringert hat, machen die Einheimischen hier nach wie vor gern ihren Abendspaziergang. Es gibt schattige Bänke unter den Palmen und Akazien und eine ganze Kette von Cafés und Restaurants.

183 D4

7 Ágios Títos

Ágios Títos liegt etwas zurückgesetzt von der Hauptstraße an einem hübschen Platz. Mit ihrer himmelblauen Decke und Kuppel, den dreilagigen geschnitzten Holz-Kronleuchtern und

Plateía Eleftherias – »Platz der Freiheit«

Die hübsche Fassade von Ágios Títos

den modernen Glasfenstern wirkt die Kirche licht und luftig im Gegensatz zu den meisten anderen Gotteshäusern, die man auf der Insel zu sehen bekommt. Erbaut während der zweiten byzantinischen Epoche (► 15), war sie Sitz des Metropoliten (Bischof) von Kreta. Während der türkischen Besatzung wurde sie in eine Moschee umgeweiht, nach der völligen Zerstörung bei einem Erdbeben 1856 aber wieder neu erbaut.

Als die Türken 1923 Kreta verließen, wurde sie erneut dem heiligen Titus, Kretas erstem Bischof, geweiht. Seine sterblichen Überreste wurden hier 700 Jahre lang aufbewahrt, bis die Venezianer sie 1669 nach Venedig holten. 1966 kehrten sie zurück, und heute ruht der Schädel des Heiligen in einem goldenen Reliquiar.

183 D4 · Odós 25 Avgoústou · keine festen Zeiten, meist morgens und abends · frei

8 Venezianische Loggia

Nach der Festung ist dies das zweitschönste Gebäude in Iráklion. Um 1620 von Francesco Morosini erbaut, war die Loggia ein Treffpunkt und Ort der Erholung für den venezianischen Adel. Der palladinische Stil verbindet dorische Säulenordnung im unteren Stockwerk, mit ionischer in der oberen Etage. Medaillons berühmter Kreter schmücken die untere Vorhalle mit ihren geschwungenen Bögen. Die Loggia ist Teil eines größeren Gebäudes, das einst das Venezianische Zeughaus barg, heute das Rathaus beherbergt. Sie steht gegenüber dem Morosini-Brunnen (siehe Plateía Venizélou).

Die elegante Venezianische Loggia

183 D4

9 Ágios Márcos

Die Kirche Ágios Márcos (St. Markus) wurde 1239 als Kirche des Fürsten, des

Herrschers über die Insel, erbaut. In venezianischer Zeit wurde sie zur Kathedrale, doch die Türken machten sie, wie die meisten Kirchen in Iráklion, zu einer Moschee. Im Gegensatz zu den anderen wurde Ágios Márcos nach deren Weggang nicht erneut geweiht, sondern 1923 zur Nationalbank gemacht. Heute ist sie in ihrer ursprünglichen Form wiederhergestellt. Der Bau mit seiner bemerkenswerten Säulenhalle und dem marmornen Torweg dient als Konzertsaal und Kunstgalerie. Die gewölbte Decke, die mächtigen Pfeiler

Die frühere Kirche Ágios Márcos

und Steinmauern bieten ein hervorragendes Ambiente für wechselnde Ausstellungen zeitgenössischer Kunst.
183 D4 ✉ Odós 25 Avgoústou ⌚ keine festen Zeiten, meist abends ✋ frei

10 Plateía Venizélou

Dieser kleine, zentral gelegene Platz ist einer der belebtesten in der Hauptstadt. Seinen Namen hat er von dem bedeutenden kretischen Politiker Elefthérios Venizélos, der griechischer Ministerpräsident

wurde. Doch er ist auch als Löwenplatz oder Brunnenplatz bekannt, denn in seiner Mitte steht der Morosini-Brunnen. Francesco Morosini, der venezianische Gouverneur der Stadt, errichtete dieses prächtige Bauwerk 1628. Ein 16 Kilometer langer Aquädukt wurde gebaut, um Wasser von den Bergen herunterzuleiten. Die vier Steinlöwen, die das Mittelbecken stützen, stammen aus dem 14. Jahrhundert. Reliefs von Meerjungfrauen, Tritonen und anderen Meeresbewohnern schmücken die Ausbuchtungen des Marmorbeckens.

An dem Platz wimmelt es von Cafés und Restaurants, wo man Kaffee, Eis oder die mit Creme gefüllte kretische Spezialität *bougátsa* zu sich nehmen kann. Wer ein ruhigeres Plätzchen vorzieht, ist im nahe gelegenen El-Greco-Park gut aufgehoben.
183 D4

Für Kinder

Venezianischer Hafen und Festung (➤ 56f)
El Greco Park (➤ oben)
Naturhistorisches Museum (➤ 62)
Der **Happy Train** folgt der venezianischen Stadtmauer um die Altstadt. Abfahrt jede Stunde, 11–14 Uhr, am Archäologischen Museum und von 18 bis 21 Uhr am Venezianischen Hafen; Fahrkarten im Zug (Tel. 6897 336 24)

11 Plateía Kornárou

Iráklions Straßenmarkt endet an der Plateía Kornárou, einem kleinen ruhigen Platz, der sich gut für eine Pause eignet. Der steinerne Kiosk in der Mitte, früher ein türkischer Brunnen, ist heute ein kleines Café. Daneben steht der Bembo-Brunnen, benannt nach dem venezianischen Kommandeur Zanne Matteo Bembo. Der Brunnen wurde 1588 aufgestellt und umschließt den Torso einer römischen Statue aus Ierápetra (➤ 116), etwa 65 Kilometer südöstlich von Iráklion.
183 D4

Wohin zum… Übernachten?

Preise
Für ein Doppelzimmer in der Hochsaison gelten folgende Preise:
€ unter 60 Euro **€€** 60–100 Euro **€€€** über 100 Euro

IRÁKLION

Astoria Capsis €€€

Obwohl es direkt an Iráklions Hauptplatz liegt, ist das Capsis ruhig und bietet eine schicke Unterkunft zu vernünftigen Preisen. Alle Zimmer, hell und modern mit vorwiegend blauem Dekor und vielen Holzmöbeln, verfügen über viel Stauraum, TV, Telefon, Minibar, Klimaanlage und Bad (Badewanne, keine Dusche). Der tolle Dachpool mit Blick über die Stadt hat eine eigene Bar. Das Becken ist bis 22 Uhr geöffnet und sehr beliebt fürs abendliche Schwimmen.

183 D4
Plateía Eleftherias 5
2810 22 90 02; Fax 2810 22 90 78

Atlantis Grecotel €€€

Das beste Hotel im Zentrum von Iráklion. Obwohl es etwa 160 Zimmer und Suiten hat, empfiehlt sich in der Hauptsaison eine Reservierung, da viele Reisegruppen und Geschäftsleute hier absteigen. Einige Zimmer haben Blick auf den Hafen, erkundigen Sie sich bei der Buchung danach. Das Atlantis, das gleich beim Archäologischen Museum und nur einen kurzen Fußweg von den meisten anderen Sehenswürdigkeiten der Stadt entfernt liegt, ist mit allen erdenklichen Annehmlichkeiten ausgestattet: Fitnessraum, Pool, Wäscherei, Bars, Restaurant, Läden und ein Dachgarten.

183 D4 Ygias 2 2810 22 91 03; E-Mail: atlantis@atl.grecotel.gr

Dedalos €

Dieses Hotel der gehobenen Mittelklasse liegt versteckt an einer Fußgängerzone. Dieser Umstand erschwert die Anreise, wenn man Gepäck hat oder mit dem Auto unterwegs ist (Parkplatz nahe dem Archäologischen Museum), doch dafür ist Nachtruhe garantiert. Die Zimmer mit Klimaanlage sind hell und freundlich, Bilder schmücken die Wände, alle Zimmer sind mit Bad oder Dusche ausgestattet, einige auch mit Fernsehgerät.

183 D4 Odós Daidálos 15
2810 24 48 12; Fax 2810 22 43 91

El Greco Hotel €

Das für ein Hotel mit mäßigen Preisen überdurchschnittliche El Greco liegt im Herzen der Stadt, dicht beim belebten Markt und der Plateía Venizélou (➤ 64). Seine 90 schlichten, aber hübschen und sauberen Zimmer sind sämtlich mit Bad, Telefon und Heizung ausgestattet. Die meisten haben Balkon, einige auch TV und Klimaanlage; in der Hochsaison sollte man versuchen, eines dieser Zimmer zu buchen. Bar/Frühstücksraum, die großzügige Lobby und freundliches Personal tragen zur entspannten Atmosphäre bei.

183 D4 Odós 1821 2810 28 10 71; E-Mail: elgrecohotel@her.forthnet.gr; www.elgrecohotel.gr

Galaxy Hotel €€€

Das Galaxy liegt etwas außerhalb des Stadtzentrums an der Straße nach Knossós, in bequemer Distanz zu den Sehenswürdigkeiten; ein Bus hält direkt vor dem Hotel. Von außen sieht es aus wie jeder moderne Betonkasten, doch im Innern wartet es mit luxuriösem Marmordekor und vielerlei Annehmlichkeiten auf. Der hoteleigene Swimmingpool ist der größte in der Stadt, es gibt eine kleine Sauna, Bars, Geschäfte und ein Restaurant.

183 D4
Odós Leoforos Dimokratias 67
2810 23 88 12; Fax 2810 221 12 11

Hotel Kronos €

Dieses saubere, freundliche und preiswerte Hotel steht direkt an der Uferstraße, sodass die vorderen Zimmer nachts unter Verkehrslärm zu leiden haben. Davon abgesehen bietet es eine ausgezeichnete preiswerte Unterkunft im Stadtzentrum. Unten dient die Halle auch als Frühstücksraum; die Bar bietet auch alkoholfreie Getränke. Die 32 Zimmer sind hinreichend groß und bieten alles, was man für einen angenehmen Aufenthalt braucht: Balkon, Telefon, TV, Bad.

183 D4
Odós Sofokli Venizélou 2/Agarathou
2810 28 22 40; Fax 2810 28 58 53

Lato Hotel €€

Die weiträumige, moderne Lobby dieses schicken Hotels wirkt sogleich einladend und die Wasserwand an einer Seite ist ein wirklicher Blickfang. Neben der Lobby findet man eine Lounge, Bar und Restaurant mit altmodischem Kamin. Fragen Sie nach einem Zimmer in den oberen Stockwerken, einige bieten einen eindrucksvollen Blick auf Iráklion. Alle Zimmer verfügen über Telefon, TV, Minibar, Klimaanlage und Bad mit Badewanne und Dusche. Das Hotel liegt nahe dem Busbahnhof, zum Zentrum und dem Archäologischen Museum sind es nur wenige Schritte.

183 D4 Odós Epimenidou 15
2810 22 81 03; E-Mail: info@lato.gr; www.lato.gr

RUND UM IRÁKLION

Apollonia Beach Hotel €€€

Das luxuriöse Apollonia, nur zehn Kilometer westlich von Iráklion gelegen, verfügt über einen eigenen Strand. Der Nahverkehrsbus hält direkt vor dem Eingang. Die 321 Zimmer, Bungalows und Suiten, alle mit Balkon oder Terrasse, liegen verstreut im großen Park. Es gibt zwei Freischwimmbäder, ein Kinderbecken und ein beheiztes Hallenbecken, außerdem zahlreiche Sportmöglichkeiten, z. B. Wassersport und Reiten. Dank zweier Diskos sind auch Kinder jeden Alters hier gut aufgehoben.

182 C4 Linoperamáta
2810 82 16 02/82 16 24; Fax 2810 82 14 33; www.apollonia.gr April–Okt.

Candia Maris €€

Das Candia Maris liegt rund fünf Kilometer westlich des Stadtzentrums und stellt dank einer regelmäßigen Busverbindung nach Iráklion die ideale Basis dar, wenn Sie die Stadt erkunden, aber auch den Strand genießen wollen. Die Ausstattung umfasst Fitnesscenter, Tennis- und Squashplätze, drei Schwimmbecken (und eines für Kinder), Wassersport, Spielzimmer, drei Restaurants und vier Bars. Die Zimmer sind geräumig und hell, und die Preise für ein Mittelklassehotel sehr annehmbar.

183 D4 Ammoudara
2810 37 70 00;
E-Mail: candia@maris.gr; www.maris.gr

Minoa Palace €€

Das Minoa Palace strömt Klasse aus, bietet aber sehr vernünftige Zimmerpreise. Halb- und Vollpension können gebucht werden. Alle Zimmer haben Balkon mit Meerblick, und das Hotel verfügt über einen eigenen Strand und einen großen Pool. Wegen der Nähe zum Flughafen bietet es sich besonders für eine Übernachtung am ersten oder letzten Tag an. Die Anreise mit dem Auto empfiehlt sich, doch gibt es auch einen öffentlichen Busservice nach Iráklion.

183 E4 Amnisos Beach
2810 38 04 04/38 00 06;
E-Mail: minoapalace@akshotels.com; www.akshotels.com April–Okt.

Santa Marina Beach Hotel €€

Nur sechs Kilometer westlich von Iráklion bildet der Hotelkomplex mit 210 Zimmern den idealen Standort, falls Sie Sightseeing mit Strandleben kombinieren möchten; außerdem gibt es reichlich Sporteinrichtungen. Abgesehen vom Hauptgebäude sind viele der Zimmer als Bungalows nach dem Muster eines kretischen Dorfes angelegt. Alle haben Balkon oder Terrasse, Klimaanlage, TV, Telefon, Kühlschrank und Safe. Es gibt Bars und Restaurants, Pool, Kinderbecken, Tennis, Minigolf, Volleyball und Wassersport.

183 D4 Ammoudara Beach
2810 26 11 03; Fax 2810 26 13 69
April–Okt.

Wohin zum…
Essen und Trinken?

Preise
Die Preise gelten pro Person für ein Zwei-Gänge-Menü ohne Getränke und Service:
€ unter 9 Euro €€ 9–14,50 Euro €€€ über 14,50 Euro

IRÁKLION

Garden of Deykaliola €€
Dieses freundliche, viel besuchte Restaurant liegt hinter dem Historischen Museum an einem kleinen Innenhof mit einem alten Steinbrunnen. Ein Miniaturanker ist der Türklopfer; alle Plätze befinden sich in einem freundlichen Gastraum mit gelben Wänden und Steinbögen. Künstliche Weinranken hängen von der Decke und Akkordeons und Gitarren schmücken die Wände – allerdings nur, bis die Besitzer sie herunterholen und bis in die frühen Morgenstunden für ihre Gäste spielen. Schnecken in einer kretischen Soße sind eine der Spezialitäten auf der Speisekarte, die ansonsten bei Fleischgerichten stärker ist als bei Fisch.

183 D4 Odós Kalokairinou 8
2810 24 42 15 Mo–Sa ab 20 Uhr

Giovanni's €€€
Trotz des italienischen Namens hat dieses schicke Restaurant eine sehr griechische Speisekarte. Spezialitäten des Hauses sind Feta mit Olivenöl, Tomaten und Oregano im Ofen gebacken, gemischte Meeresfrüchte, aber auch frischer Fisch – der teuer sein kann. Sitzgelegenheiten im Haus und im Freien, eine gute griechische Weinkarte und das elegante Ambiente ziehen die wohlhabende Schicht von Iráklion an.

183 D4 Odós Korai 12
2810 24 63 38
Mo–Sa 12.30–2, So 17–1.30 Uhr

La Grande Trattoria €€–€€€
Das italienische Restaurant liegt genau dort, wo nachts etwas los ist; mit seinen eleganten Tischen bei Kerzenschein, die auf zwei Etagen verteilt sind, wirkt es zwar etwas vornehmer, doch ist hier jedermann willkommen. Neben hervorragender und immer frisch zubereiteter Pizza und Pasta gibt es besondere Spezialitäten des Hauses, darunter Hähnchen-, Fisch- und Kalbfleischgerichte. Viele davon heben sich deutlich von den üblichen Kreationen der italienischen Küche ab. Eine Filiale der La Grande Trattoria befindet sich in Malia.

183 D4
Odós Korai 6
2810-30 02 25
tägl. 12–15 Uhr sowie ab 17 Uhr

Ionia €€
Das Ionia, das 1923 gegründet wurde und damals für die Archäologen aus Knossós den Gastgeber spielte, bezeichnet sich als das älteste Restaurant auf Kreta. Es gibt einige Plätze im Freien, die meisten befinden sich aber in einem unbestimmbaren modernen Raum, der mit alten archäologischen Fotos ausstaffiert ist. Seinen Gästen – mehr Griechen als Touristen – serviert das Ionia einfache, aber ausgezeichnete Gerichte wie gegrilltes Huhn, gegrillte Lammkoteletts und Sardinen. »Was es frisch auf dem Markt gibt«, sagt der Geschäftsführer, »das kochen wir. Saisonküche.«

183 D4 Odós Evans 3
2810 28 32 13
Mo–Fr 8–22.30, Sa 8–16 Uhr

Ippokampos €€
Eins der belebtesten Lokale der Stadt; man sollte also früh kommen oder damit rechnen, auf einen Tisch warten zu müssen. Es gibt zwei Stockwerke, doch wirklich angesagt sind die Tische auf dem Bürgersteig, an denen man

die Meeresbrise spürt. Das Ippokampos ist auf *meze* und frischen Fisch spezialisiert, von winzigen Weißfischen bis zu Filet vom Makohai, außerdem gibt es einige vegetarische und Fleischgerichte.

183 D4 Odós Mitsotaki 13
2810 28 02 40
Mo–Fr 13–15.30 und 19–24 Uhr

O Kyriakos €€€

Das Kyriakos existiert seit 50 Jahren; hierher werden zu Besuch weilende Würdenträger ausgeführt. Es gibt einen lockeren Sitzplatzbereich im Freien, der durch viel Grün von der Straße abgeschirmt ist, und eine etwas schickere Gaststube im Innern mit weißen Wänden und noch mehr Pflanzen. Der Service ist freundlich, und das Restaurant rühmt sich seiner Auswahl an guten *meze*. Mit Feta gefüllte Auberginen sind ein schlichtes, aber köstliches Gericht.

183 D4
Odós Leoforos Dimokratias 53
2810 22 46 49
tägl. 12–17, 19–1 Uhr

Loukoulos €€€

Dieses schicke mediterrane Restaurant mit offener Küche und einem anziehenden Innenhof unter den Zweigen eines Zitronenbaums bietet allerbeste griechische und italienische Kochkunst mit dem ein oder anderen fremden Einschlag. Die Weinkarte ist ausgezeichnet und der Service des kenntnisreichen Personals, das jedes Gericht so beschreibt, dass einem das Wasser im Mund zusammenläuft, ist tadellos. Eine herausragende Spezialität ist Kalb in einer Soße aus getrockneten Feigen.

183 D4 Odós Korai 5
2810 22 44 35
Mo–Sa 12–1, So 18.30–24 Uhr

New China €€

An der belebten Odós Korai findet man mit dem New China das etwas andere Restaurant. Es bietet chinesisches Essen mit griechischer Färbung, doch Liebhaber der chinesischen Küche werden sie recht authentisch finden. Im Freien sitzt man entspannt in einem schattigen Hof, der von der Hauptstraße etwas zurückgesetzt ist, im Haus in chinesischem Dekor. Die Speisekarte ist umfangreich. Es gibt auch eine Auswahl an Menüs, doch sind sie vergleichsweise teuer.

183 D4 Odós Korai 1
2810 24 51 62 tägl. 19–24 Uhr

Pantheon €€

Mit Sitzplätzen zu beiden Seiten der überdachten Seitenstraße kann das Pantheon gar nicht näher bei den Metzgern und Gemüsehändlern des Marktes von Iráklion sein. Es werden viele konventionelle Gerichte wie Huhn und Moussaka serviert. Werfen Sie auch einen Blick in die Küche, um die ausgefalleneren Tagesspezialitäten zu entdecken, etwa Lamm mit Artischocken und Erbsen im Tontopf oder mit Lammfleisch gefüllte und mit Käse überbackene Auberginen.

183 D4 Odós Theodosaki 2
2810 24 16 52 Mo–Sa 11–23 Uhr

Taverna Paralia €

Die Tische des Paralia stehen direkt am Ufer mit Blick auf die Venezianische Festung. An windigen Tagen empfiehlt sich eher ein Sitzplatz im Haus, wo es typisch griechisch aussieht. Die Speisekarte enthält viele griechische Standardgerichte plus Pasta und Pizza. Spezialität ist frischer Fisch wie gegrillter Schwertfisch oder Meerbrasse.

183 D4 Odós Venizélou 5
2810 28 24 75
April–Okt. tägl. 10–24 Uhr

Terzakis €€

Eine der bodenständigen Ouzerien in Iráklion, die Kurzbesucher selten finden. Spezialität sind *meze*, die gemischten griechischen Häppchen, die zusammen eine Mahlzeit ergeben. Der Kellner bringt eine Liste auf Griechisch und Englisch. Beginnen Sie mit drei oder vier zum Probieren. Lassen Sie noch ein wenig Platz für die kleine Flasche Raki, die normalerweise am Ende der Mahlzeit zusammen mit etwas Obst oder einer anderen Kleinigkeit auf dem Tisch erscheint.

183 D4 Odós Marineli 17
2810 22 14 44
Mo–Sa Mittag- und Abendessen

Wohin zum… Einkaufen?

Wie in jeder größeren Stadt mangelt es in Kretas Hauptstadt nicht an Geschäften. Die meisten dienen der Versorgung der Einheimischen; wenn Sie also traditionelles Handwerk suchen, werden Sie anderswo auf der Insel mehr Auswahl haben. Insgesamt bietet Iráklion aber ein Sortiment aller beliebten kretischen Souvenirs.

Die **Odós Daidálos**, eine zur Fußgängerzone umgewandelte Durchgangsstraße, ist die wichtigste touristische Einkaufsstraße. Heutzutage dominieren Modeboutiquen mit Topnamen wie Hugo Boss, Zara für Damen und Herren, Timberland, Nautica und eine Reihe von Schuhgeschäften.

Die eher touristischen Läden liegen am oberen Ende der Straße in Richtung zum Archäologischen Museum.

Spezifisch kretische Mitbringsel findet man in der **Galerie Dedalou** (Nr. 11), wo es Reproduktionen von Münzen und byzantinischen Kreuzen, Uhren, Schmuck, Silberzeug, Ikonen und Gebetsperlen gibt.

Aerakis (Nr. 35) ist auf zeitgenössische und traditionelle griechische Musik spezialisiert; Musik internationaler Künstler findet man bei **Virgin Records** und **Metropolis** in derselben Straße.

In Iráklion sieht man vor allem Gold- und Silberschmuck mit minoischen Spiralen und Motiven oder Reproduktionen berühmter Stücke. Die Läden gegenüber dem Archäologischen Museum bieten eine schöne Auswahl.

Einen Versuch lohnt auch **Vassilakis**, Odós 25 Avgoústou 28, ein Familienbetrieb mit annehmbaren Preisen.

Die Schmuckwerkstatt **Kassotakis**, Odós Katechaki 14, ist auf historisch inspirierten byzantinischen und archaischen Schmuck spezialisiert.

Der Platz gegenüber dem Archäologischen Museum ist von Touristenläden gesäumt, hier gibt es Keramik, Statuen, Ikonen, dekorative kretische Dolche und Reproduktionen des Diskos von Festos sowie weitere minoische Schätze. Darüber hinaus sind Läufer, Textilien und Webarbeiten erhältlich, doch diese sind oft importierte Fabrikware. Wirklich handgearbeitete Stücke sind teurer. Man erkennt sie an den unregelmäßigen Stichen auf der Rückseite.

Obwohl es an der **Odós 25 Avgoústou** viele Reiseagenturen und Autovermietungen gibt, findet man auch einige Läden, in denen man nach Mitbringseln stöbern kann. **Emika** (Nr. 15) verfügt über ein gutes Weinsortiment von örtlichen Kooperativen, außerdem gibt es Ouzo in Geschenkflaschen, mit Kräutern versetztes Olivenöl, kretischen Honig und Kräuterpäckchen. Weiter die Straße hinauf bietet neben der Loggia **Cretan Nature** eine ähnliche Auswahl an Souvenirs, dazu Olivenölseife und -cremes.

Am abwechslungsreichsten einkaufen kann man auf dem Markt (an Werktagen geöffnet) an der **Odós 1866**, die auch Marktgasse genannt wird. Es gibt Stände mit frischem Obst und Gemüse, Honig, Oliven, Gewürzen, Nüssen, Trockenfrüchten und Süßigkeiten, Bäcker, Metzger mit abgehäuteten Lämmern und Kaninchen. In Käsegeschäften kann man vor dem Kauf Käse aus verschiedenen Dörfern probieren. Hier findet man kretisches Hochzeitsbrot – Kringel mit Blumendekor – als Küchenschmuck, Tischwäsche mit Spitzen und besticktes Leinen. Man kann auch Schwämme, T-Shirts, Ledertaschen, Gürtel und Sandalen oder auch Touristenkitsch erwerben.

Am Samstagmorgen findet in der Nähe der Busbahnhofs gegenüber dem Hafen ein großer Markt statt.

Die **Odós Chandakos**, hinter der Plateía Venizélou, umfasst einige nette kleine Geschäfte mit handgearbeitetem Schmuck und anderen Mitbringseln.

Die belebte **Odós Kalokairinou** ist Iráklions Hauptstraße mit Body Shop, Benetton, Max Mara und anderen Mode- und Schuhgeschäften. In dieser Straße gibt es auch Stickereien.

Wohin zum... Ausgehen?

Das Nachtleben ist in Iráklion weniger ausgeprägt als in den Touristenhochburgen. Wem der Sinn danach steht, der sollte sich westlich der Stadt auf die Clubs entlang des Küstenstreifens in Ammoudara – im Sommer die heißeste Clubszene – oder nach Chersónissos oder Mália (►124) Richtung Osten orientieren. Beachten Sie bitte: Bars haben den ganzen Tag über bis in die Nacht hinein geöffnet, Clubs und Diskos öffnen erst um 23 oder 24 Uhr.

NACHTCLUBS

Die Nachtclubs in der Stadt werden für die Einheimischen betrieben, deshalb kann es schwierig sein, den »Richtigen« zu finden, sofern man nicht mit jemandem ausgeht, der die Szene kennt. Viele Clubs liegen um den Hafen herum, z. B. **3/4** und **Portside** an der Hafenpromenade. Zwei Langzeitfavoriten an der Odós Bofór sind der **Yacht Club** und das **Privilege**.

BARS

Die Bars an der **Plateía Venizélou** sind beliebt, aber auch ziemlich teuer. Das **Café Aktarika**, gegenüber dem Löwenbrunnen an der Ecke der Odós Daidálos, ist eine große, belebte Bar mit Großbildschirm-TV. Von der Daidálos führt die **Odós Ioannou Perthikari** zum Bezirk mit Iráklions trendigstem Nachtleben. Rund um die Kreuzung mit der Korai drängen sich etliche beliebte Bars: **Irithanos, Ideon Antron, Rebels** und **BestSeller**. Rechts in der Odós Korai geht es dann zum Korais, einer riesigen Freiluft-Café-Bar mit Musik, Videoleinwänden und einem smarten jungen Publikum. Die **Plateía Korai** am Ende dieser Straße ist ebenfalls von Bars und Cafés gesäumt.

Nachtleben spielt sich auch an der **Odós Chandakos** ab, die von der Plateía Venizélou nach Süden verläuft.

TRADITIONELLE MUSIK

Die meisten großen Hotels veranstalten in der Hochsaison griechische Abende, auf denen man einen Eindruck von traditioneller griechischer Musik und Tanz gewinnen kann. Zwei gute Clubs sind das **Sordina**, etwa fünf Kilometer südwestlich der Stadt, und das **Aposperides**, an der Straße nach Knossós.

FESTIVALS

Iráklions Sommer-Festival findet von Ende Juni bis Mitte September statt und bietet Musik, Tanz und Theaterproduktionen, die vom Ballett bis zum griechischen Drama reichen. Aufführungen gibt es auf dem Dach der **Venezianischen Festung** oder im **Nikos-Kazantzakis-Freilufttheater** an der Jesus-Bastion (Tel. 2810 24 29 77, Kasse). Im Sommer wird Letzteres auch als Freiluftkino genutzt. Im Stadtzentrum zeigt das **Alpha-Odeon-Kino** an der Plateía Eleftherias englische Filme mit griechischen Untertiteln.

INTERNETCAFÉS

Es gibt das **Sportcafé** an der Kosma Zotou nahe der Odós 25 Avgoústou, **Netclub** und **Mitsotáki 2**, beide in Ufernähe, sowie **GG**, Odós Korai 6.

SPORT

Der **Tennisclub von Iráklion**, Odós Bofór 17 (Tel. 2810 34 45 45) liegt außerhalb der Stadt. Der **Bergsteiger- und Skiclub von Iráklion** organisiert Wochenendausflüge. Gäste sind willkommen (Tel. 2810 227 66 09, tägl. 20.30–22.30 Uhr).

Zentralkreta

Erste Orientierung

Gäste, die per Flugzeug in Iráklion ankommen und dann nach Osten oder Westen entlang der Küste weiterreisen, nehmen Zentralkreta oft nicht wahr. Wer aber nach Süden fährt, findet dort Berge, Höhlen, Schluchten, Klöster und Kirchen, Handwerks- und Bergdörfer, minoische Ausgrabungen und, am Ende der Reise, wunderbare Badeorte wie Mátala und Agía Galíni.

Zentralkreta birgt die Attraktion Nummer 1 der Insel, die Ruinen des antiken Knossós, aber es gibt hier auch kleinere, ebenso faszinierende Grabungsstätten. Festós, nahe der Südküste, liegt sehr reizvoll mit Blick auf die Messará-Ebene. Es ist der Ort, an dem Archäologen den historisch wohl bedeutendsten Gegenstand auf der Insel gefunden haben, den Diskos von Festós.

Geschichtsinteressierte werden auch an zwei anderen Stätten nahe Festós ihre Freude haben, an der römischen Siedlung in Górtis und dem minoischen Landhaus in Agía Triáda. Beide zeigen auf wunderbare Weise, dass auch Kleines schön sein kann und erwecken die Geschichte wirklich zum Leben.

Das Bergdorf Zarós ist Ausgangspunkt für wunderbare Wanderwege, doch Zentralkreta ist auch ideal für diejenigen, die Historie und Sonnenbaden kombinieren wollen. Die Südküstenorte Mátala und Agía Galíni bieten schöne Strände, gutes Essen und Nachtleben, und von hier aus lässt sich die ganze Gegend hervorragend erkunden. Vom Süden bis zum Norden dauert es kaum eine Autostunde – oder auch eine Woche, wenn man jede Ecke und jeden Winkel erkunden will.

Detail des Delphin-Freskos in Knossós

Die Ruinen von Agía Triáda

★ Nicht verpassen!

1 **Knossós** ➤ 76
2 **Górtis** ➤ 81
3 **Festós** ➤ 84

Nach Lust und Laune!

4 Arolíthos ➤ 87
5 Tílissos ➤ 87
6 Ágii Déka ➤ 87
7 Fódele ➤ 88
8 Anógia ➤ 88
9 Berg Ida (Psiloritis) und die Idäische Höhle ➤ 89
10 Kretisches Volkskundemuseum ➤ 90
11 Agía Triáda ➤ 90
12 Mátala ➤ 91
13 Agía Galíni ➤ 91

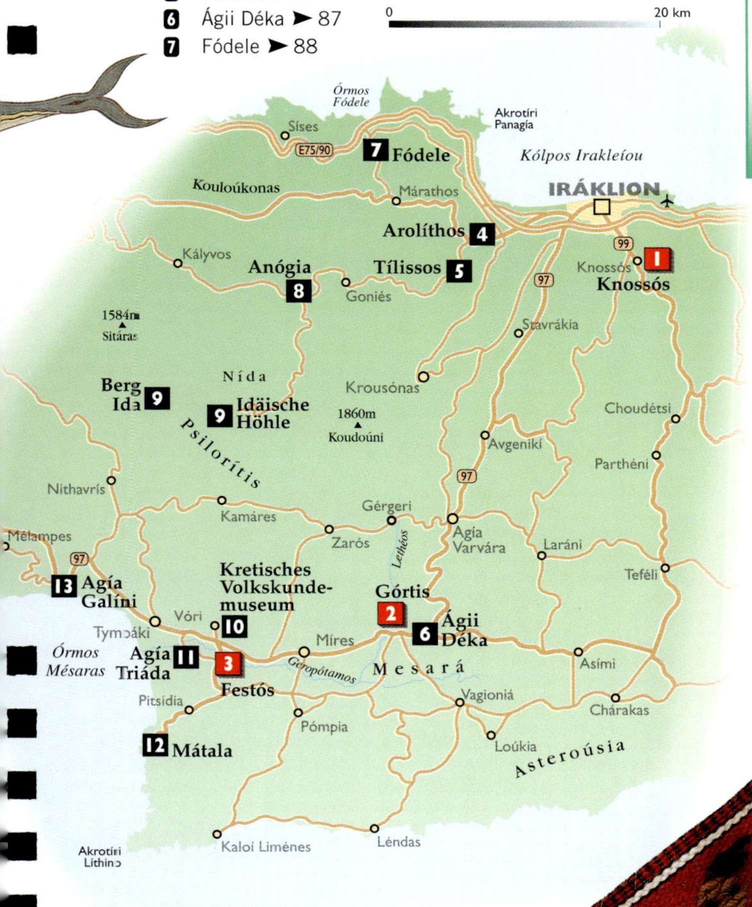

Weben, ein auf Kreta verbreitetes Handwerk

Besuchen Sie die Strände an der Nord- und der Südküste, die Bergdörfer im Landesinnern, die bedeutenden minoischen Ausgrabungsstätten, darunter Knossós und Festós, und den mythischen Geburtsort des Zeus.

Zentralkreta in drei Tagen

Erster Tag

Vormittags

Versuchen Sie, gleich bei Öffnung in **Knossós** (rechts, ➤ 76ff) zu sein, um dem Massenansturm und der Hitze zu entgehen. Nehmen Sie sich wenigstens ein bis zwei Stunden Zeit. Anschließend kehren Sie nach Iráklion zurück und fahren die New Road nach Westen Richtung Réthimnon, biegen aber beim Töpferdorf **Arolíthos** (➤ 87) ab. Das dortige Restaurant ist gut, halten Sie sich jedoch nicht zu lange auf.

Nachmittags

Die antike Stätte von **Tílissos** (➤ 87) schließt um 15 Uhr; versuchen Sie, um 14 Uhr dort zu sein, um sich alles anzusehen, bevor Sie den Weg auf der gewundenen Bergstraße nach **Anógia** (➤ 88) fortsetzen. Wenn es Zeit und Tageslicht erlauben, fahren Sie weiter zur **Idäischen Höhle** (links, ➤ 89). Hierfür müssen Sie mindestens zwei Stunden einplanen.

Abends

Verbringen Sie die Nacht in **Anógia**, dort gibt es ein Hotel und Privatzimmer. Ein gutes Abendessen bekommt man in der Taverna Skalómata rechter Hand am Ausgang des Dorfes an der Straße zur Höhle mit schönem Ausblick.

Zweiter Tag

Vormittags

Besuchen Sie die Idäische Höhle, falls Sie dies noch nicht geschafft haben. Dann fahren Sie zurück durch Tílissos zur New Road. Weiter geht es nach Westen Richtung Réthimnon. Achten Sie auf die Abzweigung nach **Fódele** (➤ 88). Fürs Mittagessen bietet sich eine der dortigen Tavernen an.

Nachmittags
Fahren Sie auf der New Road zurück nach Iráklion, biegen Sie aber, wenn Sie die Stadt erreichen, rechts Richtung Míres auf die Schnellstraße ab. In Agía Varvára halten Sie sorgfältig Ausschau nach der versteckten kleinen Straße, die rechts nach Zarós abbiegt.

Abends
Entspannen Sie sich am Pool und bei einem späten Abendessen im Restaurant des Hotels Idi (➤ 92) in Zarós.

Dritter Tag

Vormittags
Erkunden Sie **Zarós** (➤ 156f), und machen Sie einen kurzen Spaziergang die Schlucht hinauf, bevor Sie auf der Straße nach Míres nach Süden fahren. Links geht es dann nach **Górtis** (rechts, ➤ 81ff).

Mittags
Östlich von Górtis liegt die **Kirche Ágii Déka** (➤ 87). Das Dorf bietet etliche urtümliche Tavernen, in die nur wenige Touristen ihren Fuß setzen.

Nachmittags
Besuchen Sie ausgiebig **Festós** (unten, ➤ 84ff), bevor Sie entscheiden, wo Sie übernachten: in dem kleinen Ort Mátala oder im größeren, aber hübscheren **Agía Galíni** (➤ 91).

Abends
Das Lions Restaurant in Mátala (➤ 93) hat ausgezeichnetes Essen. In Agía Galíni empfehlen sich z. B. das Madame Hortense (➤ 93) und das Onar Restaurant (➤ 94).

1 Knossós

Historisches Wunder oder Phantasie der Archäologen? Der minoische Palast von Knossós ist Kretas größte Attraktion, und seine Ausgrabung brachte die wichtigsten Überreste jener antiken Zivilisation zum Vorschein. Selbst wenn Sie die rekonstruierten Räume und Säulen als Zerrbild empfinden, sind sie dennoch faszinierend und helfen dabei, Ordnung in das überquellende Labyrinth der Steine zu bringen. Im Unterschied zu anderen archäologischen Ausgrabungsstätten bietet Knossós einen intimen Einblick in das Leben, das sich hier abgespielt haben könnte.

Schatten ist in Knossós Mangelware

Knossós ist mit seiner enormen Fläche von 75 Hektar (nur ein Teil ist der Öffentlichkeit zugänglich) der größte minoische Palast. Er wurde über fünf Ebenen gebaut und hatte mehr als 1200 Zimmer, die dem riesigen Hofstaat Unterkunft boten. Man nimmt an, dass auf dem Höhepunkt der minoischen Kultur über 100 000 Menschen im Palast und seiner Umgebung lebten.

Neolithische Überreste lassen darauf schließen, dass es hier schon ab etwa 6000 v. Chr. Siedlungen gab. Der erste minoische Palast wurde um 2000 v. Chr. errichtet, drei Jahrhunderte später aber durch ein Erdbeben zerstört. Heute sieht man die Ruinen des noch prachtvolleren Palastes, der jenen ersetzte. Selbst nach der plötzlichen Zerstörung des Palastes im Jahre 1450 v. Chr. (➤ 10ff) blieb Knossós bis in die römische Zeit für die Neuankömmlinge auf der Insel eine bedeutende Siedlung. Später geriet sie in Vergessenheit, bis ein kretischer Archäologe, Minos Kalokairinos – der zufällig den Namen der alten Priesterkönige trug – 1878 die Lagerräume entdeckte.

Auf der Königsstraße in Knossós

Eine Rekonstruktion

Einige Jahre später fühlte sich der junge Engländer Arthur Evans (➤ unten) zu der Stelle hingezogen; er kaufte das Land auf, und 1900 war eine vollständige archäologische Ausgrabung im Gange. In nur zwei Jahren legte er den größten Teil des Palastbezirks frei, doch sein hastiges Vorgehen führte dazu, dass wichtige Informationen verloren gingen oder unzureichend dokumentiert wurden. Noch umstrittener war Evans' Rekonstruktion von Teilen des Palastes, die er für notwendig hielt, um die Anlage zu konservieren und zu verstehen. Dies traf teilweise zu, denn die ursprünglichen Pfeiler und Stützbalken bestanden aus Holz, und während er Raum um Raum ausgrub, drohte die ganze Konstruktion einzustürzen. Evans baute originale Fragmente in neue Betonpfeiler und Stützen ein und rekonstruierte Räume so, wie sie seiner Ansicht nach in minoischer Zeit ausgesehen hatten. Spätere Archäologen haben seine romantischen Rekonstruktionen heftig kritisiert, doch Evans' Arbeit vermittelt den Besuchern einen Eindruck von der Pracht der minoischen Welt und eine Vorstellung von den Wandmalereien, der Großen Treppe und den roten Säulen, die diesen vielgeschossigen Komplex stützten.

Den Palast erkunden

Mit seinen engen Durchgängen, die die Räume verbinden, den erhöhten Gehwegen und den L-förmigen Treppen, die zu Treppenabsätzen ohne Ausgang führen, kann Knossós verwirrend sein. Kein Wunder, dass es mit dem mythischen Labyrinth des Königs Minos in Verbindung gebracht wurde. Die Räume sind

Sir Arthur Evans

Am Eingang von Knossós steht eine Büste von Sir Arthur Evans (1851–1941), der den Palastbezirk ausgegraben hat. Er war ein Mann mit vielen Talenten, arbeitete als Journalist und Kriegsberichterstatter, bevor er mit 33 Jahren Direktor des Ashmolean-Museums in Oxford wurde. Zehn Jahre später, 1894, führte ihn seine Arbeit zum ersten Mal nach Knossós. Die Gerüchte, dass dort ein antiker Palast begraben liegen sollte, machten ihn neugierig. Evans war ein wohlhabender Mann – und er war hartnäckig. Er brauchte fünf Jahre, um das Land von seinem türkischen Eigentümer zu erwerben. Obwohl seine Methoden kritisiert wurden, führten seine Funde dazu, dass die Geschichte der antiken Welt neu geschrieben wurde. Für seine Verdienste wurde er 1911 geadelt. Noch mit 84 Jahren arbeitete er auf der Grabungsstätte.

Sir Arthur Evans

nicht gekennzeichnet, und selbst mit einem Plan findet man sich nur schwer zurecht, doch kommt man schließlich an allen interessanten Stellen vorbei.

Leider hat Knossós unter seiner eigenen Popularität gelitten. Die bloße Zahl der Touristen, die zwischen den antiken Mauern umherwandern, bringt Probleme für die Konstruktion mit sich, und viele Bezirke und Wege sind inzwischen abgesperrt. Gehsteige wurden über den Steinpfaden errichtet, um die Reisegruppen auf festgelegten Pfaden durch den Palast zu führen, aber sie verderben den Charakter der Anlage und erschweren es dem Individualreisenden, den Massen zu entkommen. Am besten genießt man Knossós, indem man sich Zeit nimmt und sich seiner Phantasie überlässt.

Wasserwerk

Ein für die damalige Zeit geniales Drainagesystem aus Terrakottarohren verlief unter dem Palast. Mit seiner Hilfe war es möglich, den Wasserfluss zu stoppen oder zu kontrollieren. Teile des Systems sind noch unter Gittern und an den Rändern der königlichen Gemächer zu sehen.

Der Eingang durch den **Westhof** führt vorbei an kreisrunden Schächten, in die zum Abschluss heiliger Rituale Opfergaben gelegt wurden. Nach rechts gelangt man in den Prozessionskorridor, wo man die ersten Palastfresken erblickt. Sie zeigen eine Gruppe von Männern und Frauen, die Geschenke und Zeremonialgefäße tragen. Evans verpflichtete französische Künstler, alle Fresken im Palastbezirk neu zu malen, nachdem die Originale ins Archäologische Museum gebracht worden waren.

Innerhalb der Palastmauern sieht man links die **Südpropyläen** mit den sich verjüngenden weißen Säulen und dem Fresko der Gabenträger. Rechts ist eine Reproduktion der riesigen Heiligen Hörner zu sehen, die dort aufgestellt sind, wo man die Fragmente der Originale fand. Geradeaus in einem der oberen Räume befindet sich das berühmte Fresko des Lilienprinzen.

Evans hat den Fresken und Räumen ihre Namen gegeben, wie zum Beispiel das der italienischen Renaissance

Fresko des Lilienprinzen

Das farbenfrohe Greifenfresko im Thronsaal

Detail des Freskos der Blauen Damen

entlehnte *Piano Nobile*. Eine Treppe hinter dem Südpropyläen führt dorthin. Von hier hat man einen guten Überblick über den Zentralhof und die Lagerräume mit den riesigen Lagerkrügen, den *pithoi*.

Unten in der Nordwestecke des Innenhofes befindet sich der **Thronsaal**, der mit Greifenfresken geschmückt ist. Der Alabasterthron gilt als der älteste Europas. Ihm gegenüber befindet sich ein in den Boden eingelassenes Weihbecken. Der Thronsaal ist einer der Höhepunkte des Palastes, und oft bilden sich dort lange Schlangen von Menschen, die darauf warten, einen Blick über die Schwelle werfen zu können.

Was besagt der Name?

Die Verbindung von Knossós mit dem Labyrinth des Königs Minos könnte mehr sein als ein bloßer Mythos. In vorhellenistischer Zeit bedeutete das Wort *labrys* »Doppelaxt«, und die Endung *nthos* meinte »Haus des« – zusammen also »Haus der Doppelaxt«. Riesige Doppeläxte, die als Symbole religiöser und politischer Macht gedeutet werden, wurden in Knossós gefunden.

Das Herz von Knossós ist der rund 55 mal 28 Meter große **Mittelhof**, der ursprünglich von hohen Mauern umgeben war. Hier fanden die Stierspringrituale und athletischen Wettbewerbe statt, die auf den Fresken abgebildet sind.

Auf der Ostseite des Hofes führt die Große Treppe hinab zu den – wie Evans meinte – **königlichen Gemächern**. Dieser Teil

Die königlichen Gemächer östlich des Zentralhofs

ist heute abgesperrt, doch durch einen Korridor gelangt man nach unten in die am besten erhaltenen Räume. Halten Sie Ausschau nach dem Gemach des Königs, dessen Vorraum durch Schilde und das Zeichen der Doppelaxt markiert ist. Das Gemach der Königin ist mit einem Delphinfresko versehen. Leider kann man die angrenzenden Räume, in denen es eine tönerne Badewanne und ein Spülklosett gab, nicht mehr besichtigen.

Nördlich der königlichen Gemächer befinden sich die **Palastwerkstätten** und die Lagerräume mit den riesigen *pithoi*, die zur Aufbewahrung von Olivenöl und Wein dienten. Ein **Theater** mit etwa 500 Plätzen liegt im Nordwesten des Palastes. Die Königsstraße mit den originalen Pflastersteinen aus dem 3. Jahrtausend v. Chr. führt nach Norden, einst endete sie vielleicht am Meer.

KLEINE PAUSE

Als Alternative zum Café im Palastbezirk bietet sich eine der vielen **Tavernen** an, die **außerhalb von Knossós** liegen.

183 D4 · 5 km südlich von Iráklion an der Odós Knossou · 2810 23 19 40 · tägl. 8–17 Uhr (bis 15 Uhr im Winter) · Café (€) · Bus 2, 4 · teuer · Fotografieren erlaubt

Delphinfresko im Gemach der Königin

KNOSSÓS: INSIDER-INFO

Top-Tipps: Knossós ist Kretas beliebteste Sehenswürdigkeit und entsprechend überlaufen. **Um dem schlimmsten Andrang zu entgehen**, sollte man versuchen, morgens gleich beim Öffnen oder am frühen Abend zu kommen. Mittags kann es ebenfalls ruhiger sein, wenn große Reisegruppen zum Essen gehen.

- Die **Sommerhitze** ist heftig, nehmen Sie Wasser und Sonnenhut mit.
- Planen Sie zwei Stunden oder mehr zur **Besichtigung der Höhepunkte** ein.
- An der Hauptstraße kurz vor Knossós und direkt hinter dem Eingang gibt es **gebührenpflichtige Parkplätze**.

2 Górtis

Auf einer Insel voller minoischer Hinterlassenschaften geben die Ruinen der antiken griechisch-römischen Stadt Einblick in eine spätere Epoche. Der Kernbezirk ist zwar klein, mit der riesigen Basilika Ágios Títos und dem Gesetzeskodex aber besonders eindrucksvoll. Der erste juristische Kodex, der in Europa aufgezeichnet wurde, ist in massive Steinblöcke gemeißelt. Streifen Sie auch durch die angrenzenden Felder und Olivenhaine, und erkunden Sie die verstreuten antiken Überreste.

Frühlingsblumen auf den Feldern rund um die Titusbasilika in Górtis

Górtis war bereits in minoischer Zeit besiedelt. Am Fluss Lithéos (oder Mitropolitanos) auf der fruchtbaren Messará-Ebene erbaut, wuchs es unter den Dorern zu einer blühenden Stadt heran. Im 8. Jahrhundert v. Chr. war sie die bedeutendste Stadt im Süden Kretas. Als die Römer die Insel 67 v. Chr. eroberten, machten sie Górtis zur Hauptstadt der Provinz Cyrenaika, die nicht nur Kreta, sondern auch einen großen Teil Nordafrikas umfasste. Ein Jahrhundert später setzte der Apostel Paulus Titus (► 82) als Bischof ein; dieser trieb die Christianisierung der mit rund 30 000 Menschen einwohnerstärksten Stadt voran. Górtis entwickelte sich zum religiösen und politischen Zentrum der Insel.

Auch in byzantinischer Zeit blieb Górtis eine blühende Gemeinde, bis sarazenische Invasoren sie 824 einnahmen. Die Stadt erholte sich nicht mehr und wurde bald aufgegeben. Heute bedecken Ruinen einen weitläufigen Bezirk, der zum großen Teil noch nicht ausgegraben ist.

Ágios Títos

Die bedeutenden Ruinen von Górtis liegen innerhalb eines umzäunten Bezirks auf der Nordseite der Straße. Gleich hinter dem Eingang links erhebt sich der massive Bau der Titusbasilika. Das im 6. Jahrhundert erbaute Gotteshaus ist die am besten erhaltene frühchristliche Kirche auf Kreta. Bis zur arabischen Invasion war sie Sitz des Erzbischofs. Die gewölbte zentrale Apsis zeigt die einstige Größe. In einem der Seitenschiffe steht ein kleiner Schrein: Hier wurde die Reliquie des heiligen Titus bis 962 verwahrt, ehe man sie nach Iráklion brachte (➤ 62). Einmal im Jahr findet hier am 23. Dezember ein Gottesdienst statt.

Der Apostel Titus

Laut Überlieferung war Titus der Spross einer vornehmen kretischen Familie. Er erhielt eine gute Ausbildung. Später reiste er nach Jerusalem, wo er zu einem Schüler des Apostels Paulus wurde. Diesen begleitete er auf seinen Missionsreisen nach Asien und Europa. Paulus brachte um 59 das Christentum auf die Insel und ließ Titus zurück, damit dieser die kretische Kirche gründe. Titus wurde Kretas erster Bischof und starb um 105 im Alter von 94 Jahren.

Die Gesetzestafeln

Hinter der Basilika vermutet man die antike Agora, das Forum. Hier, mit Blick auf die Überreste des *Odeons* (ein kleines Theater für musikalische Aufführungen und Lyrikrezitationen), schützt ein moderner Bau den bedeutendsten Fund von Górtis, die Gesetzestafeln. Sie wurden von den Dorern etwa 500 v. Chr. in massive Steintafeln geschlagen und repräsentieren, soweit bekannt, die frühesten geschriebenen Gesetze in Europa.

Detail der Gesetzestafeln in Górtis

Die Tafeln sind als zwölf je drei Meter hohe Säulen aufgestellt. Die 600 Zeilen archaischer Inschriften sind abwechselnd von links nach rechts und von rechts nach links zu lesen – diese Schreibweise nennt man *boustrophedon*. Die Tafeln geben Einblick in diese Periode, besonders in ihre soziale Organisation. Der Kodex enthält eine Reihe von Regeln zur Verdeutlichung von Gesetzen, die sich auf Heirat, Scheidung, Adoption, Eigentum und Erbrechte beziehen. Darüber hinaus sind Strafen für Ehebruch, Vergewaltigung, Tätlichkeiten und andere Vergehen festgelegt. Die Bevölkerung von Górtis war in eine Hierarchie von Herrschenden, Bürgern oder Freien, Dienern und Sklaven gegliedert. Rechte und Strafen für die jeweilige Klasse sind streng unterschieden.

Die alte Festung von Górtis mit dem römischen Odeon und dem Portikus mit den Gesetzestafeln

Akropolis und Römische Stadt

Am gegenüberliegenden Flussufer kann man die Reste eines größeren Theaters erkennen. Darüber, auf der Spitze des Hügels, erheben sich die alte Akropolis und die Ruinen eines griechischen Tempels, eine römische Halle *(kastro)* sowie Schutzwälle.

In den Felder auf der Südseite der Hauptstraße liegen verstreut verschiedene Überreste der römischen Stadt, die sich bis Agíi Déka erstrecken. Viele sind kaum mehr als Mauerreste und Steinhaufen, aber es macht großen Spaß, in dieser Umgebung zwischen knorrigen Olivenbäumen herumzustreifen. Etliche der größeren Stücke liegen an einem Pfad, darunter der Tempel von Isis und Serapis, der den ägyptischen Göttern geweiht war. Nach Süden hin war der Tempel des Apollo Pythios mit seinem monumentalen Stufenaltar in vorrömischer Zeit die wichtigste Kultstätte. Nach Osten liegt das *praetorium*, der Palast des römischen Gouverneurs. Durch den Zaun kann man gepflasterte Innenhöfe, gemeißelte Säulen und Kapitelle, Ziegelmauern sowie das *nymphaeum*, das Badehaus, erkennen.

KLEINE PAUSE

An der Ausgrabungsstätte gibt es ein schlichtes **Café**. Sie können auch zurück nach **Agíi Déka** oder weiter nach **Festós** fahren.

182 C2 · 36 km südwestlich von Iráklion · 28920 311 44 · tägl. 8–19 Uhr (8.30–15 Uhr im Winter) · Café (€) · Busse nach Festós halten in Górtis · mittel · Fotografieren erlaubt

GÓRTIS: INSIDER-INFO

Top-Tipp: Bis zur Akropolis ist es eine **steile, heiße Kletterpartie**, aber man hat von dort einen großartigen Überblick über die ganze Anlage.

Geheimtipp: In der Nähe des Tempels des Apollo Pythios liegt ein kleines **römisches Theater**, das am besten erhaltene Kretas.

Muss nicht sein! **Amphitheater** und **Stadion**, beide südöstlich des *praetoriums.*

3 Festós

Viele Besucher ziehen den minoischen Palast in Festós der bekannteren Anlage in Knossós vor. Er steht auf einem Hügel und überblickt die fruchtbare Messará-Ebene. Die Tatsache, dass er nicht rekonstruiert wurde, erlaubt es den Besuchern, die eigene Phantasie spielen zu lassen und sich selbst ein Bild von dem Palast zu machen. Umso präsenter bleibt der Eindruck vom großen Zentralhof, den königlichen Gemächern, der Großen Treppe und der unscheinbaren Stelle, an welcher man den berühmten Diskos von Festós entdeckte.

Festós überblickt die Messará-Ebene

Die Ankunft in Festós macht bereits einen Teil des Reizes aus, besonders wenn man vorher in Knossós gewesen ist. Es gibt keine Parkwächter, die den Besucher auf ihren Platz dirigieren wollen, sondern nur einen kleinen Parkplatz am Ende eines Zickzackanstiegs auf einen kleinen Hügel. Dann geht man die Zufahrt zur Ausgrabungsstätte entlang, um eine Eintrittskarte zu kaufen. Hinter dem Eingang befinden sich eine sehr gute Buchhandlung, ein Souvenirladen und ein Café. Von hier aus bietet sich ein schöner Rundblick über die Anlage.

Vermutlich war die Aussicht einer der ursprünglichen Anziehungspunkte für die Minoer, denn der Palast ist so gebaut, dass er den Blick optimal nutzt. Vor den Minoern scheinen schon andere dieses Fleckchen Erde geschätzt zu haben: Es wurden Ablagerungen gefunden, die bis in die neolithische und frühminoische Zeit zurückreichen (3000–2000 v. Chr.).

Der Diskos von Festós

Der Diskos von Festós, eine Scheibe von kaum 15 Zentimetern Durchmesser, liegt heute im Archäologischen Museum in Iráklion (➤ 50f). Er stammt aus der Zeit um 1700 bis 1600 v. Chr. und wurde 1903 ausgegraben. Die Scheibe aus gebranntem Ton ist auf beiden Seiten mit spiralförmig angeordneten Piktogrammen versehen, darunter Blumen, Menschen und Tiere. Bislang hat niemand den Code knacken können, doch die am stärksten favorisierte Theorie lautet, dass es sich um einen religiösen Gegenstand handelt, wobei die Symbole vielleicht die Wörter eines Gebets oder eines Hymnus wiedergeben.

Der erste hiesige Palast, der von etwa 1900 v. Chr. stammte, wird Alter Palast genannt, und einige Überreste kann man noch am Westrand der Anlage erkennen. Vor der endgültigen Vernichtung bei einem Erdbeben 1700 v. Chr. wurde er bereits zweimal zerstört und wieder aufgebaut, dann aber durch den Neuen Palast ersetzt, der bis zum Ende der minoischen Kultur genutzt wurde.

Rundgang durch den Palast

Der erste offene Platz, den man betritt, ist der **Westhof**. Hier kann man verweilen und sich ausmalen, wie der Palast ausgesehen haben mag. Stellen Sie sich mitten in den Hof und blicken Sie auf die leicht erkennbare große Schautreppe. Rechts davon sieht man die Reste der Westfassade des Palastes, die so gebaut ist, dass sie im Glanz der untergehenden Sonne erstrahlt. Nördlich des Hofes befindet sich der Theaterbezirk, im Süden liegen einige große Vorratsschächte, die für Getreide benutzt wurden.

Geht man die Große Treppe hinauf, so sieht man rechts die Vorratsräume innerhalb des Palastes, wo man in *pithoi* Getreide und Öl aufbewahrte. Dieser Typus der großen Vorratskrüge ist in fast allen Museen auf Kreta zu sehen. Es ist nicht geklärt, ob die Waren, die im Palast gelagert wurden, der königlichen Familie als eine Art Zehnt gebracht wurden, oder ob das Gebäude als sicheres Lager diente, das jeder nutzen konnte.

Östlich davon betritt man den eindrucksvollen Mittelhof, eine gewaltige Freifläche, deren Pflaster zwischen 1900 und 1700 v. Chr. entstand. Geht man zum Südende, hat man eine schöne Aussicht

Die königlichen Gemächer säumen einen kleinen Hof

über die Ebene, die bis heute Getreide und Öl hervorbringt. Es ist die größte und fruchtbarste Ebene Kretas, und sie produziert gewaltige Ernten an Oliven, Zitrus- und anderen Früchten sowie vielen Gemüsearten.

Nördlich des Zentralhofes wird die Anlage ein bisschen verwirrend, da die Ausgrabungen sich auf zwei Ebenen befinden, doch hinter dem kleinen Südhof, der gut zu erkennen ist, liegen die **königlichen Gemächer**. Es gibt hier viele Zimmer und Vorzimmer, wobei eine Zimmerflucht dem König, die andere der Königin zukam.

Wenn man daran vorbei bis fast ans Ende der Anlage geht und sich dann nach rechts wendet, sieht man zur Rechten die Mauern und Fundamente einer Reihe kleiner Gebäude. Hier befanden sich die Palastarchive, wo der **Diskos von Festós** (➤ Kasten, 85) gefunden wurde, eine kleine Scheibe, die ihr Geheimnis bis heute wahrt.

Brunnen versorgten den Palast mit Wasser

KLEINE PAUSE

Das **Café in der Anlage** ist der einzige Ort, an dem man etwas zu essen bekommt. Von der Terrasse bietet sich ein schöner Blick.

182 B2 ☎ 28920 913 15 tägl. 8–19 Uhr (8.30–15 Uhr im Winter)
Café (€) Bus von Iráklion nach Festós oder Mátala mittel
Fotografieren erlaubt

FESTÓS: INSIDER-INFO

Top-Tipps: Da Festós im Sommer bis abends geöffnet ist, besuchen Sie zuerst das nahe gelegene **Agía Triáda** (➤ 90), das um 15 Uhr schließt.

- In Festós gibt es viele **Bänke und schattige Fleckchen**, sodass man die Anlage nicht nur besichtigen, sondern sich hier auch ausruhen kann.

Geheimtipp: Wenn man an den Archiven vorbeigeht und sich dann nach rechts wendet, erreicht man den **Osthof**, wo man die Reste eines Töpferofens sehen kann.

Außerdem: Das Faltblatt über die Anlage ist bis zu einem gewissen Punkt nützlich, aber der Lageplan ist recht verwirrend. Kaufen Sie sich einen **detaillierten Führer** in der kleinen Buchhandlung, und verschaffen Sie sich zunächst einen Überblick.

Nach Lust und Laune!

4 Arolíthos

Obwohl dieses »traditionelle Dorf« eigens für Touristen aufgebaut wurde, ist es zu einem Zentrum für folkloristische Traditionen auf Kreta geworden. Der Name bezeichnet ein natürliches Loch im Gestein, in dem sich Regenwasser sammelt. Man kann Webern, Töpfern, Ikonenmalern und anderen Künstlern zusehen, die traditionelles Kunsthandwerk erzeugen, kretisches Essen und Musik genießen oder im Museum für Landwirtschaftsgeschichte lernen, wie Raki hergestellt wird.

182 C4 · 10 km südwestlich von Iráklion · 2810 82 10 50 · April–Sept. Mo–Fr 9–20, Sa und So 10–18 Uhr; Okt.–März Mo–Fr 9–17, Sa und So 10–18 Uhr · Café (€) · frei · Fotografieren erlaubt

5 Tílissos

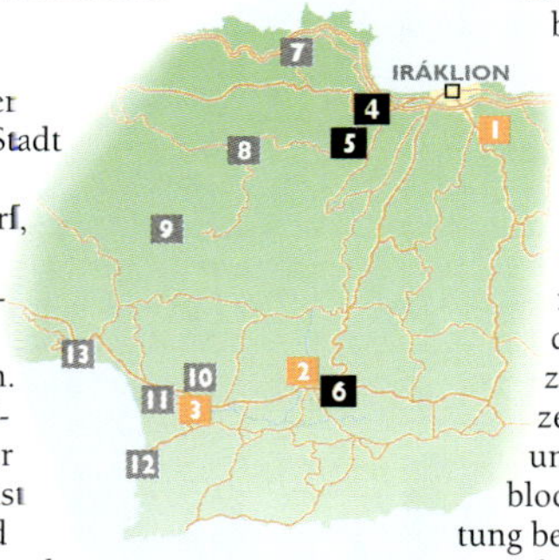

Die Überreste dieser alten minoischen Stadt liegen mitten im gleichnamigen Dorf, ein hübsches Beispiel für die Kontinuität des Lebens durch die Epochen. Dieser kleine friedvolle Flecken unter schattigen Pinien ist wenig besucht und bietet eine erfrischende Abwechslung zu den größeren archäologischen Ausgrabungsstätten. Die Siedlung gruppiert sich um drei minoische Landhäuser, die vermutlich Teil einer größeren Gemeinde waren. Tílissos war eine der ersten minoischen Stätten, die freigelegt wurden, nachdem man dort drei riesige Bronzekessel entdeckt hatte; diese und andere Funde sind heute im Archäologischen Museum in Iráklion (➤ 50ff) untergebracht. Die Ruinen sind gut erhalten. Man kann zwischen den Steinmauern umherwandern und durch Torwege kleine Räume und Innenhöfe betreten. Olivenhaine und Weinberge, wo seit venezianischer Zeit der süße dunkle Malmsey-Wein gekeltert wird, umgeben das Dorf.

182 C4 · 14 km südwestlich von Iráklion · 2810 83 12 41 · tägl. 8.30–15 Uhr · der Bus Iráklion–Anógia hält in Tílissos · preiswert

6 Agíi Déka

Der Name dieses Dorfes bedeutet »Zehn Heilige« und bezieht sich auf zehn frühchristliche Märtyrer, die hier 250 auf Befehl des römischen Kaisers Decius enthauptet wurden. Auch heute noch werden sie verehrt. Zwei Kirchen des Dorfes sind ihnen geweiht. Die ursprünglich byzantinische Alte Kirche aus dem 14. Jahrhundert ist ein schöner Steinbau mit einem Ziegeldach; von der Hauptstraße benötigen Sie, den Wegweisern folgend, fünf Minuten bis dorthin. Im Innenraum sind mit Fresken ausgeschmückte Gewölbe und schöne Holzschnitzereien, darunter ein Christus mit den Köpfen der Märtyrer, zu sehen. Zwei Ikonen zeigen die Enthauptung, und es gibt einen Steinblock, der für die Hinrichtung benutzt worden sein soll. Die Neue Kirche, am Westende des Dorfes Richtung Górtis, ist eine einfache Kapelle. Darunter liegt eine Krypta; durch ein Eisentor kann man einen Blick auf sechs der Märtyrergräber werfen.

182 C2 · 35 km südwestlich von Iráklion · tägl. · Bus von Iráklion nach Festós oder Mátala · frei

Der Glockenturm in Agíi Déka

Domenikos Theotokopoulos, genannt El Greco (kleines Bild), und sein Heimatdorf Fódele (oben)

7 Fódele

Dieses hübsche Dorf inmitten von Orangenhainen bezeichnet sich stolz als Geburtsort El Grecos (➤ 32). Eine Gedenktafel für den Maler ist auf dem schattigen Dorfplatz aufgestellt, und über eine kleine Brücke gelangt man zu einer Kirche, die viele Kopien von El Grecos Werken zeigt.
Um die angebliche Geburtsstätte zu sehen, folge man etwa einen Kilometer weit dem Pfad (Wegweiser) neben den Obstplantagen aus der Stadt hinaus. Das Haus ist aufwändig restauriert und enthält ein paar Ausstellungsstücke zum Leben des Malers.

Gegenüber steht die hübsche Kirche der Panagía. Im frühen 14. Jahrhundert erbaut, umschließt sie das Schiff einer Basilika aus dem 8. Jahrhundert. Das Taufbecken neben der Kirche – zum völligen Untertauchen in den Boden eingelassen – stammt ebenfalls aus dieser Zeit. Teilweise restaurierte Wandmalereien zeigen Engel, Heilige und Szenen aus dem Leben Jesu.

182 C5 ✉ 25 km westlich von Iráklion
☏ 2810 52 15 00 (Museum)
Museum und Kirche Di–So 9–17 Uhr
Direktbus von Iráklion preiswert

8 Anógia

Das Bergdorf Anógia hat viel unter Invasoren gelitten. Die Türken zerstörten es zweimal nach Aufständen 1821 und 1866, und im August 1944 erschossen deutsche Truppen als Vergeltung für die Entführung von General Kreipe (➤ 19) alle männlichen Einwohner und brannten alle Häuser bis auf die Grundmauern nieder. Eine Statue, die an die Freiheitskämpfer erinnert, steht auf dem Platz im oberen Teil der Stadt.

Waschtag in Anógia

Anógia ist vor allem für seine Web- und Stickwaren bekannt. Textilien in leuchtenden Farben schmücken die Straßen der Unterstadt; oft kann man den Einheimischen bei der Arbeit in ihren Läden zusehen.

Hinter den Tischen des Cafés an der Plateia Livádhi steht eine sonderbare Holzskulptur von Elefthérios Venizélos (➤ 6). Sie ist das Werk des verstorbenen Künstlers Alkibíades Skoúlas, dessen Sohn ein Museum (geöffnet tägl. 9–19 Uhr) mit den Werken seines Vaters eröffnet hat. Anógia ist außerdem als Zentrum der *Lyra*-Musik bekannt; viele Spitzenmusiker stammen von hier.

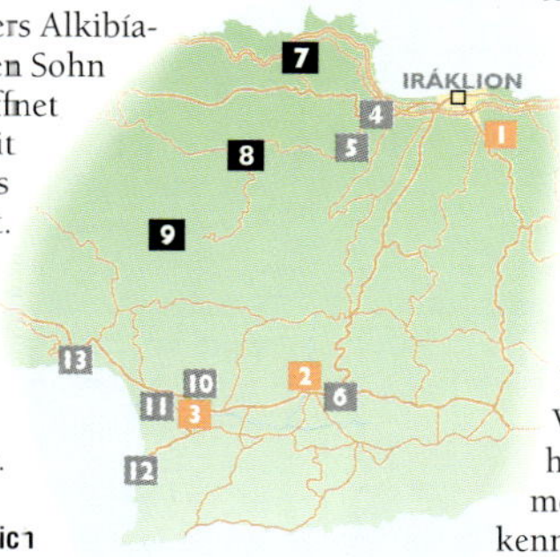

182 B4
35 km südwestlich von Iráklion Busse von Iráklion und Réthimnon

9 Berg Ida (Psilorítis) und die Idäische Höhle

Mit 2456 Metern ist der Berg Ida Kretas höchster Gipfel. Die Einheimischen nennen ihn Psilorítis, »den Hohen«. Sein Zwillingsgipfel, der bis weit ins Frühjahr hinein mit Schnee bedeckt ist, liegt oft in Wolken versteckt. Wenn aber an klaren Tagen der Blick auf die mächtige Felsmasse frei ist, kann man verstehen, warum hier Zeus' Geburtsort (➤ 91) vermutet wird.

Von Anógia windet sich eine geteerte Straße durch die öde, felsige Landschaft bis zur Idäischen Höhle, 22 Kilometer entfernt. Die Fahrt dauert je Richtung etwa eine halbe Stunde. Greifvögel kreisen hoch in der Luft, und man kommt an runden Steinhütten, den *mitáta* der Hirten, vorbei. Die meisten sind heute verlassen, früher wurden sie als Sommerunterkünfte und zur Herstellung von Joghurt und Käse aus Schafsmilch genutzt. Besonders reizvoll ist die Fahrt im späten Frühjahr, wenn die zerklüftete Landschaft von Wildblumen geradezu lodert. Wenn man höher hinauffährt, kann es geschehen, dass man durch tiefhängende Wolken kommt.

Die Straße erweitert sich und öffnet den Blick auf die tief unten liegende fruchtbare Nida-Hochebene. Ein unfertiges Besucherzentrum steht verloren am Ende der Straße, drinnen gibt es aber eine freundliche Taverne. Von hier gelangt man zu Fuß in 15 Minuten zur Idäischen Höhle, die seit minoischer Zeit Wallfahrtsstätte und Kultort und deshalb mit einer Vielzahl von Gaben aus ganz Griechenland gefüllt ist. Die Höhle wird auch in den Werken der griechischen Philosophen Platon und Pythagoras erwähnt. Wenn man in die Höhle hinuntergeht, kommt man möglicherweise zu der Erkenntnis, dass ihre Geschichte der aufregendste Teil ist – sie ist relativ flach und weist keine eindrucksvollen natürlichen Formationen auf.

182 B3 (Idäische Höhle), 182 A3 (Berg Ida)
50 km südwestlich von Iráklion
immer geöffnet (€)
kein öffentlicher Zubringer frei

Der Zwillingsgipfel des Berges Ida

10 Kretisches Volkskundemuseum

Abseits der Touristenpfade im Dorf Vóri bei Festós liegt dieses ausgezeichnete Volkskundemuseum, das von einem Einheimischen gegründet wurde. Es ist eines der besten seiner Art auf der Insel. Die Exponate sind mit Informationskästen auf Englisch versehen. Im Erdgeschoss sieht man landwirtschaftliche und häusliche Gerätschaften wie Bienenstöcke aus

Exponate im Volkskundemuseum in Vóri

Terrakotta, die seit uralten Zeiten genutzt wurden, Möbel, Keramik und Architektur, eine schöne Sammlung gewebter Decken und Textilien sowie eine interessante Studie über Türmuster und ihre Beziehung zum Status.

Oben gibt es eine faszinierende Schau von 25 Korbtypen, die mit verschiedenen Techniken und zu verschiedenen Zwecken gefertigt wurden. Zu sehen sind außerdem Musikinstrumente und wunderbare Fotos von Menschen und Festen.

182 B2 · 2 km nordwestlich von Festós in Vóri (parken Sie an der Hauptstraße, und folgen Sie den Wegweisern zum Museum) · 28920 911 12 (für Besichtigungen im Winter 911 10/911 11) · April–Okt. tägl. 10–18 Uhr · mittel · Fotografieren erlaubt

11 Agía Triáda

Diese minoische Anlage hat im Vergleich zum nahen Festós einen kleinen Maßstab, lohnt aber gerade deshalb einen Besuch. Die Hauptruinen bestehen aus einem kleinen Palast oder großen königlichen Landhaus, das um 1600 v. Chr. erbaut und, wie viele minoische Siedlungen, um 1450 v. Chr. durch ein gewaltiges Feuer zerstört wurde. Schautreppen zeigen, dass der Palast mehrere Etagen umfasste. Mosaiken, Schmuck, Keramiken und andere Funde sind hier entdeckt worden, die nun alle im Archäologischen Museum in Iráklion (► 540ff) ausgestellt sind.
Es gibt außerdem eine Begräbnisstätte und die Überreste der kleinen Stadt mit Markt, Läden, Häusern und Werkstätten, die sich rund um den Palast zog. Agía Triáda ist nicht zuletzt deshalb faszinierend, weil niemand genau sagen kann, was es war oder wer hier lebte. Minoische Chroniken lassen keine Rückschlüsse darauf zu.

182 B2 · 3 km nordwestlich von Festós · 28920 913 60 · Di–So 10–16.30 Uhr · Bus nach Festós · preiswert · Fotografieren erlaubt

Die Schnittervase aus Agía Triáda

12 Mátala

Mátalas Tage als Hippieparadies sind lange vorbei, aber seine berühmten Höhlen ziehen die Besucher immer noch in Scharen an. Römer und frühe Christen schlugen sie in den Sandstein und nutzten sie als Katakomben. Einheimische bewohnten sie über Jahrhunderte bis in die 1960er-Jahre, als ausländische Hippie-Höhlenmenschen dort einzogen. Die Höhlen sind heute abgesperrt, um Übernachtungen zu verhindern, doch es ist eine kleine Gebühr wert, sie tagsüber zu besichtigen. Einige sind mit in den Stein gehauenen Türrahmen, Fenstern und Bänken ausgestattet.

Die Höhlen bilden die Kulisse für Mátalas legendären breiten Strand, der sich um die Bucht erstreckt. Die Terrassen der Restaurants enden direkt auf dem Strand. Ansonsten ist Mátala eine kleine, etwas heruntergekommene Stadt mit einer Touristenmeile voller Restaurants und Läden, die ein junges, lärmendes Publikum anziehen.

182 A1 ✉ 50 km südwestlich von Iráklion
Höhlen April–Sept. tägl. 10–16 Uhr
Busse mehrmals täglich von Iráklion
preiswert

13 Agía Galíni

Von Agía Galíni kann man mit Recht behaupten, es sei der hübscheste Badeort an der Südküste, wenn nicht auf der ganzen Insel. Eingebettet in die Hügellandschaft ziehen sich weiß gekalkte Gebäude, die von leuchtender Bougainvillea und Jasmin bewachsen sind, vom pittoresken Hafen die steilen Straßen empor. Heutzutage hat der Tourismus weitgehend von dem Ort Besitz ergriffen, und die autofreien Straßen im Zentrum sind voller Geschäfte und Restaurants. Der lange Strandstreifen besteht eher aus Steinen als Sand, aber er ist hübsch mit Tavernen eingefasst. Außerhalb der Saison ist es beschaulicher.

Agía Galíni erhebt sich über dem Hafen

182 A2 ✉ 45 km südöstlich von Réthimnon Busse von Réthimnon

Der Geburtsort des Zeus

Mythenforscher streiten darüber, ob Zeus in der Idäischen oder der Diktäischen Höhle (► 114) geboren wurde. Seine Mutter Rhea musste das Kind heimlich austragen, weil sein Vater Kronos, der Herr der Titanen, seine anderen Nachkommen verschlungen hatte, da er fürchtete, entthront zu werden. Bewaffnete Wächter, die Kouretes, kaschierten das Geschrei des Babys, indem sie auf ihre Schilde schlugen. Als Kronos schließlich Rhea auf die Schliche kam, narrte sie ihn, indem sie ihm einen in Windeln gewickelten Stein zum Verschlingen gab. Zeus wuchs bei den Hirten am Berg Ida auf, beschützt von seiner Großmutter Gaia.

Wohin zum... Übernachten?

Preise
Für ein Doppelzimmer in der Hochsaison gelten folgende Preise:
€ unter 60 Euro **€€** 60–100 Euro **€€€** über 100 Euro

Armonia Hotel €

Das kleine Hotel ist eine echte Entdeckung. Wenn man auf der Hauptstraße nach Mátala kommt, liegt das weiße Gebäude mit Pool auf der linken Seite, etwas außerhalb der Stadt. Sie benötigen ein Auto, doch der Standort ist ideal für Naturliebhaber und Wanderer. Die meisten der 27 Zimmer befinden sich in kleinen Blocks hinter dem Hotel.

182 A1 Mátala
28920 457 35; Fax 28920 457 58;
www.armonia-mátala.com
Mai–Okt.

El Greco Hotel €

Dieses preiswerte Hotel liegt ideal auf halbem Weg zwischen dem Stadtzentrum und dem Strand am Ortseingang und verfügt über einen eigenen Parkplatz. Die blau-weiße Fassade passt zu den hellen Räumen, die Zimmer nach hinten sind ein wenig teurer, dafür haben sie Balkon und großartigen Meerblick. Das Frühstücksbüfett wechselt jeden Tag; man kann es auf der Terrasse auf der Rückseite einnehmen.

182 A2 Agía Galíni
28320 911 87; Fax 28320 914 91

Fevro Hotel €

Dieses 50-Zimmer-Hotel liegt auf der rechten Seite, wenn die Straße nach Agía Galíni fast Meeresniveau erreicht hat und eine scharfe Kurve nach links zum Hafen hinabführt. Das Gebäude versteckt sich hinter einer Kaskade aus Bougainvilleen. Die sauberen, einfachen Zimmer mit geweißten Wänden und dunklen Holzmöbeln sind von angemessener Größe. Einige haben Blick auf die Stadt, und die weiter unten gelegenen haben »keinen Ausblick, aber dafür weniger Stufen!« Im Winter ist das Hotel nur bei vorheriger Reservierung geöffnet.

182 A2 Agía Galíni
28320 912 75 (Winter: 28920 228 65);
Fax 28920 914 75 (Winter: 28920 238 48)

Hotel Zafiria €

Das größte Hotel in Mátala ist das Zafiria mit 70 Zimmern; man findet es leicht auf der linken Seite der Hauptstraße, wenn man Richtung Stadtzentrum fährt. Die Zimmer sind einfach und sauber, haben aber alle Dusche, Radio und Balkon. Einige blicken auf das Meer, andere auf die Hügel. Das Hotel hat eine eigene Bar, ein Restaurant sowie einen Minimarkt auf der anderen Straßenseite. Alles in allem ein gutes Angebot zu einem vernünftigen Preis.

182 A1 Mátala
28920 451 12/457 47/453 66;
Fax 28920 457 25; www.zafiria-matala.com
E-Mail: info@zafiria-matala.com
April–Okt.

Idi Hotel €

Das Idi Hotel lieg am Rande des Bergstädtchens Zarós und ist ganz besonders bei Wanderern beliebt. Mit Schwimmbecken und Tennisplatz, Bar und der Taverne Votomos (➤ 94) bietet es ein ausgezeichnetes Preis-Leistungs-Verhältnis. Einige Zimmer befinden sich in dem kleinen Hotelblock, andere liegen in separaten Gebäuden in dem schönen Garten. Die holzgetäfelten Zimmer sind mit Telefon und Klimaanlage und, für Griechenland ungewöhnlich, gemütlich mit Teppichen ausgestattet. Das Personal gibt Tipps für Wanderungen in die Zarós-Schlucht (➤ 156f) und zu anderen Zielen in der Gegend.

182 B2 Zarós
28940 313 02; Fax 28940 315 11;
E-Mail: votomos@otenet.gr

Wohin zum...
Essen und Trinken?

Preise
Die Preise gelten pro Person für ein Zwei-Gänge-Menü ohne Getränke und Service:
€ unter 9 Euro **€€** 9–14,50 Euro **€€€** über 14,50 Euro

Charlie's Place €€

Charlie's Place ist sehr beliebt und hat eine große Ausstrahlung. Einfache Holztische stehen in der Gaststube und auf dem Platz davor. Die Küche liegt hinten in einer winzigen Kammer. Hier ist das Reich des agilen Chefs – er kocht, grillt Fleisch, mixt Drinks und schreibt Rechnungen. Die Speisekarte ist klein und traditionell kretisch, doch mit einigen kreativen Einschlägen. Weil dies eines der am meisten besuchten Lokale in Agía Galíni ist, sollte man früh kommen, sonst muss man auf einen Tisch warten.

182 A2 ✉ Agía Galíni ☎ 28320 910 65 tägl. ab 19 Uhr

Corali €€

Der leuchtend gelbe Anstrich des Corali sticht an Mátalas kleinem Platz gleich ins Auge. Hier wird von der Frühstückszeit an Essen serviert, bis der letzte Gast geht. Auf eine warme Mahlzeit muss man allerdings bis mittags warten. Dann gibt es eine breite Auswahl der üblichen griechischen Kost, frischen Fisch und Pizza.

182 A1 ✉ Mátala ☎ 28920 457 44 April–Okt. tägl. ab 10 Uhr

Fish Taverna Faros €

Diese anspruchslose kleine Fischtaverne wird von einer Fischerfamilie betrieben, die das serviert, was am Tag gefangen wurde. Von den schicken Restaurants in Agía Galíni ist es Welten entfernt, aber lassen Sie sich davon nicht schrecken. Die Tische an der Fußgängerzone werden vom freundlichen Vater oder seinem fröhlichen Sohn bedient, der Sie in die Küche bitten wird, um Fisch auszusuchen. Die Familie bietet außerdem Bootsfahrten an mit der Gelegenheit, selbst einen Fisch zu fangen, den man am gleichen Abend verspeisen kann.

182 A2 ✉ Agía Galíni ☎ 28320 913 46; Fax 28320 913 46 tägl. ab 18.30 Uhr

Lions Restaurant €€

Das Restaurant mit Blick auf den Strand umfasst eine obere Taverne/Bar, wo man Kaffee, Getränke und Snacks bekommt, und unten ein etwas schickeres Restaurant, wo man à la carte bestellt. Der Chef hat 30 Jahre lang in Australien gelebt, und deshalb ist die Speisekarte hier ausgefallener als in vielen kretischen Restaurants. Schließlich bekommt man nur in wenigen Lokalen auf Kreta Jakobsmuscheln; eine weitere Spezialität ist mit Krabbenfleisch gefüllte Seezunge.

182 A1 ✉ Mátala ☎ 28920 451 08 März–Nov. tägl. ab 9 Uhr

Madame Hortense €€

Über eine Holztreppe und vorbei an einer großen Kollektion von Schwarzweißfotos kretischer Charaktere und Landschaften gelangt man in einen großen Raum mit Holzfußboden und weitem Ausblick auf den Hafen. Auf der Speisekarte, auf der vorn ein Auszug aus *Alexis Sorbas* abgedruckt ist, der den Namen des Restaurants erklärt, stehen viele griechische und kretische Spezialitäten. Dazu zählen Huhn mit Erbsen und Oliven, außerdem die Hausversion des *kleftiko*: Lamm im Teigmantel im Ofen gebacken. Im Service inbegriffen ist ein Ouzo als Aperitif, der in einer schönen kleinen Flasche aus farbigem Glas und mit einem kleinen Vorspeisenteller auf den Tisch kommt.

182 A2 ✉ Agía Galíni ☎ 28320 912 15 tägl. ab 18 Uhr

Onar Restaurant €€

Dieses große Restaurant hat einen Dachgarten und eine untere Etage, beide mit Blick auf den Hafen. Die modernen, großzügigen Räume sind mit gemauerten Trennwänden, viel Holz und hübschem Wandschmuck ausgestattet. Das Essen ist ausgezeichnet, der Service äußerst freundlich. Spezialisiert ist das Onar auf Gerichte vom Holzkohlengrill. Hervorragend ist das Barrakudafilet mit Tomaten-Knoblauch-Soße.

182 A2 ✉ Agía Galíni
☎ 28320 911 21
März–Nov. tägl. 8–1 Uhr

Potamida Restaurant €€

Gleich am Strand liegt das Potamida, eines der größten Restaurants in einer Reihe von Cafés und Tavernen, erkennbar an seinem leuchtend blau-weißen Dekor. Es hat den ganzen Tag geöffnet und vermietet auch Liegestühle und Sonnenschirme am Strand. Die Karte bietet eine riesige Auswahl an Gerichten, besonders Salat und Pasta, Spezialität sind aber frische Meeresfrüchte. Tatsächlich kann man morgens mitunter zusehen, wie der Chef mit seinem Harpunengewehr ins Meer watet, um den Tagesfang zu sichern.

182 A2 ✉ Agía Galíni
☎ 28320 911 21
März–Okt. tägl. 9–23.30 Uhr

Skala €

Um zum Skala zu gelangen, muss man nach Süden bis ans Ende des Kais gehen, vorbei an der letzten Taverne und einige Stufen hinauf: Das Restaurant »hockt« oben auf den Felsen dahinter. Der sehr einfache Familienbetrieb erfreut sich großer Beliebtheit und bietet einen großartigen Blick über das Wasser auf den Strand. Die große offene Terrasse mit blau-weißen Wänden und Türen füllt sich rasch, kommen Sie also frühzeitig. Fisch ist die Spezialität auf der Speisekarte und saisonabhängig: Seebarbe, Schnapper, Flussbarsch, Hummer, Tintenfisch oder Muscheln.

182 A1 ✉ Mátala ☎ 28920 454 89
tägl. ab 9 Uhr

La Strada €€

Die blau-weißen Tische auf der Straße kontrastieren mit dem rustikalen italienischen Dekor im Innern; dort und auf der Dachterrasse gibt es weitere Sitzplätze. Eine Tafel vor der Tür informiert über die Tagesgerichte, auf der Karte ist eine ganze Seite Pizza und anderen italienischen Gerichten gewidmet, die Weinkarte ist dagegen strikt griechisch. Im La Strada ist immer viel los, aber die Bedienung ist flott und effektiv.

182 A2 ✉ Agía Galíni
☎ 28320 910 53
tägl. 12–15 und 18–24 Uhr

Taverna Giannis €

Diese echte Familientaverne liegt rechts gleich hinter dem kleinen Hauptplatz in Mátala. Sie ist ausgesprochen schlicht, nur ein paar Tische drinnen und draußen, Wein gibt es nur vom Fass. Probieren Sie eine der Spezialitäten, wie Kreta-Teller mit Oktopus, Tintenfisch, Kartoffeln und Gemüse, oder eines der einfachen griechischen Gerichte, etwa gegrillten Fisch (je nach Tagesfang). Die Auswahl bietet wenig Überraschendes, aber die Speisen sind sehr gut zubereitet, der Standard der Küche ist ausgezeichnet, der Service freundlich.

182 A1 ✉ Mátala
April–Okt. tägl. ab 12 Uhr

Votomos Taverna €€

Dieses ländliche Restaurant, das in der Nähe des Idi Hotels (➤ 92) an einem Bach und einer kleinen Wassermühle liegt, ist auf Forellen aus der nahe gelegenen Zucht spezialisiert. Es gibt Lachsforelle und geräucherte Forelle, außerdem andere Fisch- und Fleischgerichte sowie Wein vom Fass oder von der kleinen kretischen Weinkarte. Sitzplätze findet man drinnen und draußen, die große Bühne wird gelegentlich für Livemusik genutzt. In den Sommermonaten ist eine Reservierung zu empfehlen.

182 B2 ✉ Zarós ☎ 28940 313 02
März–Okt. tägl. 11–24 Uhr, übrige Monate Sa und So 11–24 Uhr

Wohin zum… Einkaufen?

Kunsthandwerk

Am Eingang von **Fódele** findet man die üblichen Touristenläden und -stände, aber wer etwas Ausgefallenes sucht, sollte es im **Atelier Keramos** probieren. Das Töpferstudio wird von Manolis Grammatikakis und Paraskevi Laskari-Grammatikaki (Tel. 2810 52 13 62) betrieben, deren Familie seit vier Generationen Keramik herstellt. Nützliches und Dekoratives entsteht in einer Kombination aus modernen Entwürfen und traditionellen Stilrichtungen. Viele verschiedene Designs sind vorrätig, man kann aber auch selbst ein Stück entwerfen.

Anógia zählt auf Kreta zu den Topadressen für Textilien, doch werden auch in kleineren Dörfern gute Handarbeiten hergestellt. In **Tílissos**, gleich neben der archäologischen Stätte, unterhalten eine Frau und ihre Tochter einen winzigen Laden, wo sie schöne handgestickte Stücke zu sehr guten Preisen verkaufen.

Farbenfrohe Decken, Wandbehänge, Taschen und andere auf dem Webstuhl hergestellte Textilien, handgearbeitete Stickereien und Spitzen, z. B. Tischdecken oder Vorhänge – dies sind die Dinge, nach denen man Ausschau halten sollte. Allerdings muss man auch bedenken, dass heutzutage immer mehr Waren importiert sind. Um festzustellen, ob eine Ware handgearbeitet ist, sollte man sich die Rückseite ansehen. Wenn die Stiche dort grob und ungleichmäßig sind, handelt es sich wahrscheinlich um Handarbeit, dagegen zeigen perfekt gleichmäßige Stiche eine Fabrikarbeit an. Noch ein Tipp: Achten Sie auf Läden, in denen die Besitzerin selbst an einer Stickerei oder am Webrahmen arbeitet. Sie können gerne zuschauen, doch seien Sie anschließend auf ein Verkaufsgespräch gefasst.

In **Arolíthos**, wo es eine kleine Gasse mit Werkstätten gibt, kann man Töpfern, Webern, Gold- und Silberschmieden, Ikonenmalern und anderen Künstlern zusehen, wie sie schöne Stücke nach alten Methoden und Entwürfen herstellen.

Agía Galíni

Unter den vielen Läden in Agía Galíni stechen einige hervor. Im **Labyrinth** (Tel. 28320 910 57) in der winzigen Fußgängerzone fertigt Savas Tsimpouras schönen Gold- und Silberschmuck, außerdem Ringe und Halsketten, die mit Rosenquarz, Turmalin und anderen wertvollen Steinen geschmückt sind. Er fertigt Reproduktionen der Bienenbrosche aus dem Archäologischen Museum in Iráklion (➤ 50ff) und anderer minoischer Stücke und erledigt Auftragsarbeiten. Ein paar Häuser weiter, neben der Blue Bar, findet man Eli, eine Künstlerin, die in ihrer Werkstatt hinten im Laden herausragende Keramik herstellt. Ihre Arbeiten – von weiblichen Figuren über fröhliche Mobiles bis zu schwungvollen Vasen in Blau, Weiß und Beigeschattierungen, oft mit Delphin- und Sonnenmotiven – sind einzigartig und haben eine ganz eigene Qualität.

In Agía Galíni bekommt man außerdem viele Souvenirs aus Olivenholz. Eine gute Auswahl handgemachter Objekte findet man im **Wood Shop Maria** in der Fußgängerzone. **Le Shop**, gleich um die Ecke vom Restaurant La Strada (➤ 94), verkauft ein schönes Sortiment an hochwertigen Lederartikeln und Silberschmuck sowie Bücher und Zeitungen in verschiedenen Sprachen.

Mátala

Mátala hat einen überdachten Markt, von Souvenirständen gesäumt. Der netteste Laden ist **Natura Minoika**, wo kretische Naturprodukte – mit Kräutern versetztes Olivenöl, Seifen und Schwämme und volkstümliche Kunst aus Olivenholz – verkauft werden: Mörser und Stößel, ungewöhnliche Kaffee- und Zuckermaße, Kerzenhalter, Weinständer, Hönigtöpfe und schöne Holzschüsseln.

Wohin zum… Ausgehen?

Nachtleben

Agía Galíni ist das Zentrum des Nachtlebens in Zentralkreta. Junge Kreter aus dem Messará-Gebiet treffen sich in der **Alibi Bar** am Kai, um etwas zu trinken und Informationen auszutauschen. **Paradiso (Paradise Bar)**, eine Dachgartenbar, zu der man vom Ufer über eine Treppe hinaufgelangt, eignet sich gut zum Tanzen. Von 22 Uhr bis Mitternacht ist *happy hour*.

Tanzen kann man außerdem bei **Zorba's, Juke Box** und **Escape**, alle dicht beieinander am Hafen. Hier dreht die Musik ab 23 Uhr auf. Kleinere Lokale, wo man sich bei guter Musik auch unterhalten kann, sind die **Blue Bar** gegenüber der Faros-Taverne und **Miles Tone Blues & Jazz Bar** am oberen Ende der zentralen Fußgängerzone.

In **Mátala**, an der Straße, die parallel zum Strand nach Süden führt, ist die berühmte **Rock Bar** das beliebteste Lokal, und es ist nicht ungewöhnlich, dass junge Leute aus Iráklion abends hierher kommen. Trotz des Namens wird eine breite Palette an Musik gespielt. Das **Marinero**, gleich nebenan, ist ebenfalls eine gute Option. Latin Beat und Weltmusik bei guten Cocktails gibt es im **Kantari** am Hauptplatz.

Die Öffnungszeiten der Clubs sind sehr unterschiedlich, manche (besonders jene mit Café) haben den ganzen Tag geöffnet, andere machen am frühen Abend auf, manche auch erst ab 22 Uhr oder später. Clubs und Diskos öffnen selten vor 22 oder 23 Uhr, und vor Mitternacht kommen sie nicht recht in Schwung. In der Hauptsaison haben Clubs und Diskos jede Nacht geöffnet, sonst oft nur am Wochenende.

Griechische Musik

Wer sich für griechische Musik interessiert, kann einen der griechischen Abende in **Arolíthos** besuchen, im Sommer jeweils am Dienstag, Mittwoch und Freitag. Auch bei den Reiseagenturen in **Agía Galíni** kann man in der Regel einen griechischen Abend buchen.

Internetcafés

Ein empfehlenswertes Internetcafé ist die **Alexander Bar** am Ostende des Kais in Agía Galíni. Die **Café Bar Christos** in der Fußgängerzone hat neben Internetzugang auch Billardtische und eine Spielhalle.

Sport

In Agía Galíni werden viele **Wassersportarten** angeboten, darunter Wasserski, Paragliding, Jet-Ski, Schlauch- und Paddelboote. Erkundigen Sie sich im **Watersports Café** am Anfang des Strandes.

Bei Veranstaltern in der Stadt kann man **Bootstouren** zu abgelegeneren Stränden buchen, etwa nach Ágios Geórgios und Ágios Pávlos und zu den Sandstränden auf der Insel Paximádia, 12 Kilometer vor der Küste. Es gibt außerdem Ausflüge zur Samariá- und zur Ímbros-Schlucht (► 140f und 145) oder zum Strand und Kloster Préveli (► 144). Die ***Argonaut***, die den Besitzern der Fischtaverne Faros (► 93) gehört, nimmt Gäste zum Delphine beobachten, zum Angeln oder zu Ausflügen auf die Insel Gávdos mit.

Für Bootstouren von Mátala zum nahe gelegenen Red Beach oder anderen Zielen fragen Sie unter Tel. 28920 450 27 (19–22 Uhr) oder bei einer Reiseagentur. Einige Strände in Mátala sind Brutgebiete für die gefährdete Meeresschildkröte.

Die **Melanouri Horse Farm** (Tel. 28920 450 40) ist im Dorf Pitsídia nordöstlich von Mátala ausgeschildert. Das Reitzentrum für alle Alterstufen, bietet Ausritte entlang dem Kómo Beach und Vollmondritte durch die fruchtbare Messará-Ebene.

Ostkreta

Erste Orientierung

In Ostkreta spielt der Tourismus eine besonders wichtige Rolle, vor allem im Norden zwischen Iráklion und dem Mirabéllo-Golf, wo lebhafte Badeorte die Küste säumen. Jenseits der Bucht jedoch hält die ganz im Osten liegende Region einige der faszinierendsten Landschaften der Insel bereit, von zerklüfteten Bergen bis zu einem unerwarteten Palmenstrand.

Kretas Zentrum des Pauschaltourismus liegt östlich der Hauptstadt und erstreckt sich entlang der Nordküste bis Mália. Hier haben wie Pilze aus dem Boden schießende Urlaubsorte die alten Dörfer mehr oder weniger absorbiert. Hotels, Apartments, Restaurants, Bars, Reiseagenturen und Souvenirläden reihen sich dicht an dicht. Die an einem kleinen Binnensee gelegene Stadt Ágios Nikólaos ist ein weiteres geschäftiges Zentrum. Mitten auf diesem modernen, hedonistisch orientierten Küstenstreifen setzen der antike Palast von Mália und die Minoerstadt Gurniá gegenläufige Akzente.

Eine kurze Fahrt ins Binnenland führt in eine andere Welt. Die Provinzstadt Neápoli ist das Eingangstor zu den Windmühlen und den zeitlosen Bauerndörfern auf der Lassíthi-Hochebene. Oben in den Díkti-Bergen liegt der Geburtsort des griechischen Gottes Zeus. In Kritsá ist die mit Fresken bedeckte Kirche Panagía Kera ein künstlerisches Juwel.

Die überwältigende Fahrt entlang der Küste – die man nicht verpassen sollte – bringt den Besucher weiter östlich nach Siteía mit seiner hübschen Uferstraße und dem beschaulichen Rhythmus. Von hier aus geht es durch die ebenso raue wie schöne Berglandschaft nach Moní Toploú, zum palmengesäumten Strand von Vái und dem Minoerpalast in Zákros.

Ierápetra, Europas südlichste Stadt, ist die größte Gemeinde an der Südküste. An schönen Stränden liegen kleine Ortschaften.

Seite 97: Kirche in Ierápetra

Links: Boote in Elúnda

Das Dorf Kritsá

★ Nicht verpassen!

1. **Mália-Palast** ➤ 102
2. **Kritsá und Panagía Kera** ➤ 104
3. **Ágios Nikólaos** ➤ 106
4. **Gurniá** ➤ 108
5. **Siteía** ➤ 110

Mit dem Roller durch die Stadt

Nach Lust und Laune!

6. Badeorte an der Nordküste ➤ 113
7. Diktäische Höhle ➤ 114
8. Neápoli ➤ 114
9. Elúnda ➤ 115
10. Insel Spinalónga ➤ 115
11. Ierápetra ➤ 116
12. Mírtos ➤ 116
13. Moní Toploú ➤ 117
14. Strand von Váï ➤ 117
15. Palast von Zákros ➤ 118

Badeorte, antike minoische Paläste und zeitlose Dörfer und Kirchen – Ostkreta ist eine der abwechslungsreichsten Regionen mit beeindruckenden Berg- und Küstenlandschaften.

Ostkreta in fünf Tagen

Erster Tag

Vormittags/Mittags

Fahren Sie früh in **Mália** (rechts, Opferaltar; ➤ 102f) oder **Neápoli** (➤ 114) los. Folgen Sie der Straße über die **Lassíthi-Ebene** (➤ 160ff), und besuchen Sie die **Diktäische Höhle** (➤ 114). Die Taverne Kali Mera gleich westlich von Psýchro ist von der Höhle aus das nächste Lokal. Sie können aber auch weiter zur Taverne Platanos unter der riesigen Platane in Krasí fahren.

Nachmittags

Gegen 14 Uhr sollten Sie am Palast in Mália sein, um die antiken Ruinen zu besichtigen. Anschließend geht es zum Baden an den Strand.

Abends

Sie können in Mália bleiben und in einer der Tavernen des Dorfes zu Abend essen oder nach Neápoli fahren und im Il Palazzo (➤ 122) eine Pizza verspeisen.

Zweiter Tag

Vormittags/Mittags

Besuchen Sie früh, bevor die Massen kommen, **Kritsá** (links, typisch blaue Keramik) und die **Panagía Kera** (➤ 104f). Mittagessen gibt es im La Casa (➤ 121) am See in Ágios Nikólaos.

Nachmittags

Fahren Sie nach **Elúnda** (➤ 115), und machen Sie einen Bootsausflug zur **Insel Spinalónga** (➤ 115).

Abends

Bleiben Sie in Elúnda, und essen Sie am Kai in der Taverna Ferryman (➤ 121) oder im Vritomartes (➤ 122), oder fahren Sie nach Ágios Nikólaos.

Dritter Tag

Vormittags/Mittags
Fahren Sie nach **Ágios Nikólaos** (links, Strand Kitro Plateia), und besuchen Sie das Archäologische Museum (➤ 106f) und weitere Sehenswürdigkeiten. Essen Sie im hübschen Innenhof des Restaurants Pelagos (➤ 122).

Nachmittags/Abends
Entdecken Sie die minoischen Ruinen in **Gurniá** (➤ 108f). Fahren Sie dann nach Süden, und überqueren Sie die Insel an der schmalsten Stelle, um nach **Ierápetra** (➤ 116) zu gelangen. Von hier geht es weiter nach Westen bis **Mírtos** (➤ 116) zu einem beschaulichen Drink am Meer. Übernachten Sie hier, und essen Sie in der Taverna Akti (➤ 121).

Vierter Tag

Vormittags
Über Ierápetra geht es zurück zur Nordküste und über die spektakuläre Klippenstraße nach **Siteía** (rechts, ➤ 110ff).

Mittags/Nachmittags
Essen Sie in einer der Ufertavernen in Siteía, und brechen Sie um 14 Uhr zum Besuch des Archäologischen Museums der Stadt (➤ 111) auf. Anschließend sonnen Sie sich am Strand.

Abends
Besuchen Sie das Volkskundemuseum (➤ 111), und kehren Sie zum Essen im O Mixos (➤ 122) am Kai ein.

Fünfter Tag

Vormittags/Mittags
Fahren Sie früh von Siteía über die kurvenreiche Straße zum **Zákros-Palast** (➤ 118). Machen Sie bei einem frühen Mittagessen Rast im Káto Zákros Bay Restaurant.

Nachmittags
Bei der Rückfahrt fahren Sie durch Palékastro und weiter nordwärts, um am **Strand von Váï** (➤ 117) zu baden. Brechen Sie um 16.30 Uhr auf, damit Sie rechtzeitig in **Moní Toploú** (➤ 116) sind (bis 18 Uhr geöffnet).

Abends
Kehren Sie nach Siteía zurück, und essen Sie im The Cretan House (➤ 121).

Mália-Palast

Der drittgrößte minoische Palast der Insel liegt auf einer Ebene an der Nordküste. Ihm fehlt die Großartigkeit von Festós oder Knossós, aber die schöne rötliche Färbung seiner steinernen Mauerreste verleiht ihm eine eigene Schönheit. Er ist außerdem weniger überfüllt und leichter zu erkunden als seine größeren Brüder. Ein angenehmer Ort also, um sich in die Vergangenheit zu vertiefen.

Der Palast von Mália, zuerst um 1900 v. Chr. errichtet, wurde durch Erdbeben zerstört und um 1650 v. Chr. wieder aufgebaut. Danach blieb er weitere 200 Jahre bestehen. Die Ruinen stammen aus der späteren Periode. Nach ihrer Entdeckung 1915 übernahm die französische Archäologenschule in Athen die Ausgrabungen. Diese sind immer noch im Gang: Nördlich und westlich der Hauptanlage werden die Überreste einer ansehnlichen Stadt ausgegraben. Einige Bereiche, die aus Lehmziegeln erbaut wurden, sind heute durch Überdachungen vor der Erosion durch Regen und Wind geschützt.

Die Ruinen erkunden

In den Palast gelangt man durch den Westhof. Man kann zwischen den dicken Steinmauern der westlichen Magazine (Vorratssilos) hindurchgehen, oder man biegt rechts ab und geht zur Südwestecke, wo acht runde Schächte als Getreidespeicher dienten. Ein mit Steinen gepflasterter Korridor führt auf den Mittelhof, einen 48 mal 22 Meter großen Platz.

Der **Westflügel** beherbergt die wichtigsten Teile des Palastes, darunter die Loggia, einen erhöhten Raum mit Blick auf den Hof, zu dem man über die große Treppe gelangt. Darunter führt eine Halle in die Pfeilerkrypta, in der religiöse Rituale abgehalten wurden. In der Südwestecke des Hofes befindet sich ein weiteres großes Treppenhaus und daneben Málias berühmter *kernós*. Diese kreisrunde Sandsteinplatte mit 34 Vertiefungen, die um eine zentrale Höhlung angeordnet sind, war vermutlich eine Art Altar, auf dem Samen- oder Getreideopfer dargebracht wurden. Sie könnte aber auch als Spielbrett gedient haben.

Riesiger Vorratskrug auf dem Gelände in Mália

Besonders erstaunlich ist die große Zahl an Vorratsräumen im ganzen Palast. Der gesamte Ostflügel besteht aus weiteren Magazinräumen, die für die Aufbewahrung von Flüssigkeiten in riesigen *pithoi* (Vorratskrügen) benutzt wurden. Die *pithoi* standen in Schächten mit Abflussrinnen für verschüttete Flüssigkeit.

Schutzmaßnahmen für die Ruinen des Mália-Palastes

Auf der Nordseite befinden sich der Große Pfeilersaal und der Nordhof. Westlich davon lagen die königlichen Gemächer. Zwei riesige *pithoi* bewachen die Nordseite des Palastes. Mália barg einige herausragende Kunstwerke, die jetzt im Archäologischen Museum in Iráklion (➤ 50ff) zu sehen sind. Der berühmte Bienenanhänger wurde in dem Grabkomplex Chryssolakos (Goldschacht) im Nordosten des Palastes entdeckt.

KLEINE PAUSE

Getränke und Snacks bekommt man an einem Stand auf dem Parkplatz, doch für substanziellere Erfrischungen muss man nach **Mália** zurückkehren.

184 B4 · 28970 315 97 · Di–So 8.30–15 Uhr · Busse von/nach Mália halten vor dem Palast · mittel · Fotografieren erlaubt

MÁLIA-PALAST: INSIDER-INFO

Top-Tipp: Die schönsten **Fotos** kann man am Nachmittag machen, wenn das Licht die warmen Farben des roten Steins zum Leuchten bringt.

Anfahrt: Der Palast liegt **3 Kilometer hinter dem Dorf Mália**, auf der New Road gibt es Wegweiser.

Muss nicht sein! Das **Museum ist sehr klein** und enthält nur ein Modell der Anlage sowie einige Fotos und Diagramme.

2 Kritsá und Panagía Kera

Die kleine byzantinische Kirche Panagía Kera ist eine der berühmtesten Kirchen Kretas, bekannt vor allem für Fresken aus dem 14. und 15. Jahrhundert, die fast jeden Zentimeter im Innern mit lebhaften religiösen Szenen bedecken. Sie steht, wie die archäologische Stätte von Lató, gleich außerhalb des traditionellen Dorfes Kritsá. Ein Besuch der drei Sehenswürdigkeiten beschert faszinierende und abwechslungsreiche Stunden.

Oben: Fresko in Panagía Kera

Kritsá

Kritsá, das größte Dorf Kretas, liegt in einer sanften Hügellandschaft 10 Kilometer landeinwärts des belebten Urlaubsortes Ágios Nikólaos. Es kann dort sehr voll werden, wenn Reisebusse ankommen und Hunderte von Menschen auf der Suche nach der besten örtlichen Handwerkskunst die steilen Straßen durchstreifen. Webarbeiten, Stickereien, Spitzen und Lederwaren gibt es hier im Überfluss und zu besseren Preisen als in den Läden der Badeorte an der Küste. Wenn die Besucher abfahren, verwandelt sich Kritsá wieder in ein gewöhnliches kretisches Dorf. Mit den Bergen im Hintergrund und dem Blick, der stellenweise bis hinab zur Küste reicht, ist es ein sehr anziehendes Dorf.

Lató

In Kritsá weisen Schilder auf das drei Kilometer nördlich gelegene antike Lató hin. Ein Besuch lohnt sich allein wegen der Fahrt über die Serpentinenstraße das Tal hinauf bis zur Anlage und wegen der großartigen Aussicht über das Tal. Lató ist eine der weniger bekannten Anlagen auf Kreta mit vergleichsweise weniger Besuchern, und das ist gut so.

Die Siedlung reicht in die dorische Epoche zurück, die dem minoischen und dem mykenischen Zeitalter folgte. Zu dieser Zeit beherrschten die Dorer, die ursprünglich aus Nordgriechenland stammten, Kreta und einen Großteil des griechischen Festlandes. Die Epoche begann um 1100 v. Chr. und dauerte bis zur Ankunft der Römer 69 v. Chr. Lató war eine wichtige Stadt; dies erkennt man schon an den Ausmaßen der Ruinen, die die Hügellandschaft bedecken. Die Ausgrabungen begannen erst 1957, und es bleibt noch viel zu tun. Die bislang freigelegten Bezirke umfassen die Agora (Marktplatz), Teile eines Stufentheaters, die Fundamente von Läden und Ateliers und vermutlich das ursprüngliche Eingangstor der alten Stadt. Am schönsten ist es, dort einfach zu verweilen, denn die Anlage entfaltet hier ihren ganz eigenen Zauber.

Panagía Kera

Das unzweifelhafte Highlight in Ostkreta ist die Kirche Panagía Kera, ein kleines weißes Gebäude mit einer Kuppel und drei winzigen Seitenschiffen. Man gelangt über einen Pfad von der Hauptstraße dorthin. Mit Ausnahme des Steinbodens ist das Innere der Kirche mit Wandmalereien bedeckt. Einige Farben sind mit der Zeit etwas verblasst, aber die Details sind so klar und schön, als wären sie eben erst gemalt worden und nicht schon im 14. und 15. Jahrhundert. Allein die Menge der Bilder, darunter Heiligenikonen, biblische Szenen wie das Abendmahl und Darstellungen der Strafen, die Sünder in der Hölle erwarten, ist überwältigend.

Unten: In Lató durchwandert man Geschichte

KLEINE PAUSE

In **Kritsá** gibt es mehrere Cafés und Tavernen. Die **Taverna Paradise** gegenüber Panagía Kera hat den ganzen Tag geöffnet.

Lató

184 C3 · Kritsá · Di–So 8.30–15 Uhr (siehe unten) · frei · Fotografieren erlaubt

Panagía Kera

184 C3 · Kritsá · tägl. 8.30–15 Uhr · Bus nach Kritsá von Ágios Nikólaos · mittel · Fotografieren verboten

KRITSÁ UND PANAGÍA KERA: INSIDER-INFO

Top-Tipps: Der frühe Morgen und der späte Nachmittag sind die ruhigsten Zeiten für einen Besuch in Kritsá. **Lató** war eine Zeit lang geschlossen, erkundigen Sie sich also besser noch einmal vor Ort, bevor Sie eine weite Anreise dorthin unternehmen.

Geheimtipp: Im Mittelschiff von Panagía Kera auf der rechten Seite nahe der Tür hängt ein schönes und bewegendes Porträt der ***Jungfrau mit Kind***; die beiden Figuren tauschen überaus liebevolle Blicke aus.

Anfahrt: Die Kirche Panagía Kera liegt rechts, wenn Sie von Ágios Nikólaos nach Kritsá fahren, doch sind die Wegweiser klein. Leichter zu erkennen ist die Taverna Paradise an der linken Straßenseite.

3 Ágios Nikólaos

Die Stadt Ágios Nikólaos mit ihren beiden Häfen gehört zu den hübschesten Orten auf Kreta. Entsprechend voll ist es hier meist, doch dafür kann man sich abends und nachts ins Getümmel stürzen. Außerdem gibt es ein ausgezeichnetes archäologisches Museum mit schönen minoischen Schätzen.

Das Leben konzentriert sich auf das Gebiet der beiden Häfen, wobei der innere an einem kleinen See liegt, der mit dem Haupthafen durch einen schmalen Kanal verbunden ist. Der Voulisméni-See wird auch, leicht übertrieben, See ohne Grund genannt. Tatsächlich hat er sehr steile Wände und ist in der Mitte ca. 64 Meter tief. Bars, Cafés, Restaurants und Souvenirläden säumen den See und den Hafen, in dem stets reges Treiben herrscht.

Die Stadt war immer eine Hafenstadt, in der Antike für die Stadt Lató (► 104f), später für die Venezianer. Sie benannten den Ort nach einer Kirche aus dem 10. Jahrhundert, die dem hl. Nikolaus gewidmet war, und sie gaben der Bucht, an der sie steht, den Namen Mirabello, Schöner Blick.

Am Ufer nördlich des Hafens gibt es ein kleines **Aquarium**. Obwohl in nur einem Raum untergebracht, ist es gut angelegt und verfügt über viele Informations- und Schaukästen, die meisten auf Englisch. Die zahlreichen Becken enthalten alles von niedlichen Rotwangen-Schildkröten und Seesternen über Tintenfische und Aale bis zum hässlichen und gefährlichen Drachenkopf und anderen Bewohnern der örtlichen Gewässer.

Die Kathedrale Agía Triáda

Archäologisches Museum

Der steile Aufstieg zum ausgezeichneten Archäologischen Museum der Stadt lohnt sich. Die Säle, die um einen kleinen Innenhof gruppiert sind, schaut man sich am besten im Uhrzeigersinn an.

Nach verschiedenen hier ausgestellten ungewöhnlichen Objekten, zum Beispiel den frühesten bekannten Angelhaken auf Kreta und dem längsten frühminoischen Dolch, kommt man zur Hauptattraktion des Museums, der **Göttin von Mírtos**. Dieses ausgesuchte Stück, entstanden um 2500 v. Chr., zeigt eine ungewöhnliche glockenförmige Figur, die einen Krug in ihren stockartigen Armen hält. Wahrscheinlich wur-

Handwerker bei der Arbeit an einer Museumskopie

Abendessen am See in Ágios Nikólaos

die sie bei einem Fruchtbarkeitsritual gebraucht. Weiter gibt es Keramik, Votivfiguren und viele einzigartige Objekte, etwa einen spätminoischen Grab-Pithos aus Kyra, der ein Skelett enthält. In Saal IX sieht man eine römische Grabstätte aus dem 1. Jahrhundert, in der der Schädel eines Athleten gefunden wurde, mit goldenem Lorbeer gekrönt und einer Silbermünze im Unterkiefer.

KLEINE PAUSE

Rund um den Hafen und den See gibt es viele Restaurants, darunter das **La Casa** (➤ 121), das bis in die Nacht geöffnet hat.

Ágios Nikólaos 185 D3

Archäologisches Museum
Palaiologou 68 28410 249 43
Di–So 8.30–15 Uhr Parken auf der Straße und auf dem nahen Parkplatz
preiswert kein Blitzlicht

Aquarium
Akti Koundourou 30 28410 280 30
März–Okt. tägl. 10–21 Uhr
Parken gegenüber am Kai teuer
Fotografieren verboten

Folkloremuseum
Palaiologou 2 28410 250 93
So–Fr 10–13.30, 18–21.30 Uhr
Parken weiter entfernt am Kai
preiswert
Fotografieren erlaubt

ÁGIOS NIKÓLAOS: INSIDER-INFO

Top-Tipp: Der Verkehr ist sehr dicht, **vermeiden Sie möglichst die Fahrt ins Zentrum**. Man kann in den Straßen auf dem Hügel beim Archäologischen Museum parken.

Geheimtipp: Die **Kirche Panagía Vrefotrófou** aus dem 12. Jahrhundert in der Nähe des Strandes am Westende des Yachthafens ist angeblich die älteste Kirche auf Kreta. Einige der Fresken stammen aus dem 8. und 9. Jahrhundert, das Gebäude selbst geht bis ins 7. Jahrhundert zurück. Falls geschlossen ist, fragen Sie im nahe gelegenen Minos Palace Hotel nach dem Schlüssel.

Unbedingt: Die **Göttin von Mírtos** im Archäologischen Museum.

Muss nicht sein! Das **Folkloremuseum** am Kanal zwischen den Seen kann ausgelassen werden, wenn die Zeit knapp ist.

4 Gurniá

Kretas größte minoische Paläste bekommen oft allen Ruhm ab und überschatten die anderen Zeugen der Kultur, die sich weit nach Osten erstreckte. Gurniá ist die größte nicht vollständig freigelegte Stadt; ihre hervorragend erhaltenen Ruinen geben einen faszinierenden Einblick in das Alltagsleben zur Zeit der Minoer. In dieser Stadt gingen Handwerker wie etwa Töpfer, Bronzeschmiede und Zimmerleute ihren täglichen Geschäften nach.

Obwohl Gurniá in frühminoischer Zeit besiedelt wurde, stammen die Ruinen, die man heute sieht, aus der Zeit um 1500 v. Chr., als die Stadt in voller Blüte stand. Ihren Aufschwung verdankte sie ihrer Lage über dem Kólpos Mirabéllou (Golf von Mirabello), die ihr wirtschaftliche und strategische Bedeutung verlieh. Sie hatte einen eigenen Hafen und trieb Handel mit Ierápetra an der Südküste mittels einer Überlandroute über den Isthmus (die mit 12 Kilometern engste Stelle der Insel), um die gefährliche Seereise um die Ostküste zu vermeiden.

Gurniá wurde bei der Katastrophe 1450 v. Chr. (► 10ff) zerstört, erwachte in mykenischer Zeit zu neuem Leben, wurde dann aber 1200 v. Chr. endgültig aufgegeben. Eine junge amerikanische Archäologin, Harriet Boyd Hawes (1871–1945), legte sie um dieselbe Zeit frei, zu der Festós und Knossós ausgegraben wurden (1901).

Gurniá erkunden

Beim Betreten des Geländes merkt man gleich, wie gut erhalten es ist. Die Fundamente von Hunderten von Häusern, bis zu einem Meter hoch oder höher, erstrecken sich über den Hügel; dies waren die Untergeschosse, die als Vorratsräume oder Werkstätten genutzt wurden, während die Wohnbereiche in den oberen Etagen schon lange verschwunden sind. Werkzeuge, die man in einigen dieser Gebäude gefunden hat, ließen auf Händler und Handwerker, Bauern und Fischer schließen und vermittelten einen guten Einblick in das häusliche Leben in minoischer Zeit. Gepflasterte Straßen, breit genug für bepackte Tiere, nicht aber für Karren mit Rädern, wanden sich durch die Stadt und teilten sie in sieben Bezirke. Noch heute sind Bergdörfer auf Kreta nach diesem Prinzip angelegt.

Man kann die Steinstufen hinaufsteigen oder links der früheren Hauptstraße folgen, die noch die originale Pflasterung zeigt. Beide führen zum Stadtzentrum auf dem Hügel. In seinem Herzen stand der Palast, der kleiner war als diejenigen von Knossós und Mália, im Stil aber diesen vergleichbar ist. Hier hatte vermutlich der lokale Herrscher seinen Sitz.

Im Süden führt eine L-förmige Treppe zu einem großen Hof, der früheren Agora (Marktplatz). Die große Steinplatte neben der Treppe könnte ein Opferaltar gewesen sein. Nach Norden lag das Heiligtum, dort wurde ein Schrein mit Figuren der Schlangengöttin und anderen Kultobjekten gefunden.

Wenn Sie die Anlage von der Akropolis aus überblicken, bedenken Sie, dass Gurniá viermal größer war als das, was man heute sieht. Stellen Sie sich vor, wie es sich in der Antike nach Norden ganz bis zum Meer erstreckte.

KLEINE PAUSE

In Gurniá gibt es **keine Erfrischungen**, bringen Sie sich also Wasser und etwas zu essen mit.

185 D3 · 28420 930 28 · Di–So 8.30–15 Uhr · aus dem Bus von Ágios Nikólaos nach Siteía und Ierápetra können Sie in der Nähe der Anlage aussteigen · preiswert · Fotografieren erlaubt

Straßen und Treppen in Gurniá

GURNIÁ: INSIDER-INFO

Top-Tipps: Außer ein paar kleinen Bäumen gibt es **keinen Schatten**. Schützen Sie sich durch Sunblocker, Hut und Sonnenbrille.
• Gurniá ist **im Frühjahr besonders hübsch**, wenn bunte Wildblumen zwischen den Steinen erblühen.

Anfahrt: Die **Abfahrt von der Nationalstraße** (New Road) ist leicht zu verfehlen. Richtung Osten passiert man wenige Kilometer hinter Ístro eine große Zementfabrik. Der Wegweiser nach Gurniá steht gleich dahinter, dann geht es scharf rechts auf eine Schotterstraße.

5 Siteía

Allein wegen der großartigen Anfahrt durch eine der schönsten Landschaften Kretas lohnt sich ein Besuch in Siteía. Hinter Ágios Nikólaos windet sich die Straße durch die Berge über eine hohe Klippe mit überwältigenden Ausblicken aufs Meer. In Siteía angekommen, wird Ihnen besonders die dortige Atmosphäre gefallen. Die Stadt an einer schönen Bucht ist eher etwas abgelegen und eignet sich hervorragend als Ausgangspunkt für Ausflüge zu den Sehenswürdigkeiten an der Ostküste der Insel.

Kretas fünftgrößte Stadt liegt auf der Westseite der hübschen Bucht von Siteía, ihre sonnengebleichten Häuser ziehen sich an den Hügeln empor. Eine breite Promenade windet sich am Hafen entlang, beschattet von untersetzten Palmen und gesäumt von freundlichen Tavernen. Hier ist der perfekte Platz, um sich abzukühlen und den bunten Fischerbooten zuzusehen, die auf dem Wasser schaukeln. Östlich des Yachthafens, gleich hinter dem Fremdenverkehrsbüro, liegt der Sandstrand. Obwohl der Tourismus zunimmt – der neue Flugplatz trägt seinen Teil dazu bei –, übertreffen hier die Einheimischen zahlenmäßig noch die Touristen.

Auf Schritt und Tritt begegnet man der Geschichte. Reste einer ansehnlichen minoischen Siedlung wurden in der südlichen Vorstadt Petrás entdeckt, und in dieser Region wurden mehr minoische Landhäuser und Gipfelheiligtümer gefunden als irgendwo sonst auf Kreta. Westlich des Hafens in Richtung auf den Fährhafen befinden sich Überreste römischer Fisch-

Die hellenistische Anlage Tripitos

becken. Am östlichen Rand der Stadt werden die Ruinen des hellenistischen Siteía ausgegraben. Erdbeben haben die Gebäude aus venezianischer Zeit zerstört, einzige Ausnahme ist die Festung, die allein auf dem Hügel thront. Sie wird heute als Freilichttheater genutzt, besonders während des Kulturfestivals der Stadt, der **Kornaria**, im Juli und August (➤ 124).

Archäologisches Museum

Dieses kleine, aber ausgezeichnete Museum enthält viele Schätze aus Ostkreta, vom Neolithikum bis in die römische Zeit. Die erste Abteilung umfasst Funde von verschiedenen Stellen im minoischen Siteía. Mehr als 80 Ausgrabungsstätten belegen die Siedlungsdichte in dieser Region. Viele schöne Töpferarbeiten von herausragender Qualität sind auf Friedhöfen entdeckt worden. In Schaukasten 7 findet sich die exquisite Skulptur eines Bullen vom Friedhof in Móchlos. Kretas am besten erhaltenes Hieroglyphen-Archiv wurde in Petrás entdeckt; Beispiele sieht man im Schaukasten 27.

Erotókritos

Vitsentzos Kornáros, Autor des epischen Gedichts *Erotókritos*, wurde im 17. Jahrhundert in Siteía geboren. Am Kai in der Nähe des Tourismusbüros steht ein Denkmal für ihn mit Szenen aus seinem Werk, das heute noch gesungen wird (➤ 23).

Es folgen Exponate aus dem Zákros-Palast (➤ 118), darunter viele ungewöhnliche Funde. Der Dekor der großen *pithoi* (Vorratskrüge) ist erlesen. Es gibt seltene Fragmente von Linear-A-Täfelchen, die bemerkenswert gut erhalten sind trotz des zerstörerischen Feuers, das wie ein Ofen wirkte und den Ton brannte. Eine weitere Vitrine enthält schöne gerundete Krüge, dreibeinige Töpfe, kleine Vasen und seltsame Küchengeräte, zum Beispiel einen Terrakotta-Grill.

Funde aus der nachminoischen Epoche runden die Sammlung ab. Vitrine 22 enthält alte Votivobjekte aus einem archaischen Heiligtum: Die Tonköpfe im ägyptischen Stil wurden auf Körper aufgesetzt, die wie Ampullen geformt sind. Vielleicht standen sie im Zusammenhang mit Fruchtbarkeitsriten. Im letzten Raum enthält ein Wasserbecken eine Vielzahl von Vasen, die in einem römischen Schiffswrack lagen.

Der friedliche Hafen von Siteía

Folkloremuseum

Siteía hat ein entzückendes kleines Folkloremuseum, das in einem früheren Herrenhaus untergebracht ist. Gezeigt werden landwirtschaftliche Geräte, Küchenausstattung und ein jahrhundertealter Webstuhl, außerdem schöne Beispiele traditioneller

Bettdecken, Stickereien und anderer Handarbeiten. Im oberen Stock sieht man ein dekoratives Brautbett von 1890 mit Seidenbaldachin und -decken.

Umgebung von Siteía

Siteía ist eines der besten Weinbaugebiete Kretas. Eine **Weinkooperative** an der Hauptstraße bietet im Sommer Weintouren an.

An der Strandstraße führt nach zwei Kilometern auf der linken Seite ein Weg mit dem Hinweisschild »Archäologische Stätte« zu der hellenistischen Anlage **Tripitos**, die aus dem 3. Jahrhundert v. Chr. stammt. Parken Sie neben dem Bauernhof, und gehen Sie hinauf zu der eingezäunten Anlage, die man auch betreten kann. Ausgrabungen sind noch im Gange, aber die Fundamente vieler Gebäude, Räume und Straßen sind zu sehen.

KLEINE PAUSE

Im **Kolios** bekommt man Frühstück, im **O Mixos** (➤ 122) ein Essen.

SITEÍA: INSIDER-INFO

Top-Tipp: Siteías **Kai** ist so einladend, dass Sie ohne weiteres einen zusätzlichen Tag in der Stadt verbringen können.

Muss nicht sein! Die **Ruinen der römischen Fischbecken** sind größtenteils überschwemmt und kaum auszumachen.

Restaurants am Kai von Siteía

Siteía
186 B4

Archäologisches Museum
Odós Eleftherias Venizélou, gegenüber dem Busbahnhof
28430 239 17
Di–So 8.30–15 Uhr preiswert
kein Blitzlicht

Folkloremuseum
Kapetan Sifi 26 28430 228 61
April–Okt. Mo 9.30–13.30, 17–20 Uhr, Di–Fr 9.30–14.30, 17–21 Uhr, Sa 9.30–14.30 Uhr
preiswert Fotografieren erlaubt

Weinkooperative
Missonos 74 28430 252 00
Mo–Fr 8.30–14.30 Uhr frei

Nach Lust und Laune!

Der Strand von Mália

6 Badeorte an der Nordküste

Chersónissos (➤ **184 A4**) ist der größte und aufdringlichste Badeort an der Nordostküste. Sein Name ist ein Synonym für raues, alkoholgeschwängertes Nachtleben, und die meisten Leute kommen zum Feiern hierher. Die zwei Kilometer lange Hauptstraße und die parallele Strandstraße sind gesteckt voll mit Bars, Geschäften und Dienstleistern, in den schmalen Seitenstraßen dazwischen drängen sich die Hotels. Doch wo ist der Strand? Die schmalen Sandstreifen liegen zum großen Teil versteckt zwischen den Hotels und der felsigen Küste. Weil er in der Antike ein Hafen *(limín)* war, wird der Ort auch Limín Chersónissos genannt, um ihn vom Dorf »Alt«-Chersónissos etwas weiter landeinwärts zu unterscheiden. Ein paar Kilometer östlich liegt **Mália** (➤ **184 B4**), der andere bekannte Partyort an der Nordküste, ebenso laut und lebhaft. Die etwa einen Kilometer von der Hauptstraße entfernten Sandstrände können sehr voll werden – diejenigen im Osten sind ruhiger. Der Mália-Palast (➤ 102f) liegt gleich hinter Tropical Beach. Das alte Dorf findet man hügelaufwärts auf der gegenüberliegenden Seite der Hauptstraße. An den gewundenen Straßen und dem hübschen Dorfplatz gibt es gute traditionelle Tavernen.

Zwischen beiden liegt **Stalída** (➤ **184 A4**) oder **Stalís**, ein Badeort mit Sandstrand und ruhigerem Nachtleben. Westlich von Chersónissos findet man die kleineren Orte **Kokkini Hani** (➤ **183 E4**) und **Káto Goúves** (➤ **183 F4**).

Für Kinder

Diktäische Höhle (➤ 114)
Insel Spinalónga (➤ 116)
Gurniá (➤ 108f)
Makrigialós und Strand von Váï (➤ 114, 117)

Der Marktflecken Neápoli

7 Diktäische Höhle

Hoch im Díkti-Gebirge oberhalb des Dorfes Psýchro liegt die berühmteste und eindrucksvollste Höhle auf Kreta. In der Mythologie gilt sie als Geburtsort des Gottes Zeus (➤ 91), und ihre Bedeutung als religiöses Zentrum seit der Zeit der Minoer wurde durch die Entdeckung einer riesigen Zahl von Votivgaben bestätigt. Für die Dorer blieb sie noch lange nach dem Untergang der minoischen Kultur eine religiöse Kultstätte.

Zu Fuß oder auf einem Eselsrücken gelangt man zum Eingang. Der 65 Meter lange Abstieg in die Tiefen der Höhle ist durch Betonstufen und Beleuchtung leichter geworden, dadurch aber weniger geheimnisvoll. Der Weg führt am Grund im Kreis um einen dunklen See herum. Man blickt auf große Stalaktiten und Stalagmiten. Mit ein bisschen Phantasie erkennt man Figuren wie die »Nippel«, an denen der Gott als Baby nuckelte. Aber da der Höhleneingang ein bloßer Lichtschlitz weit oben ist, kann man das mystische Wunder nachempfinden, das diese Kaverne für die antiken Kreter barg. Dies trifft besonders dann zu, wenn Sie am frühen Morgen oder späten Nachmittag den Massen entgehen.

184 B3 · tägl. 8–19 Uhr · Café (€) · mittel; zusätzlich Parkgebühr

8 Neápoli

Touristen übersehen meist diesen Marktflecken, der aber viel eigenen Charme besitzt. Die Straßen enden auf dem Hauptplatz neben der großen, modernen Kirche. Auf der Südseite des Platzes zeigt ein kleines **Volkskundemuseum** lokale Artefakte, die an die traditionelle Lebensweise erinnern. Gegenüber dem Kriegsdenkmal kann man im **I Driros** die örtliche Spezialität probieren – ein süßes, milchiges Getränk namens *soumádha*, das aus Mandeln hergestellt wird. Das Café ist außerdem ein schönes Plätzchen, um das vorbeiziehende Leben zu betrachten.

Neápoli ist ein guter Ausgangspunkt für Ausflüge in die Lassíthi-Ebene

Strände an der Südküste

An Kretas Südostküste gibt es etliche Strände. **Makrigialós** und **Análipsi** sind zu einem großen, ziemlich unattraktiven Badeort zusammengewachsen, aber es gibt einen Sandstrand und das Wasser ist sehr seicht. **Agía Fotiá** ist ein kleines, etwas verstecktes Örtchen mit einem schönen Strand.

(➤ 160f). Die Odós Ethnikis Antistasis führt vom Platz zum einzigen Hotel der Stadt, dem Neapolis (➤ 120).

184 C4

Busse von Ágios Nikólaos und Mália

9 Elúnda

Elúnda, 7 Kilometer nördlich von Ágios Nikólaos an den westlichen Stränden des Golfs von Mirabello gelegen, ist ein hübscher und sehr viel unaufdringlicherer Badeort als sein Nachbar. Die lange Hauptstraße führt zu einem großen Platz rund um den Hafen, gesäumt von Cafés und Restaurants. Bootsausflüge zur Insel Spinalónga gehen regelmäßig von hier ab. Gleich hinter dem Parkbereich befindet sich der Sandstrand der Stadt.

Vom Boot auf den Tisch – in Elúnda landet der Fang rasch auf dem Teller

Am südlichen Stadtrand – erreichbar über eine kleine Küstenstraße vorbei an den venezianischen Salzpfannen – befindet sich ein Damm. Er führt über den durchstochenen Landbogen, der einst das Festland mit der Halbinsel Spinalónga verband. Von hier kann man, wenn das Wasser ruhig ist, einige Überreste der versunkenen Stadt **Oloús** sehen. Hinter der Taverne auf dem Damm schützt ein Zaun den schwarzweißen Mosaikfußboden einer Kirche aus dem 4. Jahrhundert. Auf der Halbinsel gibt es schöne Strände, und man kann Vögel beobachten.

185 D4 Bus von Ágios Nikólaos Kiosk am Parkplatz am Hafenplatz

Die Venezianische Festung auf Spinalónga

10 Insel Spinalónga

Eine kurze Bootsfahrt von Elúnda bringt Sie zum schaurigsten Ort auf Kreta, der kleinen Insel Spinalónga, die den Eingang zur Bucht beherrscht. Die Venezianer bauten hier 1579 eine Festung zur Verteidigung der Bucht. Diese blieb einer der stabilsten Rückhalte der Insel bis weit nach der türkischen Invasion. Erst 1715 wurde sie vertraglich übergeben. Türkische Siedler bauten dort Häuser und weigerten sich fortzuziehen, nachdem Griechenland unabhängig geworden war. Die Regierung überzeugte sie zu gehen, indem sie Spinalónga 1903 zur letzten Leprakolonie Europas machte. 1957 wurde sie aufgelöst.

Der Fahrt zur Insel ist faszinierend, wenn der runde Turm der Festung und die Mauern sich in der Bucht spiegeln. Am Ufer wird man von Führern in Empfang genommen, die die traurige Geschichte vom Leben auf der »Insel der lebenden Toten« erzählen. Von den Schutzwällen gibt es wunderbare Ausblicke.

185 D4

Boote in der Saison tägl. 9.30–16.30 Uhr, alle 30 Min. teuer (Boot)

Ierápetra blickt Richtung Afrika

11 Ierápetra

Afrika liegt nur 300 Kilometer von Europas südlichster Stadt entfernt. Obwohl sie auch am meisten Sonnenschein hat, erwächst ihr Wohlstand nicht aus dem Tourismus, sondern aus der Landwirtschaft: Die Bauern der Region fahren das ganze Jahr Ernten an Tomaten und Paprika ein, die in den zahllosen Plastiktreibhäusern entlang der Küste wachsen.

Der einzig anziehende Teil dieser geschäftigen Stadt – die viertgrößte auf Kreta und die größte an der Südküste – ist die Ufergegend in der Nähe der venezianischen Festung. Man kann in ihren restaurierten Schutzwällen herumgehen, allerdings gibt es nicht viel zu sehen. In der Nähe befindet sich der Glockenturm einer Kirche aus dem 14. Jahrhundert, Aféntis Christós. Einige schöne Häuser stehen noch in den gewundenen Gassen des alten türkischen Viertels hinter dem Kai. Halten Sie Ausschau nach dem kleinen Platz mit dem reich verzierten osmanischen Brunnen und einer restaurierten türkischen Moschee.

Das kleine Archäologische Museum besitzt zwei besondere Schätze: eine Statue der Fruchtbarkeitsgöttin Demeter, die eine Kornähre hält, aus dem 2. Jahrhundert und einen minoischen *larnax*, einen Tonsarg mit Deckel, auf dem die Jagd auf Wildziegen und andere Figuren dargestellt sind. In der Nähe des Museums findet vormittags ein Obstmarkt statt.

Ein langer Sandstrand erstreckt sich westlich der Stadt. Man kann aber auch mit dem Boot zu den attraktiveren Stränden auf der **Insel Chrissí**, 12 Kilometer vor der Küste, fahren.

185 D2 (Archäologisches Museum)
Di–So 8.30–15 Uhr **preiswert**

12 Mírtos

Die Ausstrahlung dieses bezaubernden Dorfes an der Südküste gleicht seine

Alltag in Mírtos

geringe Größe aus. Es gibt keine Sehenswürdigkeiten, außer dem Heimatmuseum mit zwei Räumen. Dennoch ist Mírtos einer jener Orte, in dem die Menschen einen Tag bleiben wollen, dann aber Monate verweilen. Vielleicht liegt es daran, dass Mírtos ein Dorf geblieben ist und Touristen, die hier verweilen, sich den örtlichen Sitten anpassen. In den hübschen Tavernen am Kai kann man gut eine Pause einlegen.

184 C2 **Bus von Ierápetra**

13 Moní Toploú

Auf dem windigen Berggipfel gleicht Moní Toploú mehr einer Festung als einem Kloster. Sein Name bedeutet auf Türkisch »Kanone«, und in venezianischer Zeit wurde hier Artillerie aufgestellt.

Toploú besitzt viel Land in der Umgebung; es soll eines der reichsten Klöster Griechenlands sein. Ländereien und Gebäude wurden in großem Umfang restauriert. Außerhalb des Eingangs steht eine alte Windmühle aus Stein; werfen Sie einen Blick auf die riesigen hölzernen Mahlsteine, die von Segeln angetrieben wurden.

Innerhalb der Klostermauern liegt ein hübsch gepflasterter Innenhof voller Blumen und Grünpflanzen, an den die Zellen der Mönche und der Glockenturm grenzen. Die Kirche birgt den größten Schatz des Klosters: eine Ikone aus dem 18. Jahrhundert von Ioánnis Kornáros mit dem Titel *Herr, Du bist groß* – ein Meisterstück kretischer Kunst. Sie zeigt 61 biblische Szenen, von denen jede eine Zeile aus dem griechisch-orthodoxen Gebet illustriert. Weitere Ikonen kann man im Museum betrachten. Dort ist ein Raum der Rolle des Klosters im Kampf um Kretas Unabhängigkeit und während des Zweiten Weltkriegs gewidmet.

186 C4 **28430 612 26**
tägl. 9–13, 14–18 Uhr **mittel**
Fotografieren eingeschränkt

14 Strand von Váï

Die Massen, die Kretas berühmten Palmenstrand bevölkern, können den Spaß an der idyllischen Umgebung verderben, dennoch ist der Strand noch immer einen Besuch wert. Die schönste Anreise führt am Moní Toploú vorbei. Auf dem Weg durch die öde Landschaft, die an Nordafrika erinnert, taucht plötzlich wie eine Oase ein Wald von Dattelpalmen auf. *Phoenix theophrasti* ist einzigartig im Osten Kretas, die letzte der uralten Palmenarten, die in der Antike im Südosten der Ägäis weit verbreitet waren, heute in solcher Zahl aber nur noch in Váï existiert. Einige sagen, der Wald sei aus Dattelkernen gewachsen, die hier lagernde ägyptische Soldaten ausgespuckt haben, andere meinen, die Dattelesser seien Piraten gewesen. Das von Pfaden durchzogene Wäldchen bedeckt 20 Hektar eines engen Tals, das sich zum Strand hin öffnet. Reisebusse machen hier ebenfalls Station, sodass der breite Sandstrand den größten Teil des Tages über knallvoll ist. Gegen 16 Uhr wird es jedoch ruhiger, kommen Sie deshalb früh oder spät am Tag, um die exotische Schönheit würdigen zu können.

186 C4 **Café (€)**
Busse von Siteía und Makrigialós
Parken preiswert, Strand kostenlos

Blick auf den Strand von Váï

15 Palast von Zákros

Wenn Sie sich die Zeit nehmen, den vierten großen minoischen Palast auf Kreta auf der abgelegenen Ostseite der Insel zu besuchen, werden Sie reich belohnt. Von Siteía führt die gewundene Straße über ein besonders schönes Hochplateau, das von malvenfarbenen Bergen umrahmt wird. Man braucht mindestens eine Stunde für die Fahrt zu der antiken Stätte, die acht Kilometer hinter Áno Zákros (Oberstadt) in Káto Zákros auf Meereshöhe liegt. Hier säumt eine Reihe hübscher Tavernen einen idyllischen Kieselstrand.

Von Áno Zákros (der Oberstadt) blickt man auf den Palast

Zákros, erbaut um 1900 v. Chr., hatte einen ausgezeichneten Hafen und war Hauptseestützpunkt der Insel mit blühenden Handelsbeziehungen nach Ägypten und zum Nahen Osten. Wie die anderen großen minoischen Paläste wurde auch dieser bei den katastrophalen Ereignissen um 1450 v. Chr. zerstört.

Doch weil die Anlage so isoliert lag, wurde sie nie geplündert, und als in den 1960er-Jahren die Ausgrabungen begannen, fand man über 10 000 Gegenstände, von denen viele einzigartig sind. Großartige Stücke aus Elfenbein, Bronze und Stein, darunter kunstvolle Vasen und Kelche, finden sich heute in den Museen in Iráklion und Siteía.

Die Ausgrabung förderte einen weiteren bemerkenswerten Fund zutage: In einem rituellen Graben, der mit Quellwasser gefüllt war, entdeckten Archäologen eine etwa 3000 Jahre alte Votivtasse mit Oliven. Bevor diese sich auflösen konnten, kosteten die Ausgräber sie tapfer – und fanden sie so köstlich wie gerade gepflückt.

Obwohl Zákros in der Anlage den übrigen Palästen gleicht, herrscht hier eine sehr viel friedvollere Atmosphäre. Westlich des Mittelhofes und des Bankettsaals liegen das zentrale Heiligtum, ein Archiv, in dem Hunderte von Linear-A-Täfelchen aufbewahrt wurden, und die Schatzkammer, in der der berühmte Bergkristall-Rhyton (➤ 54) gefunden wurde.

Die große runde Zisterne ist wie die anderen Gräben voller Sumpfschildkröten. Dahinter, unter einer Überdachung, liegt ein Baderaum, wo sich möglicherweise Besucher gewaschen haben, bevor sie zu Hofe gingen.

Große Steinstufen führen zum Ausgang, der ursprünglich der Eingang zum Palast vom Hafen aus war. Am Hang liegen die Ruinen der Oberstadt; von hier hat man einen großartigen Blick auf die gesamte Anlage.

✚ 186 C3 ☎ 28430 612 04 ⏲ Di–So 8.30–15 Uhr (letzter Einlass 14.30 Uhr) 🚌 Bus von Siteía 🖐 preiswert

Wohin zum ... Übernachten?

Preise
Für ein Doppelzimmer in der Hochsaison gelten folgende Preise:
€ unter 60 Euro €€ 60–100 Euro €€€ über 100 Euro

Bay View Apartments €

Diese schöne Anlage liegt an der Straße zwischen Zákros und Káto Zákros unten am Meer. Sie fällt gleich wegen der Fülle an Pflanzen auf, die dort wachsen. Der Standort bietet faszinierende Ausblicke auf die Umgebung und das Meer. Die weiß gestrichenen Zimmer sind einfach, aber sauber und gemütlich und verfügen über TV, Kühlschrank, Bad und zauberhafte Veranden zum Entspannen: Ein Schnäppchen!

186 C3 Káto Zákros
28430 268 87; Fax 28430 932 05

Coral Hotel €€

Das Coral, direkt am Wasser, ist das preisgünstigere Schwesterhotel des Hermes (siehe unten). Letzteres verfügt über ein Fitness-Center, das die hiesigen Gäste mitbenutzen können. Versuchen Sie ein Zimmer mit Meerblick zu bekommen. Alle Räume haben Bad, Kühlschrank, Klimaanlage, Telefon und Radio. Das Hotel hat ein eigenes Restaurant mit Meerblick und ein Schwimmbecken auf dem Dach. Das Frühstückbüfett ist üppig.

185 D3
Akti Koundourou, Ágios Nikólaos
28410 283 63; Fax 28410 287 54;
E-Mail: ermis1@ath.forthnet.gr;
www.hermes-hotels.gr April–Okt.

Elúnda Mare €€€

Eines der besten Hotels auf der Insel mit Blick auf die Mirabello-Bucht. Außer den Zimmern gibt es Luxusvillen, jede mit einem eigenen Swimmingpool. Die Ausstattung der Zimmer verbindet traditionelle Holzmöbel mit viel Marmor und – selbstverständlich – alle modernen Annehmlichkeiten. Es gibt drei Restaurants sowie die Möglichkeit zu Golf, Tennis und jeder Menge Wassersport.

185 D4 Elúnda
28410 411 02; Fax 28410 413 07;
E-Mail: info@eloundahotels.com;
www.elounda.com April–Okt.

Elúnda Beach €€€

Diese kleine luxuriöse Anlage mit 260 Zimmern einschließlich Luxussuiten, jede mit eigenem kleinen Pool, gilt als bestes Hotel auf Kreta. Natürlich sind die Zimmer komplett ausgestattet und bieten reichlich Platz. Es gibt mehrere Restaurants und Bars, jede Annehmlichkeit, die man sich wünschen kann, und ein Frühstücksbüfett, das für den ganzen Tag ausreicht.

185 D4 Elúnda
28410 414 12; Fax 28410 413 73;
E-Mail: elohotel@eloundabeach.gr;
www.eloundabeach.gr April–Okt.

Elysée €€€

Das Elysée liegt gleich am Wasser, ist aber auch nur einen kurzen Gang vom Strand und vom Stadtzentrum entfernt. Die Zimmer sind sauber und einfach; die vorderen haben Balkon mit großartigem Blick über den Hafen, alle verfügen über reichlich Schrankraum, Kühlschrank, TV und Telefon. Es gibt einen Frühstücksraum und eine kleine Lounge sowie einen hoteleigenen Parkplatz.

186 B4 Karamanlis 14, Siteía
28430 223 12; Fax 28430 234 27

Hermes Hotel €€€

Dieses schicke Hotel liegt am Kai unweit des Coral (siehe oben). Die stilvolle Lobby mit eigenem Laden ist mit Fliesenboden und einer Wand voller Kopien der Fresken aus Knossós ausgestattet. Die 200 geräumigen Zimmer und sechs Suiten verfügen über Satelliten-TV, Radio, Telefon, Kühlschrank und Föhn und bieten damit eine der komfortabelsten Unterkünfte im Stadtzentrum. Außerdem hat das Hermes zwei Restaurants, einen Dachpool, ein Fitness-Center, und der Tauchclub liegt gleich auf der anderen Straßenseite.

185 D3
Akti Koundourou, Ágios Nikólaos
28410 282 53; Fax 28410 287 54;
E-Mail: ermis1@ath.forthnet.gr;
www.hermes-hotels.gr April–Okt.

Istron Bay €€€

Das 12 Kilometer östlich von Ágios Nikólaos gelegene Istron, eines der besten Hotels auf der Insel, liegt über dem hauseigenen Strand. Da es in die Klippe hineingebaut ist, sieht man es kaum, wenn man näher kommt. Alle Zimmer haben Balkon mit Meerblick und sind im traditionellen Blau-Weiß dekoriert. Das Restaurant hat für seine Gourmet-Küche Preise gewonnen, und der hauseigene Pool und der freundliche Service tragen zusätzlich zur Beliebtheit des Hotels bei. Reservierung unbedingt nötig.

185 D3 Ístro, Ágios Nikólaos
28410 613 03/613 47; Fax 28410 613 83;
E-Mail: istron@agn.forthnet.gr;
www.istronbay.com
April–Okt.

Itanos Hotel €

Dieses Familienhotel ist größer als man meint: 72 Zimmer birgt das Gebäude mit Blick auf den Kai gleich am Hauptplatz. Die Zimmer sind für ein Hotel dieser Preisklasse Standard, alle haben Telefon, Satelliten-TV, Radio, Bad, Klimaanlage und Balkon mit Lärmschutztüren. Versuchen Sie ein Zimmer nach vorne mit Meerblick zu bekommen. Zum Angebot gehören ein großer Speisesaal, eine Bar und, gleich in der Lobby, eine sehr verführerische Konditorei.

186 B4
Siteía
28430 229 01; Fax 28430 229 15;
www.dilos.com/hotel/501

Minos Beach €€€

Sowohl Ágios Nikólaos wie auch Elúnda sind von dem Luxushotel aus gut zu erreichen. Auffallende Skulpturen stehen in den üppigen Gärten, und die Gästezimmer liegen in Bungalows über das Gelände verstreut. Mehrere Restaurants und Bars, ein Pool, Tennisplätze, Wassersportmöglichkeiten, Fernsehzimmer und ein Babysitterservice runden das Angebot ab. Mietwagen und Ausflüge kann man vom Hotel aus buchen.

185 D3
Ammoudára
28410 223 45; Fax 28410 225 48;
E-Mail: mamhotel@otenet.gr
April–Okt.

Hotel Mírtos €

Dieses preiswerte Hotel, wahrscheinlich die beste unter den spärlichen Unterkünften in Mírtos, liegt mitten im Zentrum der kleinen Stadt; ein eigenes Restaurant ist angeschlossen. Die Zimmer haben eine vernünftige Größe und Basisausstattung; ein schmaler Balkon, den man von allen Zimmern aus nutzen kann, läuft außen um das Gebäude.

184 C2
Mírtos
28420 512 27; Fax 28420 512 15;
E-Mail: reception@myrtoshotel.com;
www.myrtoshotel.com

Neapolis Hotel €

Das Neapolis, ein Gebäude im Art-déco-Stil, das sogleich ins Auge sticht, hat zwölf Zimmer mit Holzmöbeln und zitronenfarbenen Wänden. Jeder Raum hat einen sehr kleinen Balkon, der zur Straße hinausgeht (Lärm ist in diesem bezaubernden Bergdorf allerdings kein Problem), einige auch Klimaanlage. Das Frühstück ist großzügig, oft gibt es reichlich frisches Obst. Wenn man abends nach Hause kommt, kann es passieren, dass alte Männer in der Lobby Karten spielen oder der Priester vor dem Fernseher sitzt. Das Preis-Leistungs-Verhältnis ist ausgezeichnet.

184 C4
Pl. Evangelistrias, Neápoli
28410 339 66; Fax 28410 339 67

Wohin zum …
Essen und Trinken?

Preise
Die Preise gelten pro Person für ein Zwei-Gänge-Menü ohne Getränke und Service:
€ unter 9 Euro **€€** 9–14,50 Euro **€€€** über 14,50 Euro

Taverna Akti €€
Am äußersten östlichen Ende einer Kette von Tavernen am Kai liegt das Akti, eines der ältesten und besten Restaurants in Mírtos. Die blau-weiß gedeckten Tische vor der Tür blicken auf den Strand, drinnen gibt es Sitzplätze in einem geräumigen Saal. Auf der Karte stehen verschiedene Spezialitäten, darunter Fleisch und Fisch vom Holzkohlengrill. Ein besonderes Gericht ist das Tintenfisch-*Stifado*.

184 C2
Kai, Mírtos
28420 515 84
April–Nov. tägl. ab 10 Uhr

La Casa €€
Einer der Eingänge zu diesem Café-Restaurant liegt an einer Fußgängerzone, der andere zum See hin; dort finden sich auch die meisten Plätze. Das La Casa hat das ganze Jahr geöffnet und ist bei den einheimischen Jugendlichen ebenso beliebt wie bei Besuchern. Einfache Speisen wie Spinattorte oder getoastete Sandwiches werden den ganzen Tag über serviert. Gehaltvollere Gerichte gibt es mittags und abends, darunter Huhn, Fisch und Souvlaki, ein wohlschmeckendes und sättigendes Gericht ist gebackener Truthahn gefüllt mit Schinken, Speck und Eiern.

185 D3 **28 Oktovriou 31, Ágios Nikólaos** **28410 263 62;**
E-Mail: debbiesokolataki@hotmail.com
tägl. 9–24 Uhr

The Cretan House €€
Das geräumige Restaurant direkt am Strand ist bei Einheimischen und Gästen gleichermaßen beliebt. Die große Außenterrasse eignet sich wunderbar, um die frische Seeluft zu genießen. Innen findet man schön dekorierte Wände und sogar die Nachbildung einer traditionellen kretischen Küche. Natürlich rangiert frischer Fisch ganz oben auf der Speisekarte, doch kann man hier auch andere traditionelle Spezialitäten der Insel probieren.

186 B4 **Karamanli 10, Siteiá**
28430 251 33 **tägl. ab 10 Uhr**

Taverna Ferryman €€
Eine phantasievolle Speisekarte unterscheidet das Ferryman von den übrigen Tavernen, die das Südende des Kais in Elúnda säumen. Die Tische stehen am Wasser, der Speiseraum liegt auf der anderen Seite der ruhigen Straße. Doch die Küche ist hier sehr viel ambitionierter: Zu den beliebten Gerichten gehören Kreta-Lamm in Rotwein und Schweinefleisch mit Speck, Pilzen, Knoblauch, Weißwein und Sahne. Das Restaurant hat seinen Namen von der BBC-Fernsehserie *Who Pays the Ferryman?* (Wer zahlt den Fährmann?), die in den 1970er-Jahren in Elúnda und im nahe gelegenen Ágios Nikólaos gedreht wurde.

185 D4 **Kai, Elúnda**
28410 412 30
April–Okt. tägl. ab 10 Uhr

Itanos €€
Diesem Lokal in der Nähe der Kathedrale fehlt der beschauliche Ausblick der Restaurants rund um den Hafen. Dennoch lockt es eine Mischung aus Einheimischen und Touristen an. Im Sommer stehen Tische auf dem Bürgersteig und dem Dachgarten. Die Gäste kommen wegen des Essens, traditionellen kretischen Gerichten zu vernünftigen Preisen. Bekannt ist das Itanos

für seine guten Grillteller und den Fasswein.
185 D3 Kyprou 1, Ágios Nikólaos
28410 253 40 tägl. 10–24 Uhr

Káto Zákros Bay Restaurant €
Dieser kleine Familienbetrieb liegt direkt am Meer im winzigen Káto Zákros, einem Ort für jene, die wirklich alles hinter sich lassen wollen. Zusätzlich zu den Tischen im Haus gibt es Plätze im Freien unter schattigen Bäumen und mit Blick auf den Strand. Die Restaurantbesitzer haben einen Bauernhof, wo sie Kaninchen, Wachteln und Hühner züchten; das Gemüse stammt aus dem eigenen Garten, und alle Gerichte werden mit kalt gepresstem Olivenöl zubereitet. Auch gute lokale Weine sind im Angebot.
186 C3 Káto Zákros
28430 268 87; Fax 28430 932 05
April–Okt. tägl. ab morgens

Meltemi €€€
Hotelrestaurants sind mitunter enttäuschend, aber das Meltemi im Istron Bay (► 120) ist eines der besten Lokale auf der Insel und hat für seine phantasievolle Küche, die von Meeresfrüchten bis zu herzhaften, aber raffinierten Fleischgerichten reicht, bereits Preise gewonnen. Abends wird auch ein Büfett mit einer Auswahl an warmen und kalten griechischen Gerichten angeboten. Außerdem gibt es eine üppige Weinkarte. Auch Nicht-Hotelgäste sind im stilvollen Speisesaal mit Blick aufs Meer willkommen. Reservierung wird empfohlen.
185 D3 Ístro, Ágios Nikólaos
28410 613 03/613 47
April–Okt. Mo–Mi und Fr–Sa 19–22.30 Uhr

O Mixos €€
Hier flitzen die Kellner zwischen den Tischen unten an der Promenade und der Küche auf der Rückseite mit Bestellungen und Speisen hin und her. Die Qualität des Essens ist hervorragend. Der Schwerpunkt liegt bei Fleisch und Fisch vom Holzkohlengrill, der unter freiem Himmel auf traditionelle Art betrieben wird. Es gibt aber auch Gerichte aus dem Ofen, darunter Lamm-Artischocken-Kasserole, eine Spezialität des Hauses.
186 B4 Kornarou 117, Siteía
28430 224 16 tägl. ab 10 Uhr

Il Palazzo €
Es ist schon verblüffend, wenn man in einem griechischen Bergdorf auf ein italienisches Restaurant stößt. Hier ist alles Familienangelegenheit. Die Pizzen, die in der Gaststube in den Ofen geschoben werden, sind ausgezeichnet. Vor der Tür gibt es einen hübschen überdachten Patio mit Fliesenboden und Topfpflanzen an der Außenwand.
184 C4 Sergaki 14, Neápoli
28410 341 80 tägl. ab 18 Uhr

Pelagos €€
Ein Fischerboot und ein schöner schattiger Innenhof voller Palmen, in dem die Tische auf einem Steinboden stehen, charakterisieren das Pelagos. Drinnen gibt es mehrere kleine, intime Räume mit leuchtend blauem und gelbem Anstrich. Essen wird den ganzen Tag über serviert, aber man kann auch einfach nur etwas trinken. Meeresfrüchte sind die Spezialität, darunter Tintenfisch, Muscheln und natürlich der Tagesfang, aber auch für Fleischesser und Vegetarier ist gut gesorgt.
185 D3
Koraka/Katechaki 10, Ágios Nikólaos
28410 257 37;
E-Mail: doxan45@hotmail.com
April–Okt. tägl. 12–24 Uhr

Vritomartes €€
Meterhohe Lettern an der Seitenwand weisen den Weg zu diesem Fischrestaurant. Man sitzt hübsch mit Blick aufs Wasser. Auf dem Weg zu den Tischen passiert man ein Becken mit lebenden Fischen und Hummer. Die Speisekarte ist umfangreich und nicht auf Meeresfrüchte beschränkt, aber es wäre schade, wenn man nicht eines der phantasievolleren Gerichte probierte, auch wenn diese den Preis ein bisschen in die Höhe treiben.
185 D4 Sfiraki-Kai, Elúnda
28410 413 25
April–Okt. tägl. 10–23 Uhr

Wohin zum… Einkaufen?

Ágios Nikólaos bietet die vielfältigsten Einkaufsmöglichkeiten in Ostkreta. Die Fußgängerzone Odós 28 Oktovríou ist mit Restaurants und Souvenirläden vor allem eine Touristenmeile. Weitere Geschäfte gibt es an den Straßen Roussou Koundourou und Stakiaraki. Rund um den Hafen und am See verkaufen Schmuckläden sowohl moderne wie antike Entwürfe.

TEXTILIEN UND KUNSTHANDWERK

Das Bergdorf **Kritsá**, nur 10 Kilometer von Ágios Nikólaos entfernt, ist für seine Textilien berühmt. Hier sind die Straßen buchstäblich mit Teppichen, Wandbehängen, gewebten Taschen, bestickten Tischtüchern und anderen traditionellen Handarbeiten gepflastert. Achten Sie darauf, wirklich handgearbeitete Waren zu erwerben (➤ 95). Diese sind normalerweise teurer, aber von besserer Qualität.

Die Dörfer rund um die **Diktäische Höhle** auf der Lassíthi Hochebene, besonders **Psýchro**, bieten ebenfalls Textilien an. In den Ausläufern von Zenía (➤ 160) sollten Sie Ausschau nach einem älteren Löffelschnitzer halten, der seine Waren vor der Haustür verkauft. Es sind nicht die billigsten Löffel in dieser Gegend, aber sie sind ein einzigartiges und authentisches Mitbringsel. Außerdem macht es Spaß, stehen zu bleiben und ihm bei der Arbeit zuzusehen.

Neápoli wartet mit mehreren ungewöhnlichen Geschenkläden auf, in denen es Extravagantes zu kaufen gibt. Sie liegen an der Odós Ethnikis Antistasis, der Hauptstraße zwischen Neapolis Hotel und Hauptplatz. In Nr. 56 gibt es traditionelle kretische Gegenstände wie Glocken für Ziegen und Schafe in verschiedenen Größen mit oder ohne Lederhalsband, außerdem Körbe, Messer, geschnitzte Spazierstöcke, Holzlöffel und -gabeln sowie traditionelle hohe Stiefel.

IKONEN

Ostkreta ist eine gute Einkaufsgegend für traditionelle griechische Ikonen. Die Geschenkboutique gegenüber der **Panagía Kera** gleich außerhalb von Kritsá (➤ 104f) verkauft einige ebenso schöne wie echte handgemalte Ikonen. Sie sind nicht billig, aber der Preis drückt aus, wie viel Kenntnisse, Geschick und Zeit für die Produktion der hochwertigen Kunstwerke nötig sind. Ausdrucksvolle Ikonen zu günstigeren Preisen findet man in der **Petrakis-Ikonenwerkstatt** (➤ 31) in Elúnda (Tel. 28410 416 69/414 61; April bis Okt. tägl. 10–23 Uhr, im Winter vorher anrufen).

BÜCHER

Gegenüber den Petrakis, eingezwängt zwischen Kai und Hauptstraße in Elúnda, liegt **Eklektos**, eine ausgezeichnete Buchhandlung, die nicht nur Karten und Führer verkauft, sondern auch Belletristik, Lyrik und Essays über alles Kretische – und in mehreren Sprachen. Es gibt außerdem eine riesige antiquarische Abteilung für Taschenbücher sowie hochwertige Geschenke wie Briefpapier, Glaswaren und Bekleidung (Tel. 28410 416 41; geöffnet April–Okt. tägl. 10–22.30 Uhr).

MÄRKTE

Am Mittwochvormittag werden auf dem Wochenmarkt in **Ágios Nikólaos** Lebensmittel, Naturerzeugnisse und Kleidung verkauft. **Ierápetra** hat einen Straßenmarkt am Samstagmorgen beim Próto Gymnásio (weiterführende Schule), **Siteía** an Dienstagen an der Odós Plastíra. Märkte schließen generell gegen 13 Uhr. Käse von der **Lassíthi- und der Katharó-Hochebene** ist besonders gut; probieren Sie den Graviera. Siteía ist ein bedeutendes Weinbaugebiet – die Rotweine sind sehr beliebt.

Wohin zum ... Ausgehen?

NACHTLEBEN

Die Badeorte an der Nordküste in Ostkreta sind, was das Nachtleben angeht, die Hauptstädte der Insel. In **Limín Chersónissos** und **Mália** brummen Bars und Nachtclubs die ganze Nacht hindurch. Unter den populärsten Lokalen in Chersónissos sind das **Aria**, eine der größten Diskos auf Kreta, sowie **Status, New York** und der **Camelot Club** in Ufernähe. An der Hauptstraße liegen die **Fame Bar** mit Soul, Funk und Jazz, der **Palace of Dance 99** sowie **Hard Rock Café** und **Cheers**, beide häufig mit Livemusik.

Málias gegenwärtiger Knaller ist das **Zoo**. Weitere Hotspots an der Strandstraße sind **Zig Zag's, Apollo** und **Babylon**. Der **R&B Dance Club** liegt bei der neuesten Musik vorn.

Der einzige große Tanzclub in Ágios Nikólaos ist das **Lipstick** am Hafen, aber im Stadtzentrum gibt es viele lebhafte Musikbars.

Am Kai in Siteía liegen beliebte Musiklokale wie **Nea Glyfada, Scala, Club Porto** und **Albatros**. Größere Diskos sind **Hot Summer** an der Strandstraße und **Planitarion** westlich des Fährhafens.

FOLKLORE UND FESTIVALS

Die Tavernen rund um den Platz in **Málias** Altstadt sind oft Bühne für griechische Livemusik, und im Sommer gibt es regelmäßige Veranstaltungen mit kretischer Musik und Tanz im **Lychnostatis-Freiluftmuseum** am Ostende von Chersónissos.

Siteía ist ebenfalls Schauplatz mehrerer kultureller Ereignisse. Das Hauptfestival, das **Kornaria** (Juni o. Juli–Aug.), zeigt Volkstänze, Volksmusik und Ausstellungen. Die Vorführungen finden in der alten Venezianischen Festung oder auf dem Hauptplatz statt. Genaueres erfährt man bei der Touristeninformation (➤ 37).

Das **Sultanina** (Weintraubenfest) folgt dem Kornaria. Das viertägige Ereignis markiert Mitte August mit traditioneller Musik und Tanz den Beginn der Weinlese. Im Winter wird in der Festung am letzten Sonntag vor der Fastenzeit **Karneval** gefeiert. Ein Veranstaltungsmagazin wird im Sommer in der Stadt verteilt.

Ágios Nikólaos hat sein eigenes Kulturfestival, das **Lato** (Juni–Sept.), mit Theater, Konzerten, Tanz und traditionellen Festivalveranstaltungen. Genaueres erfährt man bei der Touristeninformation (➤ 37).

SPORT

Die Badeorte an der Nordküste bieten eine breite Auswahl an **Wassersportarten**. Kretas größter Wasserpark, **Water City** (Tel. 2810 78 13 86) liegt gleich landeinwärts bei Kokkini Hani. Limín Chersónissos hat zwei weitere Wasserparks: **Aqua Splash** (Tel. 28970 249 50) und **Star Beach** (Tel. 28970 244 34). Alle haben im Sommer täglich geöffnet (die Zeiten variieren). Im **Kartland** (Tel. 28970 327 69), angrenzend an Star Beach, kann man sich als **Gokart**-Fahrer versuchen.

Ágios Nikólaos eignet sich gut zum **Sporttauchen**. Unter den Zentren mit PADI-Zertifikat sind **Creta's Happy Divers** (Tel. 28410 825 46) gegenüber dem Coral Hotel, **Pelagos Diving Centre** (Tel. 28410 223 45/243 76) im Minos Beach Hotel und das Tauchzentrum im **Istron Bay Hotel** (➤ 120). Tauchen kann man auch am Strand von **Váï** (Juli–Sept.).

Der **Städtische Beachclub** in Ágios Nikólaos (tägl. ab 9 Uhr) offeriert neben Wassersport auch Minigolf, Billiard, Tischtennis, Freiluftschach und einen Basketballplatz.

RiX Outdoor Activities (Tel. 28970 329 85) verleiht **Fahrräder** und veranstaltet zahlreiche **Touren**.

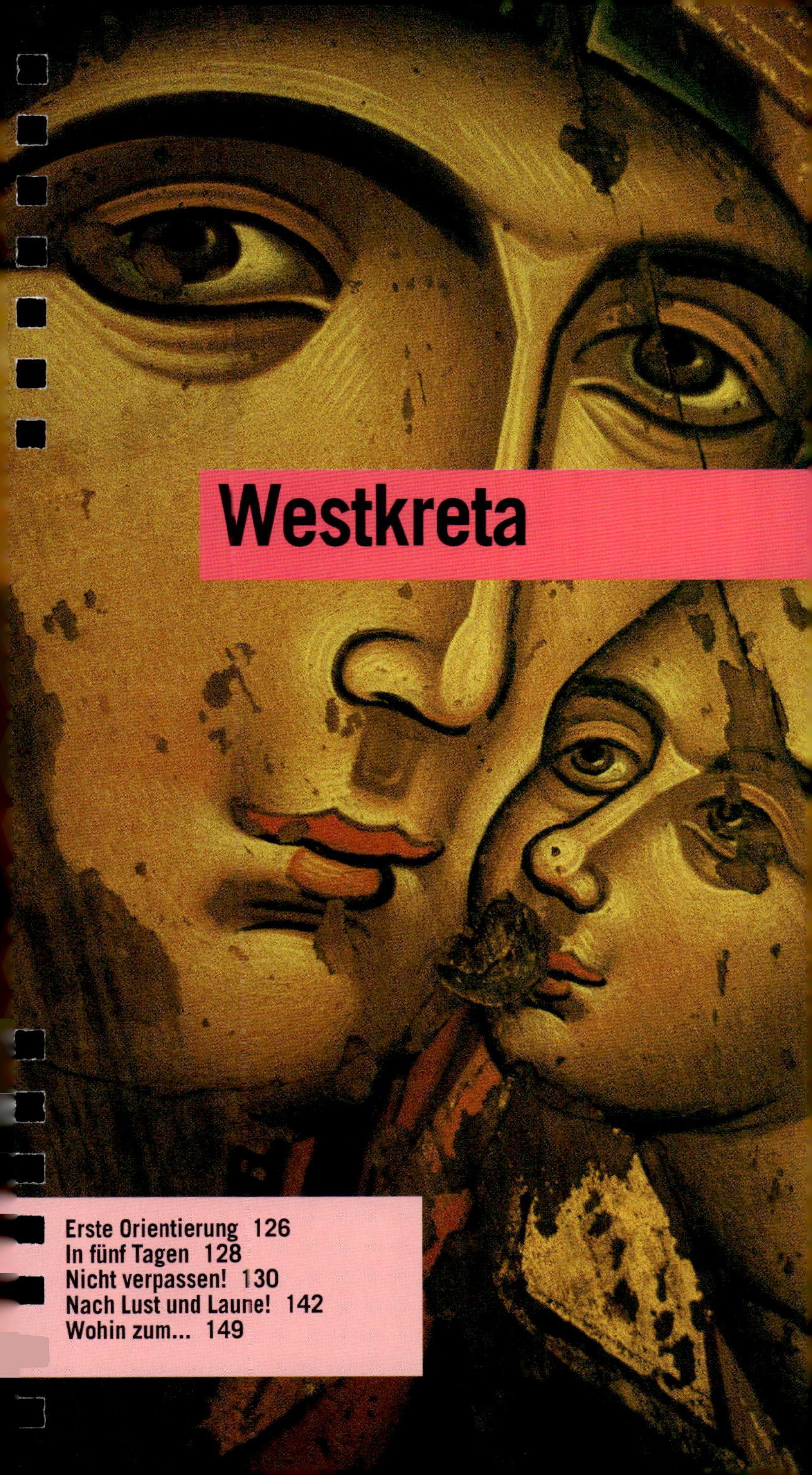

Westkreta

Erste Orientierung

Von den beiden schönsten Städten an der Nordküste bis zur größten Schlucht Europas, die sich bis zur Südküste durch das Zentralgebirge zieht, weist Westkreta einige der herausragenden Besonderheiten der Insel auf. Darunter sind die beiden historisch besonders interessanten Klöster Arkádi im Norden und Préveli im Süden, die im Unabhängigkeitskampf der Insel eine wichtige Rolle gespielt haben.

Chaniá und Réthimnon, die nach Iráklion größten Städte, haben beide einige gute Restaurants, Museen und eine reiche venezianische Vergangenheit. Aber wenn Sie beim Blick auf Westkreta allein diesen geschäftigen Teil der Nordküste im Auge haben, werden Sie nur einen Bruchteil dessen zu sehen bekommen, was die Region zu bieten hat. An den hiesigen Stränden ist viel los; einige Badeorte wie Platanías und Báli quellen im Sommer über von Sonnenanbetern. Wenn man jedoch nach Süden in die Weißen Berge (Lefká Óri), die höchste und aufregendste Gebirgskette der Insel, fährt, entschwindet diese Welt sogleich, und an ihre Stelle treten beschauliche Dörfer und atemberaubende Ausblicke.

Viele Menschen unternehmen die eintägige Wanderung durch die Samariá-Schlucht, eines der aufregendsten Erlebnisse auf der Insel, doch auch andere Wandergebiete, wie etwa die Ímbros-Schlucht, sind großartig. Man findet sie vor allem an der Südküste. Im Süden reichen die Optionen ansonsten von Provinznestern wie Soúgia bis zu Badeorten wie Paleochóra.

Im Westen liegen Bergdörfer inmitten von Obstplantagen, unten am Meer findet man dagegen abgelegene Strände, darunter den grandiosen Sandstrand von Elafónissos. Wenigstens einen Tag lang sollte man hier die Schönheit Westkretas in sich aufzunehmen.

Museumsmosaik, Chaniá

★ Nicht verpassen!

Nach Lust und Laune!

Seite 125: Freskendetail im Moní Arkádi

Rechts: Im Kloster Préveli leben noch Mönche

Selbst fünf Tage sind in diesem großen Gebiet eigentlich zu wenig, doch hat man immerhin Zeit, Chaniá und Réthimnon zu besichtigen, einige Strände an der Nord- und der Südküste kennen zu lernen und die Samariá-Schlucht und die Klöster Préveli und Arkádi zu besuchen.

Westkreta in fünf Tagen

Erster Tag

Vormittags

Besichtigen Sie **Moní Arkádi** (Ikone, rechts, ➤ 130f), und fahren Sie dann über die Landstraße (am Ende des Parkplatzes ausgeschildert) zur antiken Stätte **Eléftherna** (➤ 142). Weiter geht es zum Töpferdorf **Margarítes** (➤ 142), wo Sie zu Mittag essen können. Die Taverna Gianousakis am oberen Ende des Dorfes ist hierfür ein angenehmes Plätzchen mit guter Hausmannskost.

Nachmittags

Fahren Sie nach Nordosten zur **Melidóni-Höhle** (➤ 142), dann auf der Küstenstraße weiter nach Norden. Unterwegs möchten Sie vielleicht an einem der Strände an der Nordküste eine Badepause einlegen, bevor es weiter Richtung Westen nach Réthimnon geht.

Abends

Verbringen Sie die Nacht in **Réthimnon** (links, ➤ 132ff). Probieren Sie die Spezialität des Hauses im Kyria Maria (➤ 152).

Zweiter Tag

Vormittags/Mittags

Machen Sie einen Rundgang durch die Museen und die Kunstgalerie oder durch die Burg. Verpassen Sie nicht eine Mahlzeit im Avli (➤ 151).

Nachmittags

Durchstreifen Sie die engen Gassen der Altstadt, besichtigen Sie die Loggia, schlendern Sie durch den Venezianischen Hafen und entspannen Sie sich im Stadtpark.

Abends

Genießen Sie das Abendessen am Meer, gehen Sie aber lieber ins Fanari (➤ 151) als in ein Touristenrestaurant.

Dritter Tag

Vormittags/Mittags
Fahren Sie nach Süden zum **Moní Préveli** (➤ 144), das letzte Stück durch eine Aufsehen erregende Höhlenlandschaft. Weiter geht es Richtung Westen durch **Plakiás** (➤ 144) und über die schmale gewundene Küstenstraße nach **Frangokastéllo** (➤ 145). Essen Sie im kleinen Hafen von **Chóra Sfakíon** (➤ 146). Das Restaurant Livikon, das älteste der Stadt, serviert gute kretische Spezialitäten.

Nachmittags
Fahren Sie nach Norden, vorbei an der **Ímbros-Schlucht** (➤ 145). Sie können ab und zu von der Straße aus einen Blick in den Abgrund werfen, auch wenn Sie keine Zeit haben, sie zu durchwandern. Weiter geht es Richtung Chaniá. In **Súda** (➤ 147f) erinnert ein Soldatenfriedhof der Alliierten an den Zweiten Weltkrieg.

Abends
Verbringen Sie die nächsten drei Nächte in **Chaniá** (Leuchtturm, rechts, ➤ 136ff). Zum Essen, für gute Musik und tolle Atmosphäre sollten Sie ins Semiramis (➤ 152) gehen.

Vierter Tag

Vormittags/Mittags
Besuchen Sie in Chaniá die Markthalle, das Archäologische und das Volkskundemuseum. Seien Sie Punkt 13 Uhr im Tamam (➤ 152), um einen Tisch zu ergattern.

Nachmittags
Besichtigen Sie das Byzantinische und das Marinemuseum, und erfreuen Sie sich am schönen Venezianischen Hafen.

Abends
Schlendern Sie durch das türkische Viertel bis zum »Türkischen Brunnen« (➤ 152).

Fünfter Tag

Vormittags
Verbringen Sie den Tag in der **Samariá-Schlucht** (links, ➤ 140f). Nehmen Sie Wasser und etwas zu essen mit.

Abends
Zurück in Chaniá entspannen Sie sich in einem der besten Restaurants, im Amphora (➤ 151).

1 Moní Arkádi (Arkadi-Kloster)

Das Moní Arkádi erhebt sich stolz am Ende einer steilen, gewundenen Straße am Rand der Psiloritis-Berge und präsentiert dem Besucher sogleich eine der schönsten venezianischen Kirchen auf Kreta. Doch ihre faszinierende Fassade ist nicht der einzige Grund für einen Besuch. Die tragischen Ereignisse, die sich hier 1866 abspielten, haben das Kloster zu einem nationalen Symbol des Unabhängigkeitskampfes gemacht.

Die Kirche von Arkádi

Während des Aufstands gegen die Türken 1866 (➤ 16) suchten fast 300 Widerstandskämpfer und etwa 700 Frauen und Kinder Zuflucht im Kloster. Die Türken begannen eine Belagerung und nach drei Tagen, am 9. November, durchbrachen sie die Tore. Bei ihrem Eindringen gab der Abt Befehl, das Pulvermagazin zu sprengen. Bei der gewaltigen Explosion kamen Hunderte Kreter und Türken ums Leben: Es war eine heroische Opfertat, die im In- und Ausland die Unterstützung für Kretas Unabhängigkeit schlagartig aktivierte.

Das Kloster erkunden

Im Zentrum des Innenhofs steht die **Kirche** von 1587 mit einer schönen venezianischen Fassade und einem Glockenturm. Innen gibt es ein wunderbar geschnitztes Altarstück aus Zypressenholz aus dem Jahre 1902. Rechts hängt eine große Christus-Ikone mit vergoldetem Rahmen, Teil einer Szene aus der Auferstehung aus dem ursprünglichen Altaraufsatz der Kirche.

Links von der Kirche befindet sich das **Refektorium**, in dem 36 Freiheitskämpfer ermordet wurden. An den langen Holztischen und -bänken sieht man noch Kerben von den Schwertern. In einem Raum über dem Refektorium hängen Porträts kretischer Patrioten aller Epochen.

Auf der linken Seite des Hofes kann man ins dachlose **Pulvermagazin** hinabsteigen – ursprünglich der Weinkeller der Mönche –, wo das Massaker stattfand. Ein schlichtes Grabmal erinnert an die Tragödie.

Auf der gegenüberliegenden Seite des Innenhofes befindet sich der stimmungsvolle alte **Kreuzgang** mit gewölbten Steinarkaden. Darüber beherbergt ein kleines **Museum** historische Gegenstände aus dem Kloster, darunter ein Fragment des Heiligen Banners. Ein Türke nahm es während des Ansturms an sich, doch das Banner blieb erhalten und wurde 1870 an das Kloster zurückgegeben. Außerdem kann man noch die zerstörte Tür des Refektoriums mit Kugeleinschlägen sehen.

Das **Ossuarium**, das in einer ehemaligen Windmühle außerhalb des Tores in der Nähe des Parkplatzes untergebracht ist, enthält die Schädel und Knochen der Menschen, die bei der großen Explosion starben.

Märtyrerschädel im Beinhaus

KLEINE PAUSE

Das Kloster unterhält ein eigenes **Restaurant** – schlicht, aber gut geeignet für einen Snack.

181 E3 · 25 km südöstl. von Réthimnon · 28310 831 16 · tägl. 8–19 Uhr · Restaurant (€€) · Direktbus von Réthimnon · preiswert · Fotografieren erlaubt, außer in der Kirche und im Museum

MONÍ ARKÁDI: INSIDER-INFO

Top-Tipp: Wenn man Richtung **Eléftherna** (➤ 142) fährt, muss man die Straße nehmen, die durch den Klosterbereich hindurchzuführen scheint. Das Hinweisschild ist am anderen Ende.

Geheimtipps: Sehen Sie sich die **Kruzifixe** oben an beiden Seiten des Altarstücks genauer an. Es lehnt jeweils eine Leiter am Kreuz und an seinem Fuß liegen ein Totenschädel und gekreuzte Knochen.

• Im Hof vor dem Refektorium findet man eine alte **Zypresse**, in deren Stamm noch ein Geschoss von der türkischen Belagerung steckt. Ein Pfeil markiert die Stelle.

2 Réthimnon

Réthimnons massive Burg – vermutlich die größte Anlage, die die Venezianer je gebaut haben – lässt den Venezianischen Hafen umso kleiner erscheinen. Ganz in der Nähe trägt das dicht gedrängte alte Viertel mit Moscheen und überhängenden Holzbalkonen die Spuren der türkischen Herrschaft. Viele ziehen Kretas drittgrößte Stadt ihrer größeren Nachbarin, Chaniá, vor. Sie besitzt Charme und modernes Flair, gar nicht zu reden von den guten Meeresfrüchten und einem der schönsten Strände an der Nordküste.

Eine mächtige venezianische Festung thront über Réthimnon

Von der antiken minoischen Siedlung ist hier wenig geblieben; dafür sieht man eine Menge aus den griechisch-römischen Tagen der Stadt, als Réthimnon ein geschäftiger Hafen und Handelsplatz war. Mit der Ankunft der Venezianer im 13. Jahrhundert erlebte die Stadt einen Aufschwung und war fortan auch ein Zentrum für Kunst und Literatur. Immer noch gilt sie als die intellektuelle Hauptstadt Kretas.

Die Burg thront im Nordwesten der Halbinsel über der Stadt. Darunter ist der winzige Venezianische Hafen gerade groß genug, um die kleineren Boote der lokalen Fischer aufzunehmen. Größere Fähren machen an der Mole außerhalb der schmalen Einfahrt fest. Daneben erhebt sich ein anmutiger Leuchtturm aus dem 16. Jahrhundert. Heutzutage leuchten Dutzende von Fischrestaurants sehr viel heller als die Boote; Kellner zerren Passanten fast hinein, damit sie den Fang begutachten, der dort ausliegt.

Die Hauptsehenswürdigkeiten

Vom Hafen zieht sich eine palmengesäumte Promenade – leider mit parkenden Autos – mehrere Kilometer Richtung Osten am

Kerzen in der Festungskirche von Réthimnon

Sandstrand entlang. Südlich davon bilden die Gassen der Altstadt zwischen der Burg und Plateía Iroon ein wahres Labyrinth.

Die gewaltige Venezianische Burg, **Fortezza** genannt, wurde um 1570 zum Schutz gegen Piraten und die immer mächtiger werdenden Türken erbaut. Letztere konnten allerdings nicht lange fern gehalten werden, sie stürmten die Festung 1646 nach 23-tägiger Belagerung. Der gewaltige Innenraum wirkt eher wie ein Stadtpark. Hier sieht man Überreste von Verwaltungsgebäuden, einer Kirche und Kasernen. Highlight ist die **Moschee** mit einer gewaltigen Kuppel und einer gefliesten Gebetsnische. Dieses und andere Gebäude sind oft Veranstaltungsort für Kunstausstellungen. Von den Wällen und Brustwehren aus hat man spektakuläre Ausblicke, doch um die ganze Dimension der Burg zu begreifen, sollte man an der felsigen Küste entlang um sie herumgehen.

Gegenüber dem Eingang zur Burg liegt Réthimnons kleines, aber ausgezeichnetes **Archäologisches Museum**. Zu den Prunkstücken zählen Funde aus dem Neolithikum. Die Sammlung umfasst fein und genau gearbeitete Bronzegefäße aus dem Grab eines Athleten aus dem 1. Jahrhundert v. Chr., Bronzefigurinen, die aus einem Schiffswrack vor Agía Galíni geborgen wurden, und ein schönes Tonmodell eines kleinen minoischen Tempels (2100–1600 v. Chr.). Ebenfalls großartig sind die Bilder von Stieren und anderen Tieren auf den minoischen Sarkophagen. Zu den ungewöhnlicheren Objekten zählen ein Soldatenhelm aus Eberzähnen, ein Bronzespiegel mit Elfenbeingriff aus der Nachpalastzeit (1400–1150 v. Chr.) sowie eine kleine Sammlung von Vasen aus dem 4. bis 1. vorchristlichen Jahrhundert, auf denen ein aufmerksamer Beobachter einige erotische Szenen entdecken kann.

Die Moschee innerhalb der Burg

Ganz in der Nähe befindet sich **Réthimnons Zentrum für Zeitgenössische Kunst**, auch bekannt als Kanakákis-Galerie. Dieses wunderbar restaurierte alte Gebäude hat hölzerne Dachsparren und weiß gestrichene Venezianische Gewölbe im Erdgeschoss. Auf zwei Etagen werden gewöhnlich zwei oder drei Wechselausstellungen kretischer Künstler gezeigt. In den Gassen der Altstadt präsentieren einige kleinere Galerien Einzelausstellungen.

Réthimnons anderes bedeutendes Museum ist das **Museum für Geschichte und Folklore**, das in einem eleganten venezianischen Herrenhaus aus dem frühen 17. Jahrhundert untergebracht ist. Die Exponate im Erdgeschoss sind weniger interessant, wenn man kein Griechisch kann. Hier finden sich vor allem Dokumente, Briefe und Fotos zu sozialen Aspekten des Lebens in Réthimnon. Die oberen Räumen bieten dagegen eine interessante Sammlung von Volkskunst mit ausführlichen Informationstafeln auf Griechisch und Englisch. In dem großen Hauptraum sieht man eine hervorragende Ausstellung von Stickereien und Webarbeiten sowie Puppen, die traditionelle Kostüme tragen.

Ein kleinerer Raum ist mit Keramiken und kretischen Körben gefüllt. Hinzu kommen eine Töpferscheibe und eine interessante Schau über Bienenhaltung. Der nächste Raum zeigt weitere Beispiele für Stickerei, feine Häkel- und Flechtarbeiten. Der letzte Raum beschäftigt sich mit Landwirtschaft. Hier sieht man maßstabgetreue Modelle einer Wassermühle, einer Olivenpresse und einer Walkmühle. Schautafeln über das Brotbacken zeigen, wie die kunstvoll verzierten Laibe für verschiedene Festlichkeiten hergestellt werden.

Minarett der Nerantzes-Moschee

Verborgener Zauber

Einige der zauberhaftesten Ecken von Réthimnon entdeckt man, wenn man durch die Gassen des alten Viertels wandert, wo man versteckte Brunnen, dekorative Türstöcke, anmutige venezianische Häuser und die vorkragenden Holzbalkone findet, die die Türken einst einführten.

Vom Volkskundemuseum aus führt die Vernardou-Straße zur **Nerantzes-Moschee** mit ihrem schlanken Minarett, das sich über

Unten: Blumen in der Altstadt

die Altstadt erhebt. Heute ist sie Musikkonservatorium und Konzerthalle.

In der Nähe, an der Plateía Pethiháki, zeigt der hübsche **Arimóndi-Brunnen** (entstanden um 1626) Wasserspeier in Form von Köpfen des Löwen von St. Markus. Angeblich war der venezianische Statthalter von Réthimnon eifersüchtig auf den Morosini-Brunnen in Iráklion. Auf dem kleinen Platz herrscht bei Tag und Nacht lebhaftes Treiben.

Gleich hinter dem Hafenbecken ist die **Loggia** aus dem 16. Jahrhundert eines der schönsten Beispiele der Renaissancearchitektur auf Kreta.

Der Venezianische Leuchtturm bewacht den Hafen

Früher diente das Gebäude als Versammlungsort für die Stadtgrößen. Heute beherbergt es einen **Museumsshop** (➤ 153).

Die Straßen Souliou und Ethnikis Andistasis führen hinauf zur **Porta Guora**, dem einzigen Überrest der alten Stadtmauer. Durch diesen Torbogen gelangt man auf die belebte Plateía Martíron mit der großen modernen **Kirche der Vier Märtyrer**. Hier ist die Altstadt zu Ende. Gegenüber liegt der üppige Stadtpark.

KLEINE PAUSE

Gehen Sie weiter Richtung Westen. Dort stößt man auf ruhigere Restaurants, die genauso gut sind, zum Beispiel das **Fanari** (➤ 151).

Réthimnon
181 D3

Venezianische Burg
tägl. 8.30–19 Uhr, letzter Einlass 18.15 Uhr
mittel · Fotografieren erlaubt

Archäologisches Museum
Fortezza · 28310 546 68
Di–So 8.30–15 Uhr
preiswert · kein Blitzlicht

Zentrum für Zeitgenössische Kunst
Himaras 5 · 28310 558 47;
E-Mail: rca@ret.forthnet.gr; www.rca.gr
Di–Fr 9–13, 19–22, Sa–So 11–15 Uhr
preiswert · Fotografieren verboten

Museum für Geschichte und Folklore
M. Vernardou 30 · 28310 233 98
Mo–Sa 9–13 Uhr
mittel
Fotografieren verboten

RÉTHIMNON: INSIDER-INFO

Top-Tipp: Parken ist ein Alptraum und die Stadt ein Labyrinth von Einbahnstraßen. Nutzen Sie bei der Ankunft einen der großen preiswerten **öffentlichen Parkplätze**, die an den Fährhafen und den Stadtpark angrenzen.

Geheimtipps: Die beiden anderen erhaltenen, aber nicht mehr genutzten Moscheen der Stadt sind die **Kara Mussa Pascha** am Ende der Arkadiou-Straße nahe der Plateía Iroon und die **Velí Pascha** mit einem anmutigen Minarett und drei Kuppeln, die in einem überwucherten Garten südlich des Rathauses am Ende von Dimoukratias steht.

Muss nicht sein! Das gesamte **Erdgeschoss** des Museums für Geschichte und Folklore kann man auslassen. Garten und erster Stock sind sehenswert!

3 Chaniá

Die zweitgrößte Stadt der Insel ist Kretas Venedig, nicht wegen der Kanäle (es gibt keine), sondern wegen der hübschen venezianischen Architektur. Einer der schönsten Flecken auf der ganzen Insel ist Chaniás Venezianischer Hafen, besonders am Abend, wenn die Lichter angehen und die Menschen in Massen unterwegs sind und in den vielen Cafés und Restaurants ihren Spaß haben. Dahinter laden die engen Gassen der Altstadt zu einem Bummel ein. Überhaupt lohnt sich ein Besuch in Chaniá wegen der zahlreichen Museen und Geschäfte, wegen des Nachtlebens, des Strandes und der guten Restaurants.

Chaniá gilt als eine der ältesten kontinuierlich bewohnten Städte der Welt. Zunächst siedelten hier Minoer, und das moderne Chaniá zeigt die Einflüsse eines ständigen Stroms von Invasoren: Römer, Byzantiner, Venezianer, Genueser, Türken und, während des Zweiten Weltkriegs, Deutsche.

Der Leuchtturm bei Sonnenuntergang

Der Hafen

Das großartigste Erbe ist der Venezianische Hafen, oder vielmehr die beiden miteinander verbundenen Häfen. Sie treffen an der Plateía Sindrivani, dem Hafenplatz, zusammen. Hier wurde im Jahr 1645 die **Janitscharen-Moschee** erbaut, im selben Jahr, in dem die Türken Kreta von den Venezianern übernommen hatten. Die Moschee ist also das älteste türkische Gebäude auf der Insel. Inzwischen restauriert, wird sie sporadisch für Wanderausstellungen genutzt.

Folgen Sie der Akti Tombazi Richtung Osten vorbei an Yachten und Fischerbooten, die im Hafenbecken festgemacht sind. Rechter Hand liegen die Reste der venezianischen ***arsenali***, der Werften. Man kann ganz um das Hafenbecken herum und über die Mole bis zum Venezianischen **Leuchtturm** gehen, dem wunderbar restaurierten Wahrzeichen der Stadt. Von dort hat man einen schönen Blick über die Stadt und den Hafen.

Westlich des Hafenplatzes säumen Bars und Restaurants die Uferstraße. Die Straße führt zur Venezianischen **Firkas-Bastion**, die gerade restauriert wird. In der Bastion liegt das **Marine-**

Venezianische Schiffswerften am Hafen

Unten: Griechische Flaggen schmücken das Marinemuseum

museum, das einen Besuch lohnt, auch wenn man sich sonst nicht für das Thema interessiert. In der oberen Etage gibt es eine umfassende Ausstellung zur Schlacht um Kreta (➤ 17ff). Sie zeigt, wie das Leben auf der Insel sich zu jener Zeit gestaltete. Teile der Ausstellung sind sehr bedrückend, besonders Fotos von kretischen Dorfbewohnern, die zu ihrer Hinrichtung geführt werden. Dennoch lohnt der Besuch.

Das übrige Museum enthält ein genaues, maßstabgetreues Modell des venezianischen Chaniá, Schiffsmodelle von antiken Triremen (griechische Kriegsschiffe, die von Ruderern angetrieben wurden) bis zu modernen Kriegsschiffen, einen Raum voller Muscheln, die in der Größe von einem Meter Durchmesser bis zu einem Stecknadelkopf variieren, sowie interessante Modelle berühmter Seeschlachten.

Auf der Westseite der Bastion liegt das schöne **Byzantinische Museum**, dessen helle moderne Vitrinen in einer kleinen restaurierten Kirche untergebracht sind. Während sich viele byzantinische Museen fast ausschließlich auf Ikonen konzentrieren, deckt dieses alle Aspekte der byzantinischen Kultur einschließlich Skulpturen, Mosaiken, Schmuck und Fresken ab. Hinzu kommen Fragmente von Fresken aus dem 11. Jahrhundert, die mit ihren leuchtenden Farben sehr gut erhalten sind.

In einem Seitenflügel enthält die **San-Salvatore-Sammlung** Byzantinischer Münzen Grabfunde, darunter hübsche Glasperlenketten, Kreuze, Ringe, Alltagsgeschirr und eine Bronzelampe mit einem Kreuz als Griff aus dem 6. bis 7. Jahrhundert. Beachten Sie die Ikone des hl. Georg an der gegenüberliegenden Wand. Dieses kunstvolle Werk stammt von Emmanuel Tzanes Bouniales (1610–90), einem der führenden Vertreter der Kretischen Künstlerschule (➤ 32).

Die Altstadt

Um zum Strand zu gelangen, geht man etwa 10 Minuten weiter am Ufer entlang; die schöneren Strände von Chaniá findet man allerdings im Westen der Stadt. Ansonsten biegen Sie in die Odós Theotokopoulou vor dem Byzantinischen Museum ein, um in die engen und fast verkehrsfreien Gassen der **Altstadt** zwischen dem Hafen und der alten Stadtmauer zu gelangen. Souvenirläden wechseln mit Venezianischen Häusern ab, in denen heute einige der stilvollsten Hotels der Stadt untergebracht sind. Halten Sie Ausschau nach geschmückten Türstöcken, Balkonen und anderen Überbleibseln

Römisches Mosaik im Archäologischen Museum

venezianischer Pracht, während Sie den Weg zum malerischen Renieri-Tor fortsetzen.

Die Odós Chalidon, die wichtige Durchgangsstraße vom Hafenplatz Richtung Süden, verläuft am Rande der Altstadt. Versteckt an einem kleinen Durchgang neben der katholischen Kirche liegt das **Kretische Haus- und Volkskundemuseum**, ein winziger Raum mit Schautafeln über Weber, Korbmacher und andere Handwerker. Die beiden Gründer des Museums unterhalten hier eine Werkstatt, wo sie eigene Webarbeiten und Stickereien verkaufen.

Ganz in der Nähe liegt Chaniás großartiges **Archäologisches Museum** unter dem Kuppeldach der restaurierten venezianischen Kirche San Francesco. Hier findet man umfangreiche Informationen auf Griechisch und Englisch, während man die Ausstellung im Uhrzeigersinn durchläuft. Vitrine 10 zeigt besonders interessante Exponate: Seltene Siegel mit minoischer Linear-A-Schrift, die zufällig durch Feuer konserviert wurden, werden neben Beispielen für Linear B gezeigt. Kastélli Chaniá ist der einzige Ort außerhalb von Knossós, wo sowohl Linear A wie auch B gefunden wurden. Obgleich Linear A insgesamt rätselhaft bleibt, sind hier einige Symbole entziffert worden. Piktogramme für Waren wie Schafe, Rinder, Wein, Olivenöl, Feigen sowie Zahlen – ein einfacher Kreis steht für 100 – belegen ein fortgeschrittenes Rechensystem.

Das Museum verfügt über viele weitere schöne Objekte, darunter minoisches Kinderspielzeug als Grabbeigabe und großartige römische Bodenmosaiken aus Häusern in Chaniá. In einem kleinen Anbau umfasst die Mitsotakis-Sammlung minoische und mykenische Gegenstände, Vasen, Töpfe, Figuren sowie Vasen und

Teppiche werden in Chaniá von Hand gefertigt

Schalen aus der frühen Eisenzeit, minoische Metallarbeiten und viele andere Stücke. Am anderen Ende der Galerie enthält ein zentraler Kasten das einzige bekannte Bronzegefäß mit Linear-A-Inschriften. Es wurde im Gipfelheiligtum in Kofinas gefunden. Um 1800–1425 v. Chr. in Ägypten hergestellt, wurde es nach Kreta gebracht und auf der Insel bearbeitet.

Jenseits der Altstadt

Vom Museum führt die Odós Chalidon nach Süden ins moderne Chaniá. Biegt man links in die Odós Skridlof ein, gelangt man zur Markthalle mit Fleischern, Honig- und Käseverkäufern, Obst- und Gemüseständen und anderen Geschäften in dem kreuzförmigen Bau.

Zwischen **Markthalle** und Hafenbecken liegt das **Splantzia-Viertel**. Wenn man durch die Wohnstraßen dieses ehemals türkischen Viertels läuft, trifft man auf Kopfsteinpflaster, bezaubernde alte Häuser mit Holzbalkonen und Torbögen und auf Minarette, die über die Dächer hinausgucken.

Unten: Venezianische Atmosphäre im Hafen von Chaniá

KLEINE PAUSE

Überall am **Venezianischen Hafen** sitzt man in schöner Atmosphäre; gutes Essen gibt es im **Amphora** (➤ 151).

Chaniá
179 E4

Marinemuseum
Akti Kountourioti ☎ 28210 264 37 tägl. 9–16 Uhr preiswert kein Blitzlicht

Byzantinisches Museum
Festung Di–So 8.30–15 Uhr frei Fotografieren verboten

Kretisches Haus- und Volkskundemuseum
Odós Chalidon 46B ☎ 28210 908 16 April–Okt. Mo–Sa 9–15, 18–21 Uhr preiswert Fotografieren erlaubt

Archäologisches Museum
Odós Chalidon 21 ☎ 28210 903 34 Di–Fr 8–19 Uhr, Sa–So 8.30–15 Uhr preiswert kein Blitzlicht

CHANIÁ: INSIDER-INFO

Top-Tipp: Wenn man nach Chaniá hineinfährt, liegt gleich westlich der Festung ein **Parkplatz**. Von hier kommt man gut in die Altstadt und zu den Sehenswürdigkeiten.

Geheimtipps: Die **Etz-Hayyim-Synagoge** an der Odós Kondylaki ist noch in Betrieb, kann aber besichtigt werden. Hier gibt es kleine historische Schautafeln und einen friedlichen Garten.

- Im Kastélli-Viertel hinter dem Hafenbecken legen Archäologen die Reste der **minoischen Siedlung Kydonia** frei. Von der Odós Kanevaro aus kann man die Stätten sehen.

4 Samariá-Schlucht

Die Lage der Samariá-Schlucht (Farángi Samariás) macht sie zu Kretas spektakulärstem Naturwunder. Die längste Schlucht Europas erstreckt sich 18 Kilometer weit vom Omalós-Plateau 1100 Meter hoch in den Lefká Óri (Weißen Bergen) zum Libyschen Meer. Der Weg hindurch ist lang, heiß und ermüdend, aber wenn Sie einigermaßen fit sind, werden Sie dieses Erlebnis nie vergessen.

Die Samariá-Schlucht ist seit 1962 Nationalpark. Sie birgt eine faszinierende Vielfalt von Pflanzen und Tieren, darunter uralte Pinien und Zypressen, wilde Orchideen und Kretischen Diptam sowie gefährdete Arten wie den Steinadler und den Kretischen Steinbock (➤ 27). Die gewaltige Klamm wurde von einem Fluss ausgewaschen, der im Sommer zu einem Rinnsal wird, nach Schnee und Regen im Winter aber zum reißenden Strom. Deshalb ist die Schlucht nur von Mai bis Oktober geöffnet, sofern es das Wetter erlaubt.

Tausende Menschen durchwandern die Schlucht jedes Jahr, und in der Hochsaison kann eine endlose Prozession entstehen. Planen Sie die Wanderung vorher genau, und stellen Sie sicher, dass Sie (und Ihre Kinder) den 16 Kilometer langen Marsch schaffen, der fünf bis sieben Stunden dauert – es gibt keine Abkürzungen aus der Schlucht heraus. Man braucht Ausdauer, besonders in der Hitze.

Nehmen Sie Hut, Sonnenbrille und Sonnencreme mit, denn auf den letzten Kilometern gibt es keinen Schatten; unterwegs gibt es Stellen, wo man Quellwasser nachfüllen kann. Vor allem aber tragen Sie angemessenes Schuhwerk, das genügend Halt gibt und feste Sohlen hat, um scharfe Felskanten zu meistern.

Am einfachsten ist es, die Samariá-Schlucht im Rahmen einer organisierten Tour zu durchwandern: Einzelheiten des Transports sind geregelt, und ein Führer begleitet die Gruppe. Sie können aber auch von Chaniá früh mit dem Bus zum oberen Eingang der Schlucht fahren. In Agía Rouméli am unteren Ende nimmt man die Fähre nach Chóra Sfakíon mit Anschluss an den Bus zur Rückfahrt. Erkundigen Sie sich vor Ort nach den Abfahrtszeiten.

Samariá auf gemütliche Art

Veranstalter bieten eine weniger anstrengende Möglichkeit an. Mit der Fähre geht es nach Agía Rouméli; von dort kann man bis zu den Sideróportes hinaufklettern.

Die Schlucht durchwandern

Die in den Fels gehauene ***xilóskalo*** (Holztreppe) mit vielen Serpentinen bildet den steilen Abstieg in die Schlucht. Die Sicht auf die Berge ist atemberaubend. Die nackte Felswand des Gíngilos-Berges (2080 m) erhebt sich majestätisch über den Pinien. Der Weg wird nach etwa vier Kilometern flacher, wenn man die Steinkapelle **Ágios Nikólaos** erreicht. Junge Bergziegen wagen sich manchmal herunter, um am Fluss zu grasen.

Klettern Sie über die trockenen Geröllbrocken, und setzen Sie den Weg fort zum verlassenen Dorf **Samariá**, dessen Bewohner

Blick auf den Gíngilos-Berg am Eingang zur Samariá-Schlucht

umgesiedelt wurden, als man den Park einrichtete. Die Kirche Óssia María (Gebeine Marias) stammt aus dem frühen 14. Jahrhundert. Hier hat man fast die halbe Strecke hinter sich, ein gutes Plätzchen für ein Picknick. Außerdem steht hier die Forststation.

Dahinter vertieft sich die Schlucht zwischen schroffen Felswänden, und man muss mehrmals den Fluss überqueren, während man sich den **Sideróportes** (Eisenpforten) nähert. Diese nackten Felswände erheben sich 300 Meter hoch; hier, an ihrer engsten Stelle, ist die Schlucht nur 3,5 Meter breit. Hat man die Pforten durchschritten, öffnet sich der Weg plötzlich zu einem flachen, schattenlosen Flussbett. Am Ende des Parks sind es zwei weitere zermürbende Kilometer in der brennenden Sonne bis **Agía Rouméli**, dessen Tavernen die schon lang ersehnten Erfrischungen bieten.

KLEINE PAUSE

Nehmen Sie sich ein **Picknick** mit, denn es gibt bis zum Ende der Schlucht nichts zu kaufen.

179 E2 Bus von Chaniá nach Omalós/Samariá

SAMARIÁ-SCHLUCHT: INSIDER-INFO

Top-Tipps: Lassen Sie sich nicht von den Kilometersteinen täuschen; sie geben nur die Entfernungen im Park an, nicht die ganze Länge der Wanderung.

- **Parkwächter** patrouillieren in der Schlucht, um sicherzustellen, dass niemand über Nacht dort bleibt; Maultiere stehen bereit, um Verletzte zu bergen.
- **Starten Sie früh,** dann haben Sie unterwegs mehr Zeit und brauchen sich keine Sorgen zu machen, dass Sie das Boot verpassen.
- Wanderer mit **ungeeignetem Schuhwerk** werden unter Umständen am Eingang der Schlucht zurückgewiesen.

Nach Lust und Laune!

5 Melidóni-Höhle

Während andere Höhlen auf Kreta voller Mythen und Legenden stecken, ist die Melidóni-Höhle erfüllt vom Geist der Menschen, die dort starben. Sie ist eine der schrecklichsten Gedenkstätten auf der Insel. 1824, während die Kreter für ihre Unabhängigkeit kämpften, versteckten sich 300 Dorfbewohner in der Höhle vor den anrückenden türkischen Truppen. Die Forderung, sich zu ergeben, wiesen sie zurück, woraufhin der türkische Kommandeur den Höhleneingang blockieren ließ, um die Luftzufuhr abzuschneiden. Die Dorfbewohner bohrten in den verzweigten Gängen immer neue Luftlöcher, aber die Türken verschlossen sie ebenso rasch wieder. Dann öffneten sie den Höhleneingang ein wenig und entfachten dort Feuer, sodass Rauch hineinzog und die Menschen im Innern erstickten. Ein Gedenkstein in der Mitte der Höhle zeigt die Stelle an, wo die Knochen der Opfer Jahre später gesammelt und begraben wurden.

Ohne diesen Hintergrund wäre die Höhle nur ein interessantes Naturphänomen mit einer großen Kammer am Fuß der Treppe, die in den Stein gehauen wurde. Diese kann rutschig sein und ist auch sehr spärlich beleuchtet (Taschenlampe!). Neue Bereiche der Höhle werden immer noch erforscht und sind auch bereits auf dem Plan in der offiziellen Broschüre eingezeichnet.

181 F4 · nahe Melidóni · April–Nov. tägl. 9–18.30/19 Uhr · Bus von Réthimnon nach Pérama · mittel · Fotografieren erlaubt

6 Margarítes

Auf der Insel gibt es keinen besseren Ort, um Keramik zu kaufen, als das Bergdorf Margarítes, wo Töpfern zur Tradition gehört und viele Künstler Ateliers haben. An der Hauptstraße sieht man an jeder Ecke Verkaufsstände mit Töpferwaren. Mehrere Handwerker produzieren gleichartige Waren (Schalen, Krüge, Teller, Vasen), die sich nur durch Muster und Farben unterscheiden, einige haben einen ganz persönlichen Stil entwickelt und arbeiten auf sehr hohem Niveau. Nehmen Sie sich also Zeit, um sich in den einzelnen Werkstätten genau umzusehen. In jedem Fall ist die hübsche Stadt ein angenehmer Ort für einen Bummel.

181 F3 · Bus von Réthimnon

7 Eléftherna

Die Anlage der Stadt Archéa Eléftherna (Antikes Eléftherna) ist eine der eindruckvollsten Stätten der Insel. Sie liegt auf einem Kamm in einem Hochtal in den Bergen zwischen zwei Dörfern. Halten Sie nicht im Dorf Eléftherna selbst (langer Fußweg zur Anlage), sondern fahren Sie weiter bis

Bei der Arbeit im Töpferdorf Margarítes

Spíli und sein Löwenbrunnen (kleines Bild)

Archéa Eléftherna, von wo aus man die Ruinen sehr viel leichter erreicht. Wie Lató (➤ 104) war Eléftherna eine bedeutendere dorische Stadt und später römische Siedlung, bevor sie zu Ruinen verfiel. Heute sieht man nicht mehr sehr viele Überreste, aber die Lage ist hinreißend.

181 F3 · Archéa Eléftherna · freier Zugang · Bus von Réthimnon · frei · Fotografieren erlaubt

8 Strände an der Nordküste

Die Strände entlang der Nordküste in diesem Teil der Insel bestehen aus zum Teil langen goldenen Sandstreifen mit lebhaften Ferienorten. Westlich von Iráklion sind die ersten beiden größeren Orte **Báli** (➤ **182 A5**) und **Pánormos** (➤ **181 F4**). Letzteres ist ein wenig kleiner, hat aber den schöneren Strand. Östlich von Réthimnon und in der Stadt selbst gibt es einige hübsche Sandstrände, auf weitere stößt man bei der Fahrt nach Westen Richtung Chaniá. Achten Sie auf das Schild zur Petres-Brücke; dort liegt der Zugang zu einem schönen langen Strand mit Cafés, Liegestühlen und Sonnenschirmen. Parkplatz und weitere Annehmlichkeiten findet man an der Abzweigung nach Episkopí, dort ist der goldene Sandstrand kilometerlang.

Einer der attraktivsten Badeorte ist **Georgiúpolis** (➤ **180 B3**) mit einem breiten Sandstrand, der durch Dünen abgeschirmt ist. Die Stadt selbst hat ihren Charme trotz wachsender Popularität nicht verloren. **Kalíves** (➤ **180 A4**), näher an Chaniá, hat ebenfalls einen schönen Sandstrand. **Plataniás** (➤ **179 D4**) ist ein großer belebter Badeort westlich von Chaniá; im Sommer boomt hier das Nachtleben.

9 Spíli

Spíli, eine der bedeutenderen Städte zwischen Réthimnon und der Südküste, ist der ideale Platz, um eine Pause einzulegen. Das Dorf duckt sich zwischen Berghänge, und obwohl es in den Gassen lebhaft zugeht, liegt es Welten entfernt von den Urlaubsorten an der Küste. Im Zentrum der Stadt steht auf einem kleinen Platz ein Venezianischer Brunnen mit 19 Löwenköpfen, die Wasser in einen Steintrog speien.

181 E2 · Bus von Réthimnon

Das Kloster in Préveli

10 Moní Préveli

Das Kloster in Préveli ist eines der schönsten in Südkreta und besetzt außerdem wegen seiner Rolle während der Schlacht um Kreta (➤ 17ff) einen ehrenvollen Platz in der griechischen Geschichte. Während des Zweiten Weltkriegs riskierten die Mönche den Zorn (und Schlimmeres) der Nazis, indem sie den alliierten Truppen, die nach der Evakuierung auf Kreta festsaßen, Unterschlupf gewährten und später die kretische Widerstandsbewegung unterstützten.

Das Kloster, ursprünglich aus dem 17. Jahrhundert, ist wegen seiner isolierten Lage und der mit Palmen und Granatapfelbäumen bestandenen Ländereien ein unwiderstehliches Motiv für Fotografen. Innerhalb der »löwenfarbenen« gemauerten Einfriedung liegen eine Kapelle, die Zellen, in denen noch Mönche leben, und friedliche Innenhöfe.

Einer der Klosterkeller wurde erfolgreich in ein kleines Museum umgewandelt, ein langes, schmales Gewölbe, dessen Alkoven und Kabinette Ikonen, Messgewänder, Bibeln und andere religiöse Gegenstände bergen. Die großartig ausgeschmückte Kapelle hat einen kunstvollen gold-roten Bischofsstuhl, eine verzierte Kanzel, ikonenbedeckte Wände und in der Mitte ein Kreuz, das einen Splitter aus dem Kreuz Christi enthalten soll.

In einem nahe gelegenen Innenhof ermahnt ein alter Brunnen die Besucher, sich nicht nur das Gesicht, sondern auch die Sünden abzuwaschen. Für diejenigen, die baden wollen, gibt es in der Nähe einige schöne Strände, darunter den **Préveli-** und den **Palmenstrand**. Zu beiden gelangt man, wenn man der Hauptstraße vom Kloster aus nach Osten folgt.

181 D2 ☎ 28320 31 24 61; www.preveli.org 25. März– 31. Mai tägl. 8–19 Uhr; 1. Juni–31. Okt. Mo–Sa 8–13, 15–19, So 8–19 Uhr Busse von Réthimnon und von/nach Plakiás preiswert Fotografieren erlaubt außer in Kirche und Museum

11 Plakiás

Mit seinem langen und breiten, mit Tamarisken bestandenen Strand ist Plakiás ein toller Rückzugsort an der Südküste für jene, die einmal ganz abschalten wollen, ohne gleich die Zivilisation hinter sich zu lassen. Es gibt einige Hotels, Bars und Restaurants, und ob-

gleich der Ort nur noch wenig Ähnlichkeit mit dem alten Dörfchen aufweist, ist er immer noch anziehend. Zu bieten hat er eine lange Promenade, mehr Zurückgezogenheit als viele andere Urlaubsorte auf Kreta und die Möglichkeit zu vielerlei Aktivitäten. Vom Ostrand der Stadt aus erstreckt sich eine lange sandige Bucht, und wenn man der Küste nach Westen folgt, stößt man auf weitere schöne Strände. Man kann Bergwanderungen Richtung Norden unternehmen oder zum Kloster Préveli (➤ 144) laufen; Autofahrer erfreuen sich an zwei der spektakulärsten Schluchten Kretas, **Kotsifoú** und **Kourtaliótiko**, beide Richtung Norden.

180 C2 · Busse vor Réthimnon und Agía Galíni

Morgentau

Im Mai 1828 hissten die Griechen ihre Flagge auf der Festung aus Widerstand gegen die herrschenden Türken. Bei den anschließenden Kämpfen wurden 385 Kreter getötet. Einheimische behaupten, dass man jedes Jahr am 28. Mai sehen kann, wie deren Seelen auf Frangokastéllo zumarschieren. Die Toten werden *droussoulites*, Tauschatten, genannt, weil sie mit dem Morgentau erscheinen.

12 Frangokastéllo

Die Venezianische Festung in Frangokastéllo ist eine der größten auf der Insel. 1371 in dieser abgelegenen Lage errichtet, um die Südküste vor Piraten und anderen Plünderern zu schützen, wurde sie auch dazu genutzt, aufsässige Kreter in Schach zu halten. Der imponierende Eindruck der Festung wird heutzutage allerdings etwas beeinträchtigt, wenn man entdeckt, dass nur noch die Hülle existiert. Die Festung steht jedoch nach wie vor auf einem hübschen Fleck, ganz in der Nähe gibt es schöne Strände und Marschland, wo Flora und Fauna wachsen und gedeihen.

180 B2 · freier Zugang · Strandtavernen, darunter Flisbos und Korali (€–€€) · Bus Plakiás–Chora Sfakion

13 Ímbros-Schlucht

Samariá (➤ 140f) mag berühmter und beeindruckender sein, aber die Ímbros-Schlucht (Farángi Ímprou) bietet einen guten Halbtagesmarsch durch einige der spektakulärsten Landschaften Südkretas. Sie ist außerdem zugänglicher und nicht so stark besucht. Der Eingang liegt gleich südlich des Dorfes Ímbros. Von hier erstreckt sich die Schlucht sechs Kilometer weit zum Meer und endet erst kurz vor der Küste. Jeder, der einigermaßen fit ist, kann sie leicht bewältigen. Die Felsformationen, die tiefen Abgründe und die Fülle an Wildblumen im Frühjahr sind phantastisch. Veranstalter bieten Touren an.

180 A2 · freier Zugang · Café mit Snacks am Beginn und Ende der Wanderung (€) · Busse zum Dorf Ímbros von Chaniá und Chóra Sfakíon

Blick in die Ímbros-Schlucht

14 Chóra Sfakíon

Die Hauptstadt der südkretischen Region Sfakiá hat eine ganz eigene Atmosphäre. Ihr gemächlicher Charme, die hübsche Lage an der Küste und der Frieden, der aufkommt, wenn die Tagesgäste abgereist sind, werden jeden erfreuen, der hier einige Tage verbringt. Den Mittelpunkt der Stadt bildet ein kleiner Hafen, der an einer Seite von Cafés und Restaurants gesäumt wird. Dahinter steigen die Straßen allmählich an, einige recht steil, denn die Stadt liegt an den unteren Hängen der Levká Óri, der Weißen Berge. Durch diese Berge wurden die alliierten Truppen nach der Schlacht um Kreta (➤ 17ff) evakuiert; erschöpft kamen sie in Chóra Sfakíon

Nette Uferrestaurants säumen den Hafen von Chóra Sfakíon

an, um auf die rettenden Schiffe zu warten. Der Ort hat nur einen kleinen Kiesstrand, aber entlang der Küste gibt es schönere Strände. Hinzu kommen gute Wandermöglichkeiten in den Bergen und das Gefühl, völlig abschalten zu können.

179 F1 zahlreiche Cafés und Tavernen am Hafen (€–€€)
Bus von Chaniá

15 Insel Gávdos

Gávdos, die größte Insel vor Kretas Küste, ist auch der südlichste Punkt Europas. Man muss ein Stück wandern, um zur Südspitze der Insel zu gelangen, aber dabei offenbart sich ein Teil Kretas, den nur wenige Menschen zu sehen bekommen. Die Bevölkerung besteht aus etwa 50 Seelen, und es gibt nur wenig touristische Infrastruktur, aber ein Privatzimmer ist doch zu finden. Viele Menschen zelten im Som-

mer. Ein oder zwei kleine Cafés servieren einfaches Essen, und die Strände sind schön, wenn es einem nichts ausmacht, dort hinzulaufen, denn es gibt keine öffentlichen Verkehrsmittel. Gávdos fasziniert manche Besucher, andere finden die Insel eintönig.

179 D1 einige Cafés (€)
im Sommer Fähren von Chóra Sfakíon und Paleochóra

16 Lutró

Lutró mit seinen blau-weißen Gebäuden, die um eine kleine Bucht vor einer tollen Bergkulisse stehen, ist eines der malerischsten Dörfer auf der Insel. Es gibt hier keine Sehenswürdigkeiten – das winzige Dorf ist wenig mehr als ein Küstenstreifen mit mehreren Tavernen und Privatzimmern – aber genau darin liegt für viele Besucher der Reiz. Eine Autostraße gibt es nicht; man muss entweder von der nächsten Straße einige Kilometer weit zu Fuß gehen oder mit dem Boot hinfahren. Wer den Kiesstrand nicht mag, kann jedoch in beide Richtungen an der Küste entlang zu schöneren Stränden laufen oder sich landeinwärts in die Berge begeben. Trotz des Zustroms an Gästen im Sommer, die dann die Zahl der Einheimischen deutlich übertreffen, bleibt Lutró im Vergleich zu den meisten anderen Orten auf Kreta ein idyllisches Refugium.

Für Kinder

Fortezza in Réthimnon (➤ 133)
Touristenbähnchen in Chaniá und Réthimnon
Reiten und **Pferdewagenfahren** in Chaniá
Melidóni-Höhle (➤ 142)
Strand und **Burg** in Frangokastéllo (➤ 145)
Strände überall

Alliierter Soldatenfriedhof in Súda

179 F1
mehrere einfache Cafés (€–€€)
Boote von Chóra Sfakíon und anderen Städten an der Südküste

17 Súda und die Halbinsel Akrotíri

Die Halbinsel Akrotíri, gleich östlich von Chaniá, wird von Besuchern oft

Keine Straße führt nach Lutró

Der aufstrebende Urlaubsort Paleochóra

übersehen, doch sie bietet eine schöne Hügellandschaft, alte Klöster und einige der friedlichsten Flecken an der Nordküste – trotz der Tatsache, dass hier Chaniás Flugplatz und Fährhafen liegen. Am einfachsten kommt man von Chaniá auf die Halbinsel, indem man Richtung Osten aus dem Stadtzentrum hinausfährt und den Schildern zu den Venizélos-Gräbern folgt. Diese liegen an einem Hang in einem kleinen Garten mit großartigem Blick über die Stadt. Kretas berühmter Politiker liegt hier begraben, ganz in der Nähe befindet sich das Grab seines Sohnes Sophokles.

Auf der Halbinsel gibt es drei Klöster – **Agía Triáda, Guvernéto** und **Korakíes**. Agía Triáda mit seinen orangefarbenen Mauern ist besonders schön, man sollte es nicht verpassen. Auf die anderen Klöster stößt man ein paar Kilometer weiter an der gewundenen Straße.

Súda, an der Bucht gleichen Namens, liegt auf der anderen Seite der Halbinsel. In den Außenbezirken der Stadt liegt ein **Soldatenfriedhof** mit Hunderten Gräbern von Soldaten, die im Zweiten Weltkrieg gefallen sind.

179 E4 Alliierter Soldatenfriedhof
1 km nordwestl. von Súda
freier Zugang **Cafés und Restaurants in Súda (€)** **frei** **Fotografieren erlaubt**

18 Paleochóra

Der bedeutendste Ort in Südwestkreta ist Paleochóra, eine reizvolle Stadt mit zwei Stränden beiderseits einer Landzunge und viel lebendigem Charme. Auf der Landzunge stehen die Ruinen einer Venezianischen Festung von 1279, westlich davon gibt es einen Sandstrand, im Osten einen Kiesstrand. An der Südküste kann es recht windig sein.

Die Stadt hat sich in den letzten zehn Jahren rasch zu einem Touristenort entwickelt, und viele Hotels, Privatzimmer, Souvenirläden, Reisebüros und Restaurants haben aufgemacht. Trotzdem hat der Ort seine Identität nicht verloren, besonders wenn abends die Hauptstraße für den Verkehr gesperrt ist. Dann stellen die Cafés und Restaurants Stühle vor die Tür, die Luft ist erfüllt von Unterhaltungen, und die Menschen genießen es, in dieser entspannten Atmosphäre bummeln zu gehen.

178 B2
zahlreiche Cafés und Restaurants (€–€€€)
Bus von Chaniá

Wohin zum... Übernachten?

Preise
Für ein Doppelzimmer in der Hochsaison gelten folgende Preise:
€ unter 60 Euro €€ 60–100 Euro €€€ über 100 Euro

Casa Delfino €€€

Das beste Hotel der Stadt liegt in einem ehemaligen Palast aus dem 17. Jahrhundert mit einem phantastischen Innenhof im venezianischen Stil. Die Studios, Zimmer und Suiten sind alle hell, freundlich und hervorragend eingerichtet. Klimaanlage, Minibar, Satelliten-TV und Marmor-Whirlpool gehören zum Standard. Außerdem gibt es eine große Bar, Frühstücksraum, Dachterrasse und Lounge mit Internetzugang für Gäste – all dies mitten in der Altstadt.

179 E4 ✉ Theofanous 9, Chaniá ☎ 28210 874 00/930 98; Fax 28210 965 00; E-Mail: casadel@cha.forthnet.gr; www.casadelfino.com

Doma €€

Das Hotel liegt etwa drei Kilometer östlich des Stadtzentrums, aber genau an der richtigen Stelle, wenn Sie am Flughafen ankommen oder abfliegen. Ein Aufenthalt in diesem alten ehemaligen Landhaus ist in jedem Fall erinnerungswürdig. Das Dekor spiegelt die Geschichte des Hauses wider, gleichwohl sind alle Räume mit Bad, Klimaanlage und TV ausgestattet. Der Speisesaal im dritten Stock bietet eine schöne Aussicht auf die Stadt. In der Hochsaison sollte man reservieren.

179 E4 ✉ Eleftherion Venizélou 124, Chaniá ☎ 28210 517 72; Fax 28210 415 78; www.hotel-doma.gr April–Okt.

Hotel El Greco €€

Das El Greco liegt optimal an einer fast verkehrsfreien Straße in der Altstadt, nur eine Minute Fußweg vom Hafen entfernt. Das Familienunternehmen hat nur 23 Zimmer, darunter einige Suiten mit zusätzlichem Wohnraum. Sie sind alle geräumig und gepflegt und verfügen über Klimaanlage, TV, Telefon und, als willkommenes Extra, Kühlschrank. Unten gibt es eine gemütliche Bar, oben einen tollen Dachgarten mit Blick über die Dächer der Altstadt aufs Meer.

179 E4 ✉ Theotokopoúlos 49, Chaniá ☎ 28210 940 30/904 32/918 18; Fax 28210 918 29; E-Mail: hotel@elgreco.gr; www.grecotel.gr März–Nov.

Hotel Fortezza €€

Dieses recht neue Hotel wurde im traditionellen Stil erbaut und spiegelt das Venezianische Flair der umgebenden Altstadt wieder. Es liegt in einer ruhigeren Gegend von Réthimnon, wo Fußgängerzonen überwiegen, und nahe der Venezianischen Burg, die als Namenspatron fungierte. Die besten Zimmer haben Balkon und blicken auf das kleine Schwimmbecken; versuchen Sie eines davon zu ergattern. Reservierung wird empfohlen, selbst in der Nebensaison.

181 D3 ✉ Melisinou 16, Réthimnon ☎ 28310 238 28/555 51; Fax 283 10 540 73; E-Mail: mlodak@ret.forthnet.gr

Privatzimmer Galaxy €

Das Galaxy ist eine der angenehmsten Optionen unter den vielen Privatzimmern in Paleochóra. Zimmer nach vorne, über dem Fischrestaurant Galaxy, haben große Balkone mit Blick auf den Kiesstrand und das Meer. Die Zimmer mit Bad sind angenehm groß und überraschend gut ausgestattet mit TV, Kühlschrank, Telefon und Wäscheleine. Sie sind außerdem sauber und gepflegt. Es wird kein Frühstück serviert, aber in der Nähe gibt es genügend Cafés. Der Besitzer vermietet weitere Zimmer auf der anderen Seite der Stadt.

178 B2 ✉ Paleochóra ☎ 28230 410 59/415 14; Fax 28230 41518/412 79 April–Okt.

Grecotel Creta Palace €€

Für ein Hotel mit Luxusstandard sind die Preise vernünftig, wenn man die Qualität und die Lage bedenkt. Das Hotel liegt etwa vier Kilometer östlich des Zentrums von Réthimnon hinter dem schönen Strand der Stadt. Die Zimmer sind einfach, aber hell und sauber, und das Hotel bietet alle Annehmlichkeiten, die man erwarten kann, darunter drei Schwimmbecken (eines überdacht), Restaurants, Bars, Fitnessraum, Tennisplätze und Wassersportmöglichkeiten.

181 D3 Misiria Beach, Réthimnon 28310 551 81; Fax 28310 540 85; E-Mail: sales_cp@cp.grecotel.gr; www.grecotel.gr April–Okt.

Hotel Ideon €€

Das Ideon, wunderschön mit Blick auf den Hafen gelegen, steht etwas zurückgesetzt an der Hauptstraße. Gleich gegenüber befindet sich ein öffentlicher Parkplatz (wichtig in Réthimnon). Das Hotel verfügt über 100 Zimmer, alle mit Balkon und Blick entweder aufs Meer oder auf den hoteleigenen Swimmingpool. Die Zimmer sind modern mit Telefon, Radio, Safe, Klimaanlage und Bad. Die etwas teureren Suiten haben außerdem Kühlschrank und Fernseher.

181 D3 Plateía Plastira 10; Réthimnon 28310 286 67; Fax 28310 286 70; www.hotelideon.gr März–Okt.

Ifigenia Zimmer und Studios €€

Die Privatzimmer in der Nähe des Venezianischen Hafens gehören einem unternehmungslustigen jungen Mann, und alle haben, was die Ausstattung angeht, dasselbe Flair. Einige der Zimmer sind toll eingerichtet mit Steinbögen, Vierpfostenbetten, Galerien und Großraumbad. Neben Ifigenia I, II und III gibt es die Ifigenia Studios, die Pension Orio und das Hotel Captain Vassilis.

179 E4
Angelou 18 und andere, Chaniá
28210 991 84 o. 0944 50 13 19 (Mobil); Fax 28210 943 57;
E-Mail: info@ifigeniastudios.gr; www.ifigeniastudios.gr

Palazzo Hotel €€

Dieses kleine Hotel liegt in einer ruhigen Straße der Altstadt. Es war früher ein Herrenhaus, und die elf Zimmer, die nach griechischen Göttern und Helden benannt sind, stecken voller Holztäfelungen und altertümlicher Utensilien, haben aber moderne Badezimmer, TV, Kühlschrank und Telefon. Das großzügige Frühstück ist einer der Gründe für einen Aufenthalt, weitere sind der freundliche Service und die ideale Lage: Nutzen Sie den öffentlichen Parkplatz westlich des Hafens, wenn Sie mit dem Auto unterwegs sind.

179 E4 Theotokopoúlos 54, Chaniá 28210 932 27; Fax 28210 932 29; www.palazzodipietro.com März–Nov.

Palazzo Rimondi €€€

Das Rimondi, versteckt in den Gassen der Altstadt, ist ein kleines, stilvolles Hotel, das in mehreren venezianischen Häusern aus dem 15. Jahrhundert untergebracht ist. Die Umwandlung wurde sehr geschmackvoll vollzogen, die bemalten Decken blieben erhalten, doch verfügen die 21 Zimmer – eigentlich eher Mini-Suiten mit abgeteilten Wohn- und Küchenbereichen – über jede moderne Annehmlichkeit. Im Innenhof gibt es einen Swimmingpool.

179 E4 Xanthoudidou 21; Réthimnon 28310 512 89; www.palazzorimondi.com

Vritomartis Hotel und Bungalows €€

Eines der besten Hotels auf Kreta. Das Vritomartis hat einen eigenen Pool und ein Restaurant. Außerdem ist es Griechenlands einziges FKK-Hotel, Nicht-Nudisten sind willkommen; innerhalb der Hotelgebäude herrscht Bekleidungspflicht. Die Zimmer sind groß, hell und weiß, mit Balkon, einige mit Blick auf den Parkplatz. Außerdem gibt es eine große Bar und ein Restaurant sowie viele organisierte Aktivitäten und Ausflüge.

179 F1 Chóra Sfakíon 28250 911 12; Fax 28250 912 22; E-Mail: vritnat@otenet.gr; www.naturism-crete.com April–Okt.

Wohin zum ... Essen und Trinken?

Preise
Die Preise gelten pro Person für ein Zwei Gänge Menü ohne Getränke und Service.
€ unter 9 Euro €€ 9–14,50 Euro €€€ über 14,50 Euro

Amphora €€

Hier versucht kein aufdringlicher Kellner, Sie zum Bleiben zu bewegen. Das Essen ist jedoch ausgezeichnet. Frischfisch steht natürlich oben an, aber auch die *meze* sind hier eine Spezialität, und die gemischte griechische Platte kann man ganz sicher empfehlen. Die Tatsache, dass nur kaltgepresstes Olivenöl bei der Zubereitung der Speisen benutzt wird, zeigt sich im Ergebnis.

179 E4
Akti Koundouriotou 49, Chaniá
28210 932 24
April–Okt. tägl. 11.30–24 Uhr

Avli €€€

Am besten sitzt man im Gartenhof mit seinen großen Palmen, aber es gibt auch Tische auf der Straße und im Haus. Die Speisekarte verkündet »Gastronomische Experimente mit kretischen Produkten und offenem Geist«. Probieren Sie eine der Hausspezialitäten, zum Beispiel Wildziegenlamm mit Honig und Thymian.

181 D3 **Xanthoudidou 22/Radamanthyos, Réthimnon** **28310 262 13**
tägl. 12–14.30, 18–24 Uhr

Cavo d'Oro €€€

Um den kleinen Venezianischen Hafen in Réthimnon stehen dicht an dicht zahlreiche Fischrestaurants. Da jeder Kellner Sie zu überzeugen versucht, in seinem Lokal zu essen, fällt die Auswahl schwer. Es lohnt sich, nach dem Cavo d'Oro zu suchen, das mit dem Schaukasten voll frischer Fische und Meeresfrüchte wie die Übrigen aussieht, doch unter den Einheimischen als das Beste gilt.

181 D3
Nearchou 42–43, Réthimnon
28310 244 46
tägl. 11–24 Uhr

Fanari €

Gehen Sie vom Hafenbecken – wo die Kellner Sie fast mit Gewalt in die Lokale zerren – nach Westen zu diesem ruhigeren Bezirk, den auch die Einheimischen gerne aufsuchen. Hier herrscht eine sehr viel entspanntere Atmosphäre. Die Tische sind gleich am Meer unter freiem Himmel mit leuchtend gelb-weißen Tüchern gedeckt. Suchen Sie sich unter den *meze* etwas Interessantes heraus, gefolgt vielleicht von gegrilltem Fleisch und ein oder zwei Gläsern des wohlschmeckenden Hausweins.

181 D3 **Kefalogiani 16, Réthimnon**
28310 548 49
tägl. ab 11 Uhr

Galaxy Fischrestaurant €€

Dieses ausgezeichnete Fischrestaurant hat Tische am Straßenrand gleich gegenüber dem Kiesstrand, einen etwas höher gelegenen offenen Patio mit rot gedecktem Dach und einen noch höheren Speiseraum im Haus. Dort ist an der Wand ein großes Fischernetz mit Krebsschalen, Hummer, Seesternen und anderem Getier aufgespannt. Auf der Karte stehen auch Fleischgerichte und die bekannten griechischen Speisen, doch spezialisiert ist das Lokal auf »frischen Fisch aus Paleochóra«. Genießen Sie auch den Wein vom Fass.

178 B2 **Paleochóra**
28230 410 59/415 14;
Fax 28230 415 18/412 79
April–Okt. tägl. mittags und abends

O Gounas €€

In der engen Gasse vor dem O Gounas stehen nur wenige Tische, denn das Geschehen – jeden Abend Livemusik – spielt sich im Haus ab. Kommen Sie aber nicht zu früh: Das Restaurant öffnet erst um 20 Uhr, und es braucht eine Weile, um in Schwung zu kommen. Die Bühne befindet sich auf der Rückseite des kellerartigen Raumes. Die Speisekarte macht keinerlei Zugeständnisse an neue Trends. Sie ist strikt griechisch, mit einfachen, aber wohlschmeckenden Gerichten, dennoch ist immer viel los.

✚ 181 D3 ✉ Koroneou 6, Réthimnon
☎ 28310 288 16 ⊙ tägl. 20–1 Uhr

Kyria Maria €€

Marias kleines Restaurant liegt in einer engen Gasse versteckt hinter dem Arimóndi-Brunnen. Die gewebten Tischtücher sind dunkelrot und schwarz gestreift in traditionellem Design und decken die Tische beiderseits der Straße. Am Haus hängen Käfige mit zwitschernden Vögeln. Marias Hausmacherkost (ihr Lamm-*kleftiko* ist eine köstlich zarte Spezialität) hat so viel Erfolg, dass sie inzwischen zwei weitere Restaurants in der Fotaki 22 und Himarras 8 betreibt.

✚ 181 D3 ✉ Moshovitou 20, Réthimnon
☎ 28310 290 78 ⊙ tägl. 8–1 Uhr

Nykterida €€€

Winston Churchill, Aristoteles Onassis und George Bush zählen zu den Gästen dieses 1933 eröffneten Restaurants hoch in den Hügeln östlich von Chaniá, das besonders am Abend traumhafte Ausblicke auf die Bucht von Súda bietet. In manchen Sommernächten finden hier griechische Tanzdarbietungen statt. Die Küche verwendet weitgehend Erzeugnisse aus biologischem Anbau; besonders köstlich sind die kretischen Gerichte, z. B. Schweinefleisch mit Wurzelgemüse und heimischen Kräutern. Sehr empfehlenswert.

✚ 179 E4 ✉ Korakies, Chaniá
☎ 28210 642 15; www.nykterida.gr
⊙ Mo–Sa 18–1 Uhr

Semiramis €€

Die Plätze unter freiem Himmel nehmen bei dieser großen Taverne einen ganzen Häuserblock in einer engen Gasse ein. Außerdem kann man im schönen Garten mit Brunnen sitzen. Dort besteht große Nachfrage, rechnen Sie also damit, auf einen Tisch warten zu müssen. In der Saison spielen hier und im Hauptgebäude auf der anderen Straßenseite jeden Abend kretische Musiker. Das Essen geht nicht über das übliche griechische Angebot an Grill-, Fleisch- und Fischgerichten hinaus, aber die Atmosphäre ist unterhaltsam und freundlich.

✚ 179 E4 ✉ Skoulon 8, Chaniá
☎ 28210 986 50
⊙ April–Nov. tägl. ab 10 Uhr

Tamam €€

Abend für Abend stehen Einheimische und Besucher Schlange, um einen Tisch zu ergattern. Obwohl die Menschen in Massen vorbeilaufen, sitzen die meisten Leute am liebsten draußen in der engen Gasse und genießen dort die phantasievollen Gerichte, die Mittelmeerspezialitäten miteinander kombinieren, vom italienischen Risotto über griechische gefüllte Paprikaschoten bis zum Lamm mit Reis und Joghurt aus Nahost. Auch für Vegetarier gibt es eine breite Auswahl.

✚ 179 E4 ✉ Zambeliou 49, Chaniá
☎ 28210 960 80 ⊙ tägl. 13–0.30 Uhr

Well of the Turk €€

Man braucht reichlich Zeit, um dieses Hinterhoflokal in der Nähe der Plateía 1821 zu finden. Die Suche lohnt sich aber, denn die britische Besitzerin Jenny Payavla, die in Tanger gelebt hat, verbindet die Highlights der kretischen und der nordafrikanischen Küche. Die Gerichte reichen vom einfachen Shish Kebab und Couscous bis hin zu Spezialitäten wie Calamari mit Meeresfrüchten, Kräutern und Reis gefüllt und mit Kurkumareis serviert.

✚ 179 E4
✉ Kalinikou Sarpaki 1–3, Chaniá
☎ 28210 545 47 ⊙ Mi–Mo ab 19 Uhr

Wohin zum… Einkaufen?

In Westkreta kann man am besten in Réthimnon und Chaniá einkaufen. Für Keramik sollte man ins Töpferdorf Margarítes (➤142) fahren. Zwei Töpfer, die es wegen der Qualität ihrer Waren aufzusuchen lohnt, sind Manólis Kallérgis (Tel. 28340 922 62) und Níkos Kavgalákis am Südende des Dorfes.

RÉTHIMNON

Man könnte Réthimnons Straßengewirr für einen einzigen riesigen Basar halten. Souvenirläden gibt es im Überfluss und auch eine gute Auswahl an Kleidung, besonders an der Odós Arkadíou. Außerdem gibt es in der Stadt viele Schmuckläden. Die Loggia beherbergt heute den **Museumsshop des Kulturministeriums** (geöffnet 8.30–15.30 Uhr), wo man Kopien antiker Kunstwerke aus den größeren Museen kaufen kann. Wirkliche Antiquitäten bekommt man bei **Palaiopoleiou**, Souliou 40. Der künstlerisch begabte Drechsler **Nikos Siragas**, Petalioti 2, stellt schöne Schalen, Vasen und Skulpturen aus Oliven- und Johannisbrotbaumholz her. Für Holzarbeiten werfen Sie auch einen Blick ins **Olive Tree Wood**, Arambatzoglou 35.

Manolis Stagakis und sein Sohn Michalis sind die beiden letzten Lyrabauer, die die Instrumente noch von Hand herstellen. In ihrer Werkstatt, **Dimakopoulou 6**, kann man eine eigene, dem Brauchtum entsprechend gefertigte Lyra in Auftrag geben.

Ethnikis Andistasis ist die Marktgasse in der Nähe der Porta Guora mit leckeren Lebensmitteln. Donnerstags wird auf der Dhimitrakaki, in der Nähe des Stadtparks, ein **Markt** abgehalten.

Ausländische Druckerzeugnisse führen **International Press** am Venizélou und **I Pethihaki** in Ufernähe. Fremdsprachige Bücher sind teuer, aber manchmal macht man in einem der Antiquariate ein Schnäppchen.

CHANIÁ

Die Altstadt südlich der Festung ist weitgehend von Touristenläden okkupiert. An der **Theotokopoúlos**, der Hauptstraße, stechen zwei Läden hervor: **Paraoro** (Nr. 16), wo schönes, handgemachtes Glas, Keramik und Metallskulpturen verkauft werden, und **1885** (gegenüber Nr. 11), wo es Silber und Kleider gibt.

Roka Carpets, Zambeliou 61, ist bis unter die Decke voll mit bunten Teppichen, Decken und Wandbehängen, alle auf einem traditionellen Webstuhl im Laden hergestellt. Bei **Top Hanas**, Angelou 3, in der Nähe des Marinemuseums, werden in einem alten Haus kretische Decken und Teppiche feilgeboten. Schöne Stickereien und Tischdecken vom Webstuhl gibt es bei **Pili**, Kriari-Straße 40, unter dem Tourismusbüro.

Meli, Odós Kondilaki 45, ist einer der besten Läden auf der Insel für kretische Naturprodukte: Essig, Olivenöl, Raki und Wein in dekorativen Glasflaschen, Honig und organisch angebaute Oliven. In der **Markthalle** (➤139): kretischer Käse, Kräuter, Gewürze.

Die **Odós Skridlof** ganz in der Nähe ist die »Lederstraße«; obwohl die alten Werkstätten weitgehend verschwunden sind, findet man hier die besten Preise für Gürtel, Taschen, Sandalen, selbst für kretische Schaftstiefel. Die **Odós Sifaka** ist die Straße der Messerschmiede. Einen original kretischen Dolch kann man in der Werkstatt **O Arménis** erwerben.

Die **Örtliche Kunsthandwerkliche Vereinigung** am alten Hafen hinter der Moschee hat preislich und qualitativ eine breite Auswahl an Keramik, Skulpturen, Glas und Schmuck. Im **Handwerksdorf Verekinthos** gleich außerhalb der Stadt beim Industriepark von Chaniá auf der Südseite der Autobahn bekommt man ebenfalls traditionelle Handwerksarbeit.

Wohin zum ... Ausgehen?

NACHTLEBEN IN RÉTHIMNON

Die meisten Diskos findet man östlich der Stadt zwischen den großen Hotels. Im Zentrum liegen der **Opera Club** am Salaminos, das **Rock Café Fortezza** am Hafenbecken und, gleich um die Ecke, das **NYC-Metropolis**. Mehrere Rockbars scharen sich um die Plateía Pethihaki und die Straßen hinter dem Hafenbecken. Das **Odysseas**, an der Venizélou, bietet jeden Abend kretische Musik und Tanz extra für Touristen.

NACHTLEBEN IN CHANIÁ

Chaniás größte Diskos befinden sich ebenfalls außerhalb der Stadt entlang der Küste in Plataniás. **Splendid, Privilege** und **Mylos Club** sind immer voll. In der Stadt liegen die wichtigsten Clubs am Hafenbecken hinter der Moschee. Zu ihnen gehören **Club Xania** und **Klik Dancing Bar**, das **Platiá** darüber bietet griechische Livemusik. Weiter am Hafen entlang sind **Four Seasons** und **Prime Vision Ariadne** beliebte Treffpunkte für moderne griechische Livemusik. Chaniás größte Diskos sind das **Energy** an der Chalidon und das **Skalidhi** in der Nähe der Schiavo-Bastion.

MUSIK UND FESTIVALS

Für traditionelle und zeitgenössische griechische Musik in **Chaniá** achten Sie auf Handzettel, die für griechische Musiker werben. Sie spielen oft im **Lyrakia**, einer Bar am Ufer, und im **Café Kríti**, hinter den *arsenali* in der Kalergon 22. Chaniás Kalender für Kulturveranstaltungen geht von Mitte Juli bis September; erkundigen Sie sich bei der Touristeninformation (➤ 37).

Das wichtigste Kulturereignis in **Réthimnon** ist das **Renaissance-Festival** mit internationalen Theater- und Musikaufführungen, die im August und September in der Venezianischen Burg stattfinden. Das Programm wird Mitte Juli bekannt gegeben; im Rathaus (Tel. 28310 535 83) bekommt man Informationen und Karten. Im Juli wird außerdem im Städtischen Park ein **Weinfest** gefeiert.

BOOTSAUSFLÜGE UND WASSERSPORT

Dolphin Cruises in Réthimnon (Tel. 28310 576 66) bietet Bootsfahrten zu Piratenhöhlen und Stränden an der Nordküste, oder stechen Sie in Báli mit **Captain Hook** (Tel. 28310 576 66) auf einem Piratenschiff in See.

Bootsfahrten werden überall am alten Hafen in Chaniá angeboten, darunter eine Halbtagestour auf der ***Aphrodite*** (Tel. 6930 297 72 92). Alternativ bietet sich eine Fahrt mit einem Glasbodenboot an bei **Evagelos** (Tel. 69445 87 42 83) oder **Poseidon Sea Discover** (Tel. 28210 558 38).

Der **Limnoupolis-Wasserpark** (Tel. 28210 332 46, Mai–Okt. 10–18.30 Uhr) liegt 7 Kilometer hinter Chaniá an der Straße nach Omalós. Zwei Tauchzentren in Réthimnon sind **Paradise Dive Centre**, El Venizélou 73 und 75 (Tel. 28310 263 17) und **Dolphin Diving Centre**, Hotel Rethymno mare-Scaleta (Tel. 28310 717 03). In Chaniá versuchen Sie es bei **Blue Adventurers Diving**, Daskalogianni 69 (Tel. 28210 406 08).

WEITERE AKTIVITÄTEN

In Réthimnon: **Olympic Bike Travel** (Tel. 28310 723 83; www.olympicbike.com): Radtouren und Mountainbiking. **The Happy Walker**, Tompazi 56 (Tel. 28310 529 20; www.happywalker.nl): geführte Wanderungen; die Touren können von einem bis zu zehn Tagen dauern.

Wanderungen & Touren

1 ZARÓS UND DIE ROÚVAS-SCHLUCHT

Wanderung

LÄNGE: 8 Kilometer
DAUER: 3–4 Stunden
START/ZIEL: Zarós 182 B2

Diese reizvolle Wanderung führt Sie zu einem Bergkloster und eine felsige Schlucht hinauf, die neben üppiger Flora und Fauna wunderbare Ausblicke auf Kretas zentrales Psiloritis-Gebirge bietet. Brechen Sie früh auf, um der Mittagshitze zu entgehen.

1–2

Zarós, am Fuß des Berges Ida (Psiloritis) gelegen, ist in ganz Kreta für sein Quellwasser berühmt, das dort in Flaschen abgefüllt wird. Fahren Sie Richtung Westen durch den Ort, und parken Sie beim Postamt. (Sie können die Wanderung abkürzen, indem Sie am See beginnen).

2–3

Folgen Sie der Hauptstraße bis zum Wegweiser Richtung Idi Hotel und Votomos-See gleich hinter einem Brunnen. Biegen Sie rechts ab, die schmale Straße bergauf bis zum **Idi Hotel** (➤ 92).

Der Weg durch die Roúvas-Schlucht

3–4

Die Straße macht eine scharfe Linkskurve. Gehen Sie weiter bergauf, vorbei an der Forellenzucht – die Fische sind eine Spezialität von Zarós. Nach 15 Minuten erreichen Sie den **Votomos-See**, der von der Zarós-Quelle gespeist wird. An der Südseite findet man eine gute Taverne.

4–5

Beide Wege, nach rechts oder links, führen um das Seeufer herum und Steinstufen hinauf. Gehen Sie durch die Pforte und weiter auf dem unbefestigten Weg, der oberhalb der Olivenhaine bergauf führt. Hinter der nächsten Kurve sehen Sie das Kloster **Ágios Nikólaos** auf der linken Seite. Der Gebäudekomplex wirkt modern, doch die Kirche birgt Fresken aus dem 14. Jahrhundert.

5–6

Gegenüber einer Holzbrücke neben dem Kloster führen Stufen im Fels rechts hinauf zu der winzigen, ikonenverzierten Kapelle **Ágios Efthimios**. Überqueren Sie die Brücke, und folgen Sie dem Pfad, der scharf nach rechts abbiegt und sich in Serpentinen bergauf windet. Folgen Sie den gelben Pfeilen und Markierungen, die auf den Fels gemalt sind, um den Weg zwischen den Geröllblöcken hindurch zu kennzeichnen. Sie betreten jetzt die **Roúvas-Schlucht**, von den Einheimischen wegen des Klosters auch Ágios-Nikólaos-Schlucht genannt.

6–7

Nach einem kurzen steilen Anstieg gelangt man an einen Zaun. Gehen Sie nach rechts, und folgen Sie den Pfeilen, wenn der Weg den nächsten Hügel umrundet, dann über die Steinstufen hinauf und durch die Pforte.
Auf dem 1,6 Kilometer langen Weg durch die Schlucht wechseln leichte Abschnitte entlang der mit Kräutern bewachsenen Abhänge mit steileren Kletterpartien über Steinstufen. Die Route ist gut markiert.

7–8

Der Weg verläuft zunächst auf der steilen Seite der Schlucht, führt dann durch den Grund der Klamm und geht auf der gegenüberliegenden Seite weiter. Hier wird er breiter und steigt an bis zu einem Wegweiser. Wenn Sie die Wanderung auf einen ganzen Tag ausdehnen möchten, folgen Sie dem Pfad zwischen den Bergspitzen hindurch 2,7 Kilometer weit bis zur Bergkirche **Ágios Ioánnis**.

8–9

Für den Rückweg folgen Sie dem Schild Richtung Votomos und Ágios Nikólaos. Der Weg ist zuerst schmal und steil, gibt aber den Blick frei in die Schlucht. Nachdem Sie einige Bienenkörbe passiert haben,

Die Klosterkirche Ágios Nikólaos

biegen Sie nach links in eine breite ungefestigte Straße, die bergab zum Kloster führt. Folgen Sie den Schildern Richtung Votomos, überqueren Sie die Holzbrücke, und kehren Sie nach Zarós zurück.

Kleine Pause

Die **Taverna Oasis** gegenüber der Post in Zarós ist ein freundlicher Ort. Die hübsche Bar im Hof des Idi-Hotels, die **Votomos Taverna** (➤ 94) und die **Taverne** am Votomos-See sind weitere Einkehrmöglichkeiten.

2 OBSTGÄRTEN UND OLIVENHAINE

Wanderung

Wenn man durch Kreta fährt, sieht man in der Ferne oft Windmühlen. Auf dieser Wanderung können Sie Windmühlen ganz aus der Nähe anschauen. Die Route über Pfade und ruhige Straßen verbindet drei urtümliche Dörfer im Westen Kretas. In weitem Bogen geht es durch Olivenhaine und Plantagen mit Zitronen-, Apfel- und Granatapfelbäumen mit leuchtend roten Früchten.

LÄNGE: 5 Kilometer
DAUER: 2 Stunden
START/ZIEL: Límnes 184 C4

1–2

Auf der Fahrt von Westen nach Osten auf der alten Straße zwischen Neápoli und Ágios Nikólaos passieren Sie in **Límnes** die ersten Häuser und parken gleich hinter einer Brücke bei einer scharfen Kurve auf der rechten Straßenseite. Überqueren Sie die Brücke, und nehmen Sie den Weg zwischen weißen Steinmauern, vorbei an Windmühlen und Weinstöcken. Nach 50 Metern erreichen Sie eine große Taverne, bei der Sie links und gleich wieder rechts abbiegen müssen. Granatapfelbäume säumen eine Seite des Weges, Oliven- und Feigenbäume die andere. Etwas weiter folgen kleine Felder mit Zuckermais und Kohl sowie Limonen- und Zitronenbäume.

2–3

An der nächsten Kreuzung biegen Sie links ein und wiederum gleich rechts. Der Weg ist von Olivenhainen flankiert und führt an einer Kirche mit rotem Dach vorbei. Der leicht ansteigende Weg

Oliven- (links) und Granatapfelbäume (rechts)

bringt Sie ins Dorf **Houmeriákos**, wo Sie rechts einbiegen und an einem Bildstock und einem Ehrenmal auf der rechten Seite vorbeigehen. Auf dem kleinen Dorfplatz gibt es ein paar Cafés und Geschäfte. Nehmen Sie auf der linken Seite des Platzes die Straße bergauf vorbei an der Kirche und einem alten Brunnen links in der Mauer.

3–4

Biegen Sie an der ersten Einmündung nach rechts ab, und folgen Sie dem Weg, der in einem

Die Kapelle bei Houmeriákos

Bogen bergauf führt. Bleiben Sie an der Ecke stehen, und schauen Sie zurück auf Límnes (rechts) und die Ausläufer des Dorfes Houmeriákos zur Linken. Von dort gehen Sie weiter bergauf, vorbei an einem rechts abzweigenden Pfad. Der Hauptweg führt in einem Rechtsbogen weiter aufwärts und lässt das Dorf hinter sich. Wenn Sie zur Teerstraße kommen, biegen Sie rechts ein.

4–5

Die Straße beschreibt einen Bogen nach rechts und führt an Olivenbäumen vorbei auf eine **weiße Kapelle** auf einem kleinen Hügel zu. Die Kapelle ist verschlossen, aber man hat beim Aufstieg einen schönen Blick auf die umliegende Landschaft.

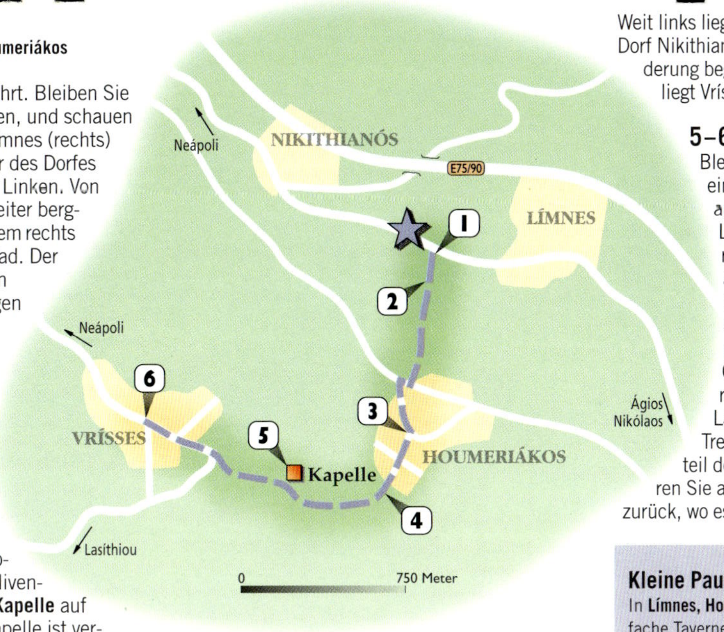

Weit links liegt Neápolis, rechts in der Ferne das Dorf Nikithianós und rechts Límnes, wo die Wanderung begann. Links am Ende des Hügels liegt Vrísses, das Ziel.

5–6

Bleiben Sie auf dieser Straße bis zu einer Gabelung. Links führt ein Pfad auf einem Umweg zur Hauptstraße Lassíthi–Neápoli, und man kann rechts in den oberen Teil von Vrísses abbiegen. An der Gabelung rechts kommt man nach einem unbeschwerten Spaziergang in den unteren Teil von **Vrísses** mit schmalen Gassen und weißen Häusern mit Terrassen. Wenn Sie ein Café oder einen Laden suchen, müssen Sie eine der Treppen hinaufgehen, die zum Hauptteil des Dorfes führen. Anschließend kehren Sie auf demselben Weg nach Límnes zurück, wo es mehrere Tavernen gibt.

Kleine Pause

In **Límnes, Houmeriákos** und **Vrísses** gibt es einfache Tavernen und Cafés.

3 DIE LASSÍTHI-HOCHEBENE

Tour

LÄNGE: 80 Kilometer **DAUER:** 2–3 Stunden
START: Neápoli ✚ 184 C4
ZIEL: Ausgrabungsstätte Mália ✚ 184 B4

Die Lassíthi-Hochebene liegt 850 Meter über dem Meeresspiegel im Díkti-Gebirge und ist eine der malerischsten Gegenden der Insel. Obstplantagen und Olivenhaine bedecken Ebenen und Senken auf dem Plateau.

1–2

Am Hauptplatz in Neápoli folgt man den Schildern Richtung Süden zur Lassíthi-Hochebene (manchmal Lassíthiou geschrieben). Die Beschilderung der Route ist fast durchweg gut. Die Teerstraße schlängelt sich bergauf durch Olivenhaine und den oberen Teil des Dorfes Vrísses. Nachdem Sie, den Wegweisern folgend, rechts abgebogen sind, haben Sie einen schönen Blick auf die Seléna-Berge.

2–3

Die Straße führt jetzt abwärts zu künstlich bewässerten Olivenhainen und auf der anderen Seite des kleinen Tals wieder bergauf in eine karge Felslandschaft. Etwa zwölf Kilometer hinter Neápoli passiert man den Weiler Káto Amigdáli und bald darauf dessen größeren Bruder, Áno Amigdáli.

Traditionelle Ziegen- und Schafsglocken aus Neápoli

3–4

Hinter Áno Amigdáli erreicht man das entzückende Dorf Zeniá, eine Ansammlung weinumrankter Häuser. Halten Sie am Dorfausgang Ausschau nach dem Löffelschnitzer, der vor seinem kleinen Haus auf der linken Seite sitzt.

4–5

Die Straße führt in Windungen weiter hinauf. Bald sieht man auf der rechten Seite hinter einer Kurve die erste Windmühle mit Steinfundament. Es folgt eine Reihe kleiner Dörfer. Hier sieht man Frauen in traditioneller Kleidung, Esel mit Packsätteln und am Straßenrand Dorfbewohner, die Ihnen Honig, Äpfel und Raki verkaufen möchten.

Mohnblumen auf der Hochebene

Auf Zeus' Spuren in der Diktäischen Höhle

5–6

Die Straße wird immer steiler, wenn sie die Bergkette überquert, hinter der die eigentliche Lassíthi-Hochebene beginnt. Einen schönen Panoramablick hat man von der Taverna Skaranis. Beim Hinunterfahren schauen Sie auf die zentrale Ebene und weitere Dörfer, in denen man Tavernen, Läden und Tankstellen findet.

6–7

Hinter Mésa Lassíthi erreicht man eine Einmündung, bei der es links nach Ágios Geórgios geht. Das erste Dorf nach dem Abbiegen ist **Ágios**

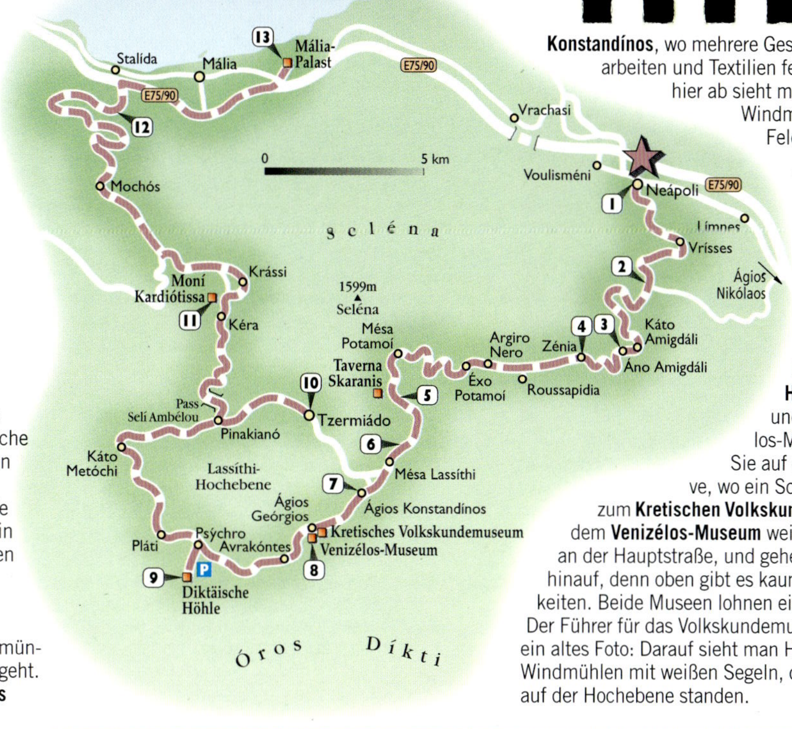

Konstandínos, wo mehrere Geschäfte Webarbeiten und Textilien feilbieten. Von hier ab sieht man regelmäßig Windmühlen auf den Feldern.

7–8

In Ágios Geórgios fahren Sie an der Kirche vorbei und folgen links den Schildern zur **Diktäischen Höhle** (► 114) und dem Venizélos-Museum. Achten Sie auf eine Rechtskurve, wo ein Schild nach links zum **Kretischen Volkskundemuseum** und dem **Venizélos-Museum** weist. Parken Sie an der Hauptstraße, und gehen Sie zu Fuß hinauf, denn oben gibt es kaum Parkmöglichkeiten. Beide Museen lohnen einen Besuch. Der Führer für das Volkskundemuseum enthält ein altes Foto: Darauf sieht man Hunderte von Windmühlen mit weißen Segeln, die einst überall auf der Hochebene standen.

Kleine Pause
Fast in allen Dörfern gibt es Tavernen und Cafés. In Tzermiádo serviert das **Restaurant Kri-Kri** (Tel. 28440 221 70) gutes einheimisches Essen, und das **Kali Mera** (Tel. 28440 319 13) westlich von Psýchro bietet einfache Speisen und großartige Aussicht. Ein stimmungsvolles Plätzchen ist die **Plátanos-Taverne** unter der Platane in Krássi.

8–9
Verlassen Sie das Dorf, und biegen Sie am Schild zur Diktäischen Höhle links ab. Die schmale Straße führt durch mehrere Dörfer. Passen Sie hier besonders gut auf: Zahlreiche Reisebusse benutzen diese Route, und die Fahrer sind berüchtigt für ihren aggressiven Fahrstil. Gleich hinter dem Ort Psýchro führt ein Weg zur Diktäischen Höhle. Vom öffentlichen Parkplatz aus hat man erneut einen schönen Blick auf die Lassíthi-Hochebene.

9–10
Kehren Sie zurück nach Psýchro, biegen Sie links ab, und setzen Sie die Umrundung der Ebene fort. Man sieht viele Obstplantagen und Bauernhöfe, Olivenhaine und Kühe auf der Weide. Ein paar Kilometer hinter dem Dorf Káto Metóchi gabelt sich die Straße. Lassen Sie die Abzweigung nach Iráklion links liegen, fahren Sie stattdessen geradeaus nach Tzermiádo, zum größten Ort der Region. In der alten Provinzstadt kann man Handwerksarbeiten kaufen und hat die Auswahl unter mehreren Restaurants. Nach einer Pause sollten Sie auf dem Weg zurückkehren, den Sie gekommen sind, nun aber auf die Straße nach Iráklion einbiegen.

10–11
Es folgt einer der schönsten Abschnitte der Fahrt über den Pass Selí Ambélou. Auf der Kammlinie sieht man Windmühlen, zu denen man auch hinlaufen kann. Bei der Abfahrt vom Pass halten Sie Ausschau nach der Klosterkirche Moní Kardiótissa (Unsere Liebe Frau des Herzens) in den Außenbezirken von Kéra auf der linken Seite. Die kleine Steinkirche birgt hübsche Fresken aus dem 14. Jahrhundert.

11–12
Die Straße führt in Kurven zwischen Bäumen und Olivenhainen hindurch den Berg hinab. Achten Sie auf die Abzweigung rechts nach Krássi. Bemerkenswert sind hier die gewaltige alte Platane im Dorf und die Quelle in der Nähe, an der die Einheimischen ihre Wasserflaschen füllen. Weiter geht es durch das Dorf und zurück auf die Hauptstraße, wobei man jetzt den Schildern nach Mália folgt. Die Straße schlängelt sich weiter hinauf über felsige Hänge und führt dann wieder steil bergab, die reizvolle Strecke führt durch die ausgedörrte Felslandschaft.

12–13
Diese Straße führt auf einem Umweg nach Mália. Biegen Sie am Stoppschild rechts Richtung Ágios Nikólaos ab, um zum Eingang des **Mália-Palastes** (➤ 102f), dem Ziel, zu gelangen.

Traditionelles Leben auf der Lassíthi-Hochebene

4 DAS AMÁRI-TAL

Tour

LÄNGE: 100 Kilometer
DAUER: 4–5 Stunden
START/ZIEL: Agía Galíni 181 F1

Das Amári-Tal ist eine der schönsten und fruchtbarsten Regionen Kretas. Hier können Sie atemberaubende Ausblicke, Obstplantagen, Weinberge und Olivenhaine genießen und in den hübschen Dörfern auf dem Weg die Gastfreundschaft der Kreter kennen lernen. Sie können von Réthimnon aus starten und bei Agía Foteiní (31 km von Réthimnon) auf die Route stoßen, dann verpassen Sie allerdings die gewundenen Straßen mit spektakulären Aussichten, die aus Agía Galíni hinausführen.

1–2

Nehmen Sie die einzige Straße, die aus Agía Galíni hinausführt. Ignorieren Sie die ersten beiden Straßen, die links abzweigen. Nach fünf Kilometern biegen Sie links nach Amári und Réthimnon ab. Da Sie nun Richtung Norden fahren, sehen Sie die Südhänge des Psiloritis-Gebirges rechts vor sich. Nach zwei Kilometern weist ein Schild auf Griechisch links nach **Agía Paraskeví**, hier biegen Sie ab. Olivenhaine liegen zu beiden Seiten, und hoch in den Bergen links befindet sich das Bergdorf **Mélampes**.

2–3

In Agía Paraskeví birgt die Panagía-Kirche schöne Fresken aus dem 16. Jahrhundert; allerdings müssen Sie nach dem Weg fragen, denn sie liegt versteckt abseits der Hauptstraße. Diese führt weiter bergauf durch Agía Paraskeví hindurch und wird dann zur Schotterstraße mit engen Serpentinen. Der Gipfel zur Linken auf der gegenüberliegenden Seite des Tals ist der **Kédros** (1776 m).

Blick vom Kirchturm auf die Stadt Amári

In der Panagía-Kirche (14. Jh.), Méronas

3–4

An der nächsten Einmündung nehmen Sie die linke Straße Richtung Réthimnon. Sie windet sich mit vielen engen Kurven ins Tal hinunter und auf der anderen Seite wieder hinauf. Halten Sie Ausschau nach Adlern und Geiern, die hoch oben kreisen. Etwa neun Kilometer hinter der Einmündung kommen Sie an eine unbeschilderte Kreuzung. Biegen Sie rechts ab, nach zwei Kilometern erreichen Sie den verschlafenen Weiler Hordáki und ein paar Kilometer weiter den Bergort **Áno Méros**, wo es ein paar Cafés und Geschäfte gibt.

4–5

Etwa vier Kilometer hinter Áno Méros liegt **Vrísses** mit weiteren Cafés und Geschäften sowie, auf der rechten Seite der Hauptstraße, einem großen weißen Kriegsdenkmal. Die Dörfer im Amári-Tal wirken heutzutage friedlich, aber nach der Entführung des deutschen Generals Kreipe während des Zweiten Weltkriegs (➤ 19) übten hier deutsche Truppen Vergeltung und ermordeten die männlichen Dorfbewohner, plünderten die Häuser, steckten sie in Brand und sprengten sogar Schulen und Friedhöfe. Die Dörfer, die man heute durchfährt, wurden nach dem Krieg wieder aufgebaut, einige alte Kirchen haben die Zerstörungen überstanden.

5–6

Etwa fünf Kilometer hinter Vrísses liegt **Gerakarí**, Zentrum der Kirschenregion des Tals. Bei der Taverne Yerákari auf der rechten Seite können Sie vom Besitzer selbst hergestelltes Kirschwasser oder eingemachte Kirschen erwerben. Auch andere eingeweckte Früchte und Gemüse stehen zum Verkauf.

Blick auf das herrliche Amári-Tal

6–7

Durchfahren Sie Gerakarí, ohne die Abzweigung nach Spíli und kleinere Seitenwege zu beachten. Folgen Sie der Hauptstraße bis **Méronas**. Achten Sie dort auf die alte Kirche auf der rechten Seite. Parken Sie hinter der nächsten Kurve, wo ein Denkmal an die Dorfbewohner erinnert, die in den Kriegen von 1717 bis 1949 starben.

Gehen Sie zurück, und schauen Sie sich die schöne byzantinische Kirche aus dem 14. Jahrhundert mit Fresken an Wänden und Decken an.

7–8

Einige Kilometer hinter Méronas liegt auf der rechten Seite ein schönes Plätzchen zum Picknicken mit toller Aussicht auf das Tal. Kurz dahinter folgt das Dorf Agía Foteiní, wo man auf die Hauptstraße trifft. Biegen Sie rechts ab, und folgen Sie den Schildern zur Asomati-Schule. Biegen Sie nach einem Kilometer links ab nach **Thrónos**.

8–9

In Thrónos steht rechts eine wunderbare Kirche (11. Jh.). Obwohl sie normalerweise verschlossen ist, kann man einen

Byzantinische Kirche im Tal

Teil eines schönen Mosaiks auf dem Boden vor der Kirche sehen, und dahinter bieten sich lohnende Ausblicke aufs Tal.

9–10
Hinter Thrónos gabelt sich die Straße. Fahren Sie rechts in einer Schleife zurück auf die Hauptstraße, wo Sie links einbiegen. Wenn Sie die nächsten Häuser erreichen, biegen Sie scharf rechts zum eigentlichen Dorf **Amári** ab. In Amári parken Sie auf dem kleinen Platz vor der Taverne und gehen die nahe gelegene enge Straße hinauf zum Venezianischen Glockenturm. Sie können den Turm besteigen und den Blick von dort genießen, aber es gibt kein Geländer, also Vorsicht! Vom Dorfplatz fahren Sie den Weg zurück, den Sie gekommen sind, und dann weiter geradeaus vorbei an der Polizeistation und weiter durch Monastiráki, bis Sie wieder auf die Hauptstraße treffen.

10–11
Dort biegen Sie rechts ein Richtung Vizári (beschildert). Weiter geht es durch Vizári, Fourfourás und Kouroútes. Beim Ausgang des folgenden Dorfes Níthavris nehmen Sie die Straße Richtung Timbáki, nicht die Abzweigung rechts nach Ágios Ioánnis.

Kriegsdenkmäler stehen in jedem Dorf

11–12
Halten Sie in **Apodúlu**, und folgen Sie den Schildern zur minoischen Stätte und zur Kirche Ágios Geórgios aus dem 14. Jahrhundert.

12–13
Hinter Apodúlu nehmen Sie nicht die Gabelung nach links Richtung Plátanos, sondern bleiben auf der Straße, die nach rechts schwenkt (nicht beschildert). Kehren Sie auf die Hauptstraße zurück, und biegen Sie links Richtung Timbáki ab, dann an der nächsten Kreuzung rechts nach Agía Galíni.

Kleine Pause
Es gibt unterwegs viele Einkehrmöglichkeiten. Essen kann man am besten in der **Taverna Yerákri** und im **Noukakis** in Amári.

5 KRETAS WESTKÜSTE

Tour

Einige der schönsten Sandstrände Kretas liegen an der Westküste der Insel. Ihre abgeschiedene Lage hat bislang nur eine minimale Entwicklung ausgelöst, sodass sie im Wesentlichen unberührt sind. Die aufregende Berg- und Küstenlandschaft lohnt einen Tagesausflug. Fahren Sie auf den schmalen Küstenstraßen vorsichtig.

LÄNGE: 110 Kilometer
DAUER: 3–4 Stunden Fahrt, mit Pausen 1 Tag
START/ZIEL: Kastélli Kíssamos (43 km westlich von Chaniá) 178 B4

1–2

Von Kastélli Kíssamos an der Nordküste fahren Sie die Old Road nach Osten Richtung Chaniá etwa zwei Kilometer weit bis Kaludianá. Biegen Sie nach Süden Richtung **Topólia** ab. Der hübsche Ort mit geweißten Häusern scheint sich an den Steilhang zu klammern. Die Kirche Agía Paraskeví mit ihrem Glockenturm hat spätbyzantinische Fresken.

In der Höhle Agía Sofía

2–3

Gleich hinter der Stadt markiert ein Tunnel den Beginn der **Kutsomatádos-Klamm**. Sie ist zwar nur 1,5 Kilometer lang, aber sehr spektakulär. Die schmale Straße klebt am Westhang, der nackte Fels erhebt sich 300 Meter hoch über das Flussbett. Am Ende der Schlucht führen rechts steile Stufen hinauf zur **Agía Sofía**, einer der größten Höhlen Kretas. Die gewaltige Kammer ist voller Stalagmiten und Stalaktiten, und es gibt eine kleine Kapelle. Im Neolithikum war die Höhle bewohnt. Gleich dahinter liegt das Dorf **Kutsomatádos** mit einigen Tavernen.

3–4

Etwa drei Kilometer weiter können Sie über eine gewundene Bergstraße einen Abstecher nach **Míli** machen (beschildert), ein wunderschön restauriertes traditionelles Bauerndorf. Oder fahren Sie weiter auf der Hauptstraße durch das Tiflós-Tal, das üppig mit Olivenhainen, Platanen und Kastanien bewachsen ist.

4–5

In **Élos** führt die Straße hinauf zum Zentrum des größten der neun *kastanochória*, der Kastaniendörfer, die ihre Ernte exportieren. Jedes Jahr Ende Oktober findet hier das Kastanienfest statt.

5–6

Wenn man hinter Élos weiter bergauf fährt, sollte man zurückblicken und die tolle Sicht über das Tal und die Terrassenhänge genießen. Fahren Sie durch Perivólia, und biegen Sie an der Einmündung links nach Elafónissos ab. Die Straße windet sich hinab in das friedliche Tal und führt auf dem Weg durch **Váthi**, ein weiteres Kastaniendorf, und **Plokamianá**.

6–7

Eine Asphaltstraße ermöglicht eine schnelle Abfahrt zum zehn Kilometer entfernten Meer

mit seiner malerischen Felsküste. Hoch oben auf einem schroffen Felsen kauert über der kahlen Landschaft leuchtend weiß **Moní Chrissokalítissa**. Der Name des Klosters bedeutet »Jungfrau der Goldenen Stufe«, denn eine der 90 Stufen, die hinaufführen, soll aus Gold sein (sichtbar aber nur für jene, die ohne Sünde sind). Die Originalkirche wurde im 13. Jahrhundert in einer Höhle erbaut. Die heutige Kirche stammt aus dem 19. Jahrhundert und birgt eine alte Marien-Ikone.

Das Kloster Chrissokalítissa

7–8

Weitere sechs Kilometer sind es bis zum weißen Sandstrand von **Elafónissos** an der Südwestspitze der Insel. Eine gepflasterte Straße endet nach vier Kilometern, ein Schotterweg führt hinunter zum Strand. Das türkisfarbene Wasser ist warm und seicht, hat selten mehr als Brusthöhe, und man kann über eine Sandbank zur **Insel Elafónissos** waten. Trotz aller Abgeschiedenheit ist an diesem idyllischen Fleckchen in der Hochsaison immer viel los; es gibt ein paar Snackbars und Liegestühle zum Ausleihen.

Strand und Dünen in Falássarna

8–9
Kehren Sie zurück, und nehmen Sie hinter Váthi die linke Gabelung durch **Kefáli**. Die Kirche aus dem 14. Jahrhundert, Sotirós Christu (Verklärungskirche), enthält schöne byzantinische Fresken ebenso wie Graffiti von frühen Reisenden. Ein Pfad neben dem Kaffeehaus führt zur Kirche.

9–10
Hinter dem nächsten Dorf, dem winzigen Papadiana, windet sich die Straße in engen Schleifen den Berg hinauf. Wenn Sie über das Tal zurückschauen, haben Sie auch das glitzernde Meer im Blick. Hinter Amigdalokefáli eröffnen sich weite Panoramaaussichten auf die Westküste, wenn die lange, langsame Abfahrt durch alte Bergdörfer wie Keramotí beginnt. Man merkt erst, wie hoch man ist, wenn man einen Blick nach unten aufs Meer und die Küstenebene wirft.

10–11
Kámpos, 14 Kilometer von Kéfali entfernt, ist ein größeres, freundliches Dorf mit hübschen Steinhäusern, die an den Hängen einer Klamm stehen. Nachdem Sie sich hier hindurchgeschlängelt haben, folgt die großartige Abfahrt in den Canyon, dessen rote und goldene Felswände grün überwachsen sind, und weiter nach **Sfinári**.

11–12
Die Straße führt wieder bergauf und ermöglicht dabei eine überwältigende Aussicht auf die Bucht und den Strand. Der Gipfel des Berges Mánna ragt vor Ihnen auf. Nach neun Kilometern biegen Sie links zur Stadt **Plátanos** ab, die auf einem Hochplateau liegt. Fahren Sie durch die Stadt, und halten Sie Ausschau nach der Abzweigung nach Falássarna. Suchen Sie jenseits des Ortsausganges nach einer EKO-Tankstelle auf der linken Seite, gleich dahinter steht ein blaues BANK-Schild. Biegen Sie hier nach links in die kleine Straße ab. Kurz danach folgt ein braungelber Wegweiser zum antiken Falássarna. Bei der Abfahrt zur Küstenebene biegen Sie an der ausgeschilderten Kreuzung nach Falássarna rechts ab.

12–13
Falássarna hat einen schönen goldfarbenen Sandstrand zwischen Felsklippen – ausgezeichnet zum Strandgut sammeln. Es gibt nur eine Hand voll kleiner Hotels und Tavernen, die an der Straße verstreut stehen. Nördlich des Strandes führt ein unbefestigter Weg zu den Ruinen des antiken Falássarna, einer Hafenstadt, die auf das 6. Jahrhundert v. Chr. zurückgeht. Fahren Sie zurück nach Plátanos und weiter Richtung Norden ins elf Kilometer entfernte Kastélli.

Kleine Pause
Die **Kastanofolia-Taverne** in Élos serviert gutes Essen. In Elafónissos gibt es Snackbars mit Getränken und Sandwiches. An der Küstenstraße haben die größeren Dörfer Kámpos und Sfinári Tavernen. Die **Taverne Sun Set** in Falássarna ist schlicht, aber gemütlich.

Praktisches

INFORMATION VORAB

Websites
- www.explorecrete.com
- www.infocrete.com
- www.interkriti.org
- www.cretetravel.com
- www.ktel.org

In Deutschland
Griechische Zentrale für Fremdenverkehr
Neue Mainzer Str. 22
60311 Frankfurt am Main
☎ 069/257 82 70

In Österreich
Griechische Zentrale für Fremdenverkehr
Opernring 8
1010 Wien
☎ 00431/513 91 89

REISEVORBEREITUNG

WICHTIGE PAPIERE

● Erforderlich
○ Empfohlen
▲ Nicht erforderlich

	Deutschland	Österreich	Schweiz
Personalausweis/Pass	●	●	●
Visum	▲	▲	▲
Weiter-/Rückflugticket	▲	▲	▲
Impfungen (Tetanus und Polio)	▲	▲	▲
Krankenversicherung (► 174, Gesundheit)	○	○	○
Reiseversicherung	○	○	○
Führerschein (national)	●	●	●
Kfz-Haftpflichtversicherung	●	●	●
Fahrzeugschein	●	●	●

REISEZEIT

Hauptsaison Nebensaison

JAN	FEB	MÄRZ	APRIL	MAI	JUNI	JULI	AUG	SEPT	OKT	NOV	DEZ
12°C	12°C	14°C	17°C	21°C	23°C	25°C	26°C	25°C	21°C	18°C	14°C

Verregnet Regnerisch Bedeckt Sonnig Wechselhaft

April und Mai sind die besten Reisemonate. Dann sind die Temperaturen angenehm, aber noch nicht zu heiß; es regnet sehr wenig, auf der Insel ist noch nicht so viel los, und man sieht Wildblumen in Hülle und Fülle. **September und Oktober** sind ebenfalls angenehm, allerdings eher für Badegäste als für Botaniker. Die Landschaft sieht dann ausgedörrt aus, aber die Wassertemperatur liegt noch um 23 °C. Im **Juli und August** regnet es fast nie. Die Temperaturen bleiben das ganz Jahr über mild, aber im Winter wird es regnerisch. Die Urlaubssaison dauert von **Ostern bis Ende Oktober**, außerhalb dieser Zeitspanne sind viele Hotels und Restaurants geschlossen. Dennoch dürfte es nicht allzu schwer sein, eine Unterkunft zu finden.

In der Schweiz
Griechische Zentrale für Fremdenverkehr
Löwenstraße 25
8001 Zürich
☎ 00411 221 01 05

In Griechenland
Greek National Tourism Organisation (GNTO)
Tsoha 7
11521 Athen
☎ (210) 870 70 00

ANREISE

Mit dem Flugzeug: Kreta hat zwei internationale Flughäfen in **Iráklion** und **Chaniá**; Iráklion ist der wichtigere und sehr viel häufiger bediente Flugplatz. Beide liegen etwa zwei Autostunden voneinander entfernt, wobei Iráklion für Ostkreta besser geeignet ist, Chaniá dagegen für den Westen der Insel. In **Siteía** in Ostkreta gibt es noch einen kleinen Airport für Inlandsflüge. Dort wird ein neuer Flughafen gebaut, der auch für internationale Verbindungen geeignet ist (➤ 36). Es gibt keine direkten Linienflüge nach Kreta, aber von April bis Oktober **zahlreiche Charterflüge** von verschiedenen europäischen Airports. Mit einem Linienflug fliegt man bis Athen und steigt dort auf einen Inlandsflug um. In der Saison starten pro Tag 20 bis 30 Flüge von Athen nach Kreta mit der staatlichen Linie Olympic Airways oder ihren privaten Mitbewerbern Aegean Airlines und Air Greece. Außerdem gibt es Flugverbindungen nach Rhodos und Thessaloniki.

Mit dem Schiff: Vom Athener Hafen **Piräus** gibt es tägliche Fährverbindungen nach **Iráklion, Chaniá** und **Réthimnon** sowie mehrere pro Woche nach **Ágios Nikólaos** und **Siteía**. Die Fahrt dauert etwa zwölf Stunden, bei gutem Wetter weniger. Die Minoan Lines betreiben außerdem eine Schnellfähre, die die Fahrtzeit auf sechs bis sieben Stunden verkürzt. Darüber hinaus gibt es eine Reihe weiterer Verbindungen nach Kreta von Githio auf dem Peleponnes, von Thíra (Santorini) und anderen Zykladeninseln, von Rhodos, Karpathos und anderen Inseln sowie von Israel und Zypern.
Denken Sie daran, dass **Schiffsfahrpläne durch windiges oder stürmisches Wetter beeinträchtigt** werden können, nicht nur vor der Küste Kretas, sondern in der ganzen Ägäis. Dies gilt bei starkem Wind im Hochsommer wie zu jeder anderen Jahreszeit. Planen Sie stets einen Tag als Reserve ein, wenn Sie Anschlussflug oder -fähre erwischen müssen.

ZEIT

Wie das übrige Griechenland ist Kreta der Mitteleuropäischen Zeit (MEZ) eine Stunde voraus. Am letzten Sonntag im März wird um 4 Uhr auf Sommerzeit umgestellt, die bis zum letzten Sonntag im Oktober (4 Uhr) gilt.

WÄHRUNG UND GELDWECHSEL

Währung: Währungseinheit auf Kreta ist der Euro (€). Banknoten gibt es in den Einheiten 5, 10, 20, 50, 100, 200 und 500 €, Münzen in den Einheiten 1 und 2 €, sowie 1, 2, 5, 10, 20, und 50 Cent. Andere Währungen wie US-Dollar und britisches Pfund werden vielerorts gewechselt.

Kreditkarten: Kreditkarten werden in den Urlaubsorten weithin akzeptiert, in den größeren Orten und Städten findet man Geldautomaten.

Geldwechsel: Bargeld und Reiseschecks kann man in Banken, Wechselstuben und oft in Reisebüros und bei Touristeninformationen tauschen. Postämter in Griechenland bieten keinen Geldwechsel mehr an. Banken geben normalerweise die besten Wechselkurse, doch die Gebühren können von Bank zu Bank variieren; schauen Sie sich um.

ZEITUNTERSCHIED

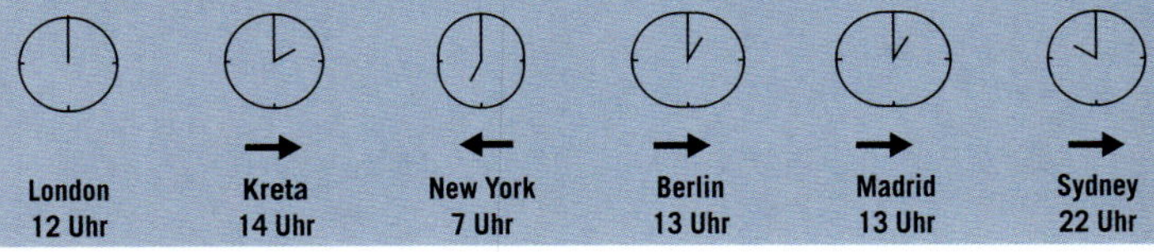

DAS WICHTIGSTE VOR ORT

KONFEKTIONSGRÖSSEN

Deutschland	Griechenland	
46	46	Anzüge
48	48	
50	50	
52	52	
54	54	
56	56	
41	41	Schuhe
42	42	
43	43	
44	44	
45	45	
46	46	
37	37	Hemden
38	38	
39/40	39/40	
41	41	
42	42	
43	43	
34	34	Kleider
36	36	
38	38	
40	40	
42	42	
44	44	
37	38	Schuhe
38	38	
38	39	
39	39	
39	40	
40	41	

FEIERTAGE

1. Jan.	Neujahr
6. Jan.	Epiphanias
Feb./März	Rosenmontag (41 Tage vor Ostern)
25. März	Unabhängigkeitstag
März/April	Karfreitag, Ostermontag
Mai/Juni	Pfingstmontag (50 Tage nach Ostern)
1. Mai	Tag der Arbeit
15. Aug.	Mariä Himmelfahrt
28. Okt.	Ochi-Tag
25./26. Dez.	Weihnachten

Restaurants und Touristenläden haben an diesen Tagen meist geöffnet, Museen sind dagegen geschlossen.

ÖFFUNGSZEITEN

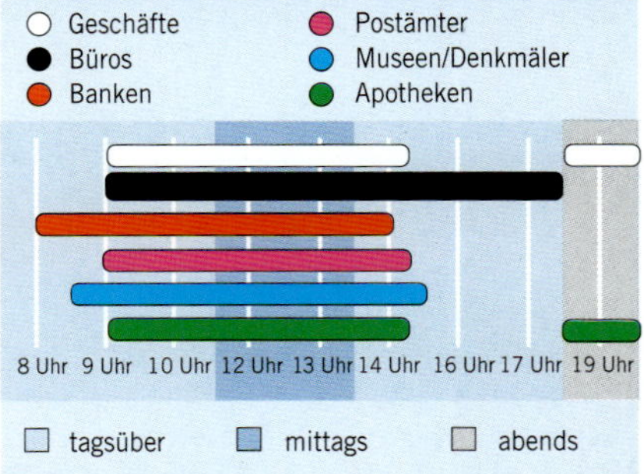

Viele Geschäfte in Touristengegenden haben abends lange geöffnet. In größeren Orten haben einige Banken und Postämter am Samstagmorgen geöffnet.

Apotheken sind normalerweise nur wochentags geöffnet, einige auch am Samstag. Auf einem Aushang an jeder Apotheke findet man Angaben zum nächstgelegenen Notdienst.

Kirchen sind oft den ganzen Tag geöffnet, einige aber auch nur am frühen Morgen und abends.

Museen: Die Öffnungszeiten variieren. Es empfiehlt sich zu fragen, besonders außerhalb der Saison.

POLIZEI 100

FEUERWEHR 199

KRANKENWAGEN 166

ELPA (PANNENHILFE) 104

SICHERHEIT

Kreta ist einer der sichersten Orte Europas. Seien Sie aber dennoch mit Ihren Wertsachen nicht zu sorglos, denn Gelegenheit macht Diebe. Melden Sie jedes Verbrechen sofort der Polizei.

- Bewahren Sie Wertsachen im Hotel- oder Apartmentsafe auf, nie am Strand oder sichtbar im Auto.
- Frauen können von örtlichen Gigolos belästigt werden, aber diese sind normalerweise eher ein Ärgernis als eine wirkliche Bedrohung Hartnäckiges Zurückweisen hilft in der Regel.

Notruf:
100 von jedem Telefon

TELEFONIEREN

Um von einem Telefon an der Straße anrufen zu können, benötigt man eine Telefonkarte, die an vielen Verkaufsstellen erhältlich ist: Ansonsten benutzen Sie die Straßenkioske: Einfach wählen und dem Besitzer am Ende die Summe bezahlen, die der Zähler anzeigt.
Für nationale Gespräche mit Vermittlung wählen Sie 151, für internationale 161 bzw. 162 von Athen aus. Anrufe ins Ausland sind von OTE-Büros am billigsten.

Internationale Vorwahlen:
Deutschland: 0049
Österreich: 0043
Schweiz: 0041

POST

Alle Städte und viele größere Dörfer haben ein Postamt, entweder in Form eines großen gelben Caravans oder als Gebäude am Hauptplatz. Öffnungszeiten sind normalerweise Mo–Fr 7.30–14.30 Uhr, aber in den großen Städten kann auch bis 20 Uhr und samstagvormittags geöffnet sein.

ELEKTRIZITÄT

Die Spannung in Griechenland beträgt 220 Volt. Stecker haben zwei runde Stifte. Nehmen Sie von zu Hause einen Adapter mit, damit die Stecker Ihrer Geräte in die kretischen Steckdosen passen. Mitunter kann es zu Stromausfällen kommen.

TRINKGELDER

Für alle Dienste wird ein Trinkgeld erwartet. Generell gilt:

Kellner (Service nicht inbegriffen)	Wechselgeld
Café/Bar	Wechselgeld
Taxi	Wechselgeld
Gepäckträger	3 € pro Gepäckstück
Zimmermädchen	2 € pro Tag
Friseur	Wechselgeld
Fremdenführer	3 €

BOTSCHAFTEN UND KONSULATE

Deutsches Konsulat in Iráklion
Tel. 2810 22 62 88

Deutsches Konsulat in Chaniá
Tel. 28210 688 76

Österreichisches Honorarkonsulat
Tel. 2810 22 33 79

Schweizerisches Honorarkonsulat
Tel. 2810 22 33 79

GESUNDHEIT

Krankenversicherung: Bürger der EU erhalten bei Vorlage der neuen Europäischen Krankenversicherungskarte (EHIC) eine kostenlose Behandlung bei Unfällen und akuten Erkrankungen, die auf das medizinisch unbedingt Notwendige beschränkt bleibt. Eine private Reisekrankenversicherung ist ratsam.

Zahnarzt: Auf Kreta gibt es viele gute Zahnärzte, meist in den größeren Städten Iráklion, Chaniá und Réthimnon. Die Behandlung ist sehr viel kostengünstiger als im übrigen Europa.

Wetter: Die Sommersonne kann sehr stark sein, selbst im Frühjahr und Herbst sollte man sich schützen. Auch bei leichter Bewölkung ist Sonnenschutz zu empfehlen, da dennoch schädigende Strahlen und Reflexe auftreten können.

Medikamente: Verschreibungspflichtige und rezeptfreie Medikamente bekommt man in Apotheken, kenntlich durch das grüne Kreuz. Apotheken machen Notdienst nach einem Rotationssystem; ein Aushang informiert über die nächste geöffnete Apotheke. Nehmen Sie einen ausreichenden Vorrat an Medikamenten mit sowie ein Rezept, auf dem der Name des Wirkstoffs, nicht der des Arzneimittels verzeichnet ist. Beachten Sie, dass Codein in Griechenland verboten ist

Trinkwasser: Leitungswasser kann auf ganz Kreta bedenkenlos getrunken werden. Wasser in Flaschen bekommt man überall. Trinken Sie viel, um in der heißen Zeit Austrocknung zu vermeiden.

ERMÄSSIGUNGEN

Studenten/Kinder: Inhaber eines Internationalen Studentenausweises (ISIC) erhalten bei den meisten öffentlichen Museen und Sehenswürdigkeiten ermäßigten Eintritt. Private Museen räumen nicht unbedingt Rabatt ein. Fahrpreisermäßigungen gibt es nicht.

Senioren: Ältere Menschen erhalten wenige oder gar keine Vergünstigungen. Einige Grabungsstätten und Museen bieten ermäßigten Eintritt für Besucher über 60. Manchmal ist dies auf EU-Bürger beschränkt. Fahrpreisermäßigungen gibt es nicht.

EINRICHTUNGEN FÜR BEHINDERTE

Kreta ist nicht ideal, also erkundigen Sie sich vorab, ob Ihre Unterkunft behindertengerecht ist. Es gibt wenige Spezialeinrichtungen, und auf den archäologischen Stätten kommt man schwer vorwärts. Andererseits sind die Kreter stets bereit, jede nötige Hilfe zu leisten, wo öffentliche Einrichtungen fehlen.

KINDER

Kreter lieben Kinder, und diese sind überall willkommen. Man sieht oft eine Gruppe griechischer Kinder an einem separaten Tisch essen. Kinder unter acht Jahren fahren kostenlos Bus, ab neun zahlen sie den vollen Preis.

TOILETTEN

In den meisten größeren Orten gibt es kostenlose öffentliche Toiletten, Hinweise dafür sind aber nicht immer leicht zu finden. Die meisten Menschen benutzen lieber die Toilette einer Bar oder eines Cafés. Denken Sie daran, das Papier in den bereit stehenden Korb zu entsorgen.

ZOLL

Die Ausfuhr von Souvenirs, für welche seltene oder gefährdete Tierarten verwendet wurden, ist entweder verboten oder bedarf einer besonderen Genehmigung. Erkundigen Sie sich vor dem Kauf.

DAS GRIECHISCHE ALPHABET

Alpha Α α
Beta Β β
Gamma Γ γ
Delta Δ δ
Epsilon Ε ε
Zita Ζ ζ
Eta Η η
Theta Θ θ
Iota Ι ι
Kappa Κ κ
Lambda Λ λ
Mu Μ μ
Nu Ν ν
Xi Ξ ξ
Omikron Ο ο
Pi Π π
Rho Ρ ρ
Sigma Σ σ
Tau Τ τ
Ypsilon Υ υ
Phi Φ φ
Chi Χ χ
Psi Ψ ψ
Omega Ω ω

REISE

Flugplatz
Aerodhrómio
Hafen **Limáni**
Busbahnhof
Stathmós leoforión
Bushaltestelle **Stási**
Bus **Leoforío**
Auto **Aftokínito**
Taxi **Taxí**

WOCHENTAGE

Montag **Deftéra**
Dienstag **Trití**
Mittwoch **Tetárti**
Donnerstag **Pémpti**
Freitag **Paraskeví**
Samstag **Sávato**
Sonntag **Kiriakí**

NÜTZLICHE WÖRTER UND SÄTZE

Guten Morgen **Kaliméra**
Guten Abend **Kalispéra**
Gute Nacht **Kaliníkhta**
In Ordnung **Endáksi**
Sehr gut **Polí kalá**
Es geht mir gut **Kalá iméh**
Ich glaube schon **Nomízo**
Es geht so **Étsi kyétsi**
Guten Appetit **Kalí órexi**
Prost/zum Wohl **(Stín) yía más**
Was kann ich für Sie tun? **Oríste?**
Wie heißen Sie? **Pos sas léne?**
Vorsicht **Ópa**
Immer mit der Ruhe **Sigá sigá**
Wer **Pyós?**
Was **Ti?**
Wann **Póte?**
Warum **Yiatí?**
Wie **Pos?**
Wie viel? **Póso**
Wie viele? **Póses?**
wenig **lígho**
offen **aníkto**
geschlossen **klistó**

IMMER ZU GEBRAUCHEN

Ja **Ne (málista)**
Nein **Óchi**
Guten Tag **Yiásu (hérete)**
Auf Wiedersehen **Yiásu (adío)**
Wie geht es dir/Ihnen?
Ti kanís (tí káneteh)?
Bitte **Parakaló**
Danke (vielmals)
Efharistó (párapolí)
Entschuldigung **Signómi**
Nichts zu danken **Parakaló**
Haben Sie ...? **Boríte na moú dósete ...?**
Wie viel kostet ...? **Póso íne?**
Ich möchte gerne **Tha íthela**

NACH DEM WEG FRAGEN

Wo ist ...? **Poú íne ...?**
- der Strand **i paralía**
- die Bank **i trápeza**
- die Bushaltestelle **to stási**
- die Kirche **i eklissía**
- das Postamt **to tachidromío**
- das Krankenhaus **to nosokomío**
- das Hotel **to xenodohío**
- das Meer **i thálassa**
- das Telefon **to tiléfono**
- die Toilette **i toualéta**

links **aristerá** rechts **deksiá**
geradeaus **ísia**
Wie weit ist es? **Póso makriá íne?**
nah **kondá** weit **makriá**

ZAHLEN

0 **midhén**
1 **éna**
2 **dhío**
3 **tría**
4 **téssera**
5 **pénde**
6 **éxi**
7 **eftá**
8 **ochtó**
9 **enyá**
10 **dhéka**
11 **éndheka**
12 **dhódheka**
13 **dhekatría**
14 **dhekatéssera**
15 **dhekapénde**
16 **dhekaéxi**
17 **dhekaeftá**
18 **dhekaochtó**
19 **dhekaenyá**
20 **íkosi**
21 **íkosi éna**
22 **íkosi dhío**
30 **tríanda**
31 **tríanda éna**
32 **tríanda dhío**
40 **saránda**
50 **penínda**
60 **exínda**
70 **evdhomínda**
80 **oghdhónda**
90 **eneninda**
100 **ekató**
110 **ekató dhéka**
120 **ekatón íkosi**
200 **dhiakósia**
300 **triakósia**
400 **tetrakósia**
500 **pendakósia**
600 **exakósia**
700 **eftakósia**
800 **ochtakósia**
900 **enyakósia**
1,000 **chílya**

IM NOTFALL

Hilfe! **Voíthya!**
Können Sie mir bitte helfen? **Boríte na me voithísete, parakaló?**
Sprechen Sie Deutsch/Englisch? **Miláte yermaniká/angliká?**
Ich verstehe nicht **Den katalavéno**
Bitte rufen Sie einen Arzt? **Parakaló, kaléste/idhopíste ghríghora éna yatró?**
Kann ich Ihr Telefon benutzen? **Boró na chrisimopiíso to tiléfono sas?**
Polizei **Astinomía**
Krankenwagen **Asthenofóro**

ZEIT

Wie spät ist es? **Ti óra íne?**
Heute **Símera**
Morgen **Ávrio**
Gestern **Kthés**
Vormittags **To proí**
Nachmittags **To mesiméri**
Abends **To vrádhi**
Nachts **To níchta**

UNTERWEGS

Benzin **Venzíni**
- verbleit **aplí venzíni**
- unverbleit **amólivdhi**
voll tanken **yemízo**
Tankstelle **Pratírio venzínis**
Diesel **Dízel**
Öl **Ládhi**
Reifen **Lásticho**
Garage **Garáz**

IM RESTAURANT (ESTIATÓRIO)

Ich möchte einen Tisch reservieren **Boró na klíso éna trapézi**
Ein Tisch für zwei Personen **Éna trapézi yía dhío átoma**
Können wir draußen sitzen? **Boróome na fáme kyéxo?**
Können wir die Speise-/Weinkarte haben? **Boróome na dhóome ton gatálogho/ton gatálogho krasyón?**
Die Rechnung bitte **To loghariazmó, parakaló?**

SPEISEKARTE

bíra Bier
chímos Fruchtsaft
chortofághos Vegetarier
dhípno Abendessen
gála Milch
hórta Gemüse
kafés Kaffee
- **nescafé** Nescafé
karáfa Karaffe
krasí Wein
- **áspro** weiß
- **mávro** rot
- **kokkinélli** rosé
kréas Fleisch
neró Wasser
orektikó Vorspeisen
proinó Frühstück
psitós gegrillt
tighanitós geschmort
tsai Tee
voútiro Butter
vrazménos gekocht

SPEISEKARTE A–Z

afélia Schweinegulasch in Rotwein-Koriander-Soße
aláti Salz
anginári Artischocke
angoúri Gurke
antsóoya Anchovis, Sardellen
avgó Ei
avgolemóno Ei-Zitronen-Suppe
bakláva Gebäck mit Honig und Nüssen
banána Banane
brandy Brandy
domátes Tomaten
eliés Oliven
eleóladho Olivenöl
fakés Linsen
fasólia Bohnen
féta Schafskäse
glyká Früchte in Sirup, Süßigkeit
hálloumi Schafskäse
hirómeri luftgetrockneter Schinken
húmmos Kichererbsenpastete
kalambhóki Mais
karóto Möhre
keftédhes Frikadelle
kerásya Kirschen
kétsap Tomatensoße
kléftiko Lamm aus dem Ofen
kolokitháki Zucchini
kounoupídhi Blumenkohl
kotópoulo Huhn
kounélli Kaninchen
koupépia Weinblätter mit Hackfleisch-Reis-Füllung
krém karamél Karamelpudding
kremídhi Zwiebel
láchano Kohl
ládhi Salatöl
lemóni Zitrone
loukániko Wurst
loúntza geräucherte Schweinelende
makarónya Nudeln
mandaríni Mandarinen
manitária Pilze
maroúli Kopfsalat
melitzána Auberginen
mídhya Muscheln
milópita Apfelkuchen
moussaká Auflauf mit Hackfleisch
paidháki Lammkotelett
pagotó Eis
patátes Kartoffeln
pepoúni Melone
pikándikos scharf
pipéri Pfeffer
pipérya Gemüsepaprika
pítta Fladenbrot
portokáli Orange
pourgoúri gemahlener Weizen
psári Fisch
psiménos gebraten
psomí Brot
saláta Salat
sáltza Soße
sardhéles Sardinen
skórdho Knoblauch
soujoúkos Mandeln in Traubengelee
soupá Suppe
souvláki Fleischspieß
spanáki Spinat
stafília Weintrauben
stifádho Rindfleisch in Zwiebel-Tomaten-Soße
sheftália Lammwurst
táhini Sesampaste
taramás Fischrogencreme
vodhinó kréas Rindfleisch
yaoúrti Yoghurt
zambón Schinken

Reiseatlas

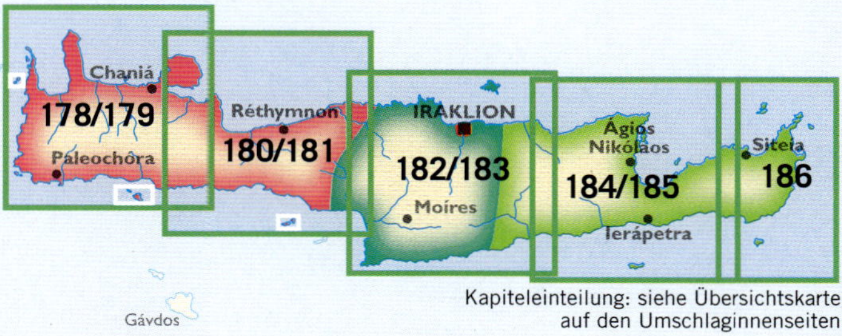

Kapiteleinteilung: siehe Übersichtskarte auf den Umschlaginnenseiten

Reiseatlas

—·—·—	Grenze	◻	Große Stadt
	Autobahn	◻	Wichtige Stadt
	Hauptstrecke	○	Stadt
	Hauptstraße	○	Dorf
	Nebenstraße	◼	Sehenswürdigkeit (im Text)
	Tunnel	◼	Sehenswürdigkeit
	Fernwanderweg	✈	Flughafen
	Fähre	▲	Berggipfel

0 2 4 6 8 10 km

A
B
C
5
4
3
2
1
Pireás, Kíthira, Githio, Andikíthira
Akrotíri Spánta
Akrotíri Skála
Rodópou
748m
Ónychas
Ágria Gramvoúsa
Akrotíri Voúxa
Ímeri Gramvoúsa
Akrotíri Tigáni
Gramvoúsa
762m
Geroskinos
Pondikonísio
Kólpos Kissámou
Afráta
Rodópos
Kolymvári
Ravdoúcha
E65/90
Máleme
Tavronítis
Germaniko Nekrotafeío Polémou
Spilía
Nóchia
Polemárchi
Archéa Falásarna
Akrotíri Koutrí
Falásarna
Órmos Livádi
Kalyviani
Kastélli Kissámou
Nopígeia
90
Ágios Geórgios
Lardás
Vasilopoulo
Episkopí
Zounáki
Neriianá
Káto Palaiókastro
Kaloudianá
Voukoliés
Plátanos
Rókka
Karés
Sfakopigádi
Polirinía
Voulgáro
Lousakiés
890m
Manna
Deliianá
Koukounará
Kalathénes
Nterés
Órmos Sfinári
Malathyros
Topólia
Agía Paraskeví
Sineniana
Farángi
Áno Kefála
Koutsomatádos
Kakópetros
899m
Plataniani
Akrotíri Kórakas
Sfinári
Koutsomatádos
Sasálos
Kostogiánnides
928m
Agrixokefala
Michalianá
Vlatós
Tyflós
Mili
Kámpos
1071m
Koutroúlis
Flória
Keramotí
Strovlés
Amygdalokefáli
Kefáli
Papadiana
Perivólia
Élos
1331m
Apopigádi
Váthi
Aligoí
Psarianá
Plokamianá
Agía Eiríni
Akrotíri Máyros
Ágios Dikaíos
Drýs
Kántanos
Anisaráki
Epanochóri
Órmos Stomíou
Moústakos
Chondrás
Plemenianá
Kampanós
Moní Chrysoskalítissas
Kalámios
Kefáli
Kakodíki
Kakodikianós
Rodováni
Sklavopoúla
Voutás
Kádros
Papadianá
Moní Koustogérako
Kálamos
Elafonísi
Kontokynígi
Prodromi
Elafonísi
Ágioi Theodoroi
Soúgia
Ánydroi
Órmos Soúgias
Palaiochóra
Koundoúra
Akrotíri Kríos
Akrotíri Trachíli
Akrotíri Floriés
Gávdos

D
E
F
KRITIKÓ PÉLAGOS
Kólpos Chanión
Ágioi Théodoroi
Akrotíri Trypití
Moní Agíou Ioánnou tr Gouvernétou
Stavrós
Akrotíri Mavromoúri
Koumarés
Moní Agías Triádas
Órmos Kalávas
Chorafákia
Kalórrouma
Risoskloton
Kampáni
Pervolitsa
Táfos Venizélou
Profítas Ilías
Akrotíri
Chaniá
Moní Korákies
Korákies
Aróni
Stérnes
Platanias
Geráni
E65/90
Polemikós Nekrotafeió Symmáchon
Maráthi
Galatás
Soúda
Órmos Soúdas
Soúda
Loutráki
Perivólia
Mourniés
Kyrtomádos
Nerokoúros
E75/90
Kalámi
Malàxa
Agiá
Manoliópoulo
Varýpetro
Kalýves
Alikanos
Kontópoula
Vatólakkos
Panagía
Tsivarás
Stylos
Arménoi
Skonízo
Fournés
Skinés
Gerolákkos
Néo Chorió
Vámos
Chiliaró
Machairoí
Papadianá
Kámpoi
Mesklá
Kaína
Ágios Pántes
Drakóna
Thériso
Karés
Lákkoi
Melidóni
Néa Roúmata
Karés
Frés
Nipos
Vrýses
180
Prasés
Vafés
Chaniá
Omalós
Vatoudiáris
Omalós
2133m Melintaoú
2331m Griás Sorós
Ágios Nikólaos
2080m Gíngilos
2218m Kástro
Káres
Lefká Óri
Ammoudároi
Pétres
1984m Psiláfi
Samariá
2116m Volakiás
Óssia María
2453m Páchnes
Farángi Samariás
Ímpros
Sideróportes
1239m
Farángi Ímprou
Agía Rouméli
Arádiana
Farángi Arádiana
Anópoli
Chóra Sfakia
Voúvas
Órmos Agía Roumélis
Komitádes
Loutró
Akrotíri Moúros
Gavdopoúla
Palaiochóra, Chóra Sfakia
Gávdos
Karavés
Tripití
Gávdos
5
4
3
2
1

A
B
C
Akrotíri Trypití
Moní Agíou Ioánnou tr Gouvernétou
Stavrós
Koumarés
Moní Agías Triádas
Órmos Kalávas
Chorafákia
Kalórrouma
Risoskloton
Kampáni
Pervolitsa
Akrotíri
Moní Korákies
Korákies
Aróni
Stérnes
Maráthi
Polemikós Nekrotafeió Symmáchon
Soúda
Órmos Soúdas
Soúda
Pireás, Thessaloníki
Akrotíri Drápano
E75/90
Kalámi
Maláxa
Kontópoula
Kalýves
Kókkino Chorió
Pláka
Tsivarás
Drápanos
Stylos
Arménoi
Gavalochóri
Néo Chorió
Machairoí
Vámos
Kefalás
Kámpoi
Kaína
Ágios Pántes
Sellía
Likotinariá
Melidóni
Kal Alexándrou
Órmos Almyroú
Karés
Frés
Nipos
Vrýses
Georgioúpoli
Vafés
Máza
E75/90
Geráni
Asprouliáni
Drámia
Alíkampos
Pétres
Límni Kourná
Kávallos
Episkopí
Káto Valsamónero
179
Vatoudiáris
Koúfi
Kournás
Ágios Geórgios
Kalonyktís
2218m
Kástro
1493m
Trýpali
Káres
Argyroúpoli
Roústika
Ammoudároi
Pétres
Askífou
Asigonía
Moúntros
1511m
Agkathés
Vilandrédo
Ímpros
Myriokéfala
1239m
Alónes
Farángi Ímprou
Asfendos
1312m
Kryonerítis
Kánevos
Farángi Kotsifoú
Arádiana
Anópoli
Chóra Sfakia
Voúvas
Patsianós
Áno Rodákino
Káto Rodákino
Selliá
Mýrthios
Komitádes
Plakiás
Loutró
Skalotí
Órmos Pláka
Akrotíri Moúros
Fragkokástelo
Akrotíri Kalógeros
Akrotíri Kakomouri
Gávdos
LIVYKÓ PÉLAGOS
A
B
C

D
E
F
5
4
3
2
1
Pireás
KRITIKÓ PÉLAGOS
Chondrós Kávos
Pánormos
Lávris
Roúmeli
Achlades
Melidóni Spíleo
Melidóni
Geropótamos
E75/90
Stavroménos
Cháni Alexándrou
Pérama
Akrotíri Mavromoúri
Réthymno
Misiria
Plataniás
Viranepiskopí
Álfa
Dafnédes
Perivólia
Pigí
Loútra
Margarítes
Choumerio
Kastrí
Atsipópoulo
Giannoúdi
Mési
Eléftherna
Órthes
Prinés
97
Roussospíti
Amnátos
Archéa Eléftherna
Ágios Mámas
Somatás
Prasiés
Ágios Andréas
Arménoi
Chárkia
Moní Arkadíou
Áno Valsamónero
Mýrthios
Karé
Sellí
Réthymno
1584m
Sitáras
Potamída
Áno Maláki
Koumi
Ampeláki
Voleónes
182
Thrónos
Psil
Vistagí
Ágios Vasíleois
Karínes
Agiá Foteiní
Patsós
Méronas
Monastiráki
Ída 2456m
Agkouselianá
Lampiní
Amári
Elénes
Amáriou
Koxaré
Áno
Myxórrouma
Spíli
Kardáki
Vizári
Fourfourás
Kouroupa
Gerakarí
Lygiótis
Vrýses
Marioú
Fratí
97
Kédros
Kouroúte
Kissou Kámpos
Ágios Ioánnis
Nithavrís
Asómatos
Farángi Kourtaliótiko
Aktoúnda
Áno Méros
1776m
Hordáki
Drímiskos
Ardaktos
Akoúmia
Lefkógia
Krýa Vrýsi
Agía Paraskeví
Apodoúlou
Vathiakó
Moní Préveli
Keramés
1162m
Asidéroto
Piso Préveli
Mélampes
Plarýs
Káto Saktoúria
Áno Saktoúria
97
Akrotíri Melissa
Ágios Pávlos
Ágios Geórgios
Agía Galíni
Kókkinos Pyrgos
Paximáda
Órmos Mésaras

A
B
C
KRITIKÓ PÉLAGOS
5
4
3
2
1
Chondrós Kávos
Pánormos
Akrotíri Korakiás
Balí
Roúmeli
Achlades
Melidóni Spíleo
Vlicháda
E75/90
Síses
Órmos Fódele
Akrotíri Stavrós
Agía Pelagía
Akrotíri Panagia
Achláda
Fódele
Melidóni
1083m
Aloídes
Pérama
Kouloúkonas
Damásta
Rodiá
Linoperámata
Mourtzaná
Dafnédes
Theodóra
Márathos
Apaldianá
Stroúmpoulas
Choumerio
Omalé
Chónos
Kastrí
Órthes
Arolíthos
Ágios Mámas
Astyráki
Kavrochóri
Kályvos
Axós
Tílisos
181
Kræna
Anógia
Goniés
Keramoútsi
Psiloreítis
1584m
Sitáras
Korfés
Petrokéfalo
Ágios Mýronas
Vistagí
1850m
Kouroúna
Nída
Krousónas
Sárchos
Ída 2456m
Ídaikí Spiliá
1752m
Skínakas
Sivá
1860m
Koudoúni
Káto Asítes
Veneráto
Fourfourás
Vizári
Avgenikí
Kouroútes
1926m
Faràngi Roúvas
Ágios Ioánnis
Nithavrís
Priniás
Ágios Thomás
Moní Ágios Nikólaos
Kamáres
Apodoúlou
Plátanos
Agía Paraskeví
Ardaktós
Vorízia
Agía Varvára
Megáli Vrýsi
Vathíakó
Gérgeri
Zarós
Nývritos
Áno Moúlia
Platýs
Magarikári
97
Mákres
Kalochorafítis
Klíma
Panagía
Lagólio
Moróni
Lethéos
Kókkinos Pýrgos
Agía Galíni
Vourvoulítis
Plouti
Koutsoulídi
Roufás
Gortýs
Valís
Galiá
Tympáki
Vóroi
Ampelousos
Gkagkáles
Ethnologias Museio
Ágioi Déka
Mitrópoli
Órmos Mésaras
Agía Triáda
Moíres
Kapparianá
Faistós
Geropótamos
Mesará
Petrokéfalo
Plátanos
Vagioniá
Péri
Apesokári
Pitsídia
Sívas
Pómpia
Plóra
Vasiliká Anógeia
Kommós
Lístaros
Loúkia
Mátala
Pigaidákia
Ágios Kýrillos
Vasilikí
Miamoú
Krótos
Antiskári
Papadogiánnis
Platiá Perámata
Léndas
Akrotíri Líthino
Kaloí Liménes

D
E
F
5
4
3
2
1
Patra, Ancona, Katákolo
Thessaloníki, Pireás, Kykládes, Sporádes
Izmir
Día
Paximadi
Akrotíri Stavros
Thíra, Ródos
Kusadasi, Kárpathos, Lemesos
Kólpos Irakleíou
IRAKLEÍO
Néa Alikarnassós
Ammoudára
Amnisos
Vathianós Kámpos
Kokkini Hani
Káto Goúves
Goúrnes
Goúves
Akrotíri Chersónisos
Svoúrou Metóchi
Limín Chersónisou
Chersónisos
E75/90
99
97
184
Réma
Knosós
Karteros
Elaía
Anópoli
Kainoúrio Chorió
Epáno Vátheia
Aposelemis
Kóxari
Kaló Chorió
Gioufyrákia
Kalésa
Foinikiá
Spília
Vasileíes
Galífa
Epískopí
Smári
Potamiés
Voutes
Ágios Sýllas
Stavrákia
Kounávoi
Sgourokefáli
Káto Karouzaná
Archánes
Myrtiá
811m
Gioúchtas
Giofyros
Pezá
Apóstoloi
Askoí
Kastélli
Ágios Vasíleios
Ag Paraskiés
Sampás
Sklaverochóri
Xidás
Dafnés
Profítis Ilías
Meléses
Lilianó
Amarianó
Choudétsi
Vóni
Thrapsanó
Kypárissos
Irakleío
Alágni
Máthia
777m
Parthéni
Choméri
Roukáni
Geráki
802m
Stíronas
Doúli
Panórama
Zinda
Arkalochóri
Nipidítos
1414m
Virgioméno
Amourgélles
Mousoúta
Metaxochóri
Avlí
Panagía
Pártira
Áno Pouliá
Charáki
Melidochóri
Kasános
Thomadianó
Laráni
Pyráthi
Ínio
Karavádos
Badiá
Tеféli
Martha
Kastélli
Drapéti
Garípa
Vakiótes
Atsipádes
Ligortýnos
Parissia
Sokarás
Kalývia
Skiniás
Káto Viánnos
Stóloi
Anapodáris
Demáti
Chóndros
Loúres
Asími
Protória
Káto Kastellianá
Favrianá
Mesochorió
Dionýsio
Rotási
Keratókampos
Chárakas
Pýrgos
979m
Asfentiliá
Stávies
Stérnes
Tsoútsouros
Órmos Keratokámpou
Ethiá
Achentriás
Órmos Tsoútsourou
Asteroúsia
1231m
Kófinas
Parányfoi
Kapetanianá
Treís Ekklisíes
Akrotíri Martélos

A
B
C
5
4
3
2
1
KRITIKÓ
LIVYKÓ
Akrotíri Drepani
Akrotíri Chersónisos
Svoúrou Metóchi
Limín Chersónisou
Kólpos Malíon
Paralía Mílatos
Finokaliá
Amygdaléa
Anógia
Váltos
Dilakos
Nofaliás
Karýdi
Doriés
Kouroúnes
Sísi
Mílatos
Agóroi
Chersónisos
Aposelemis
Stalída
Mália
E75/90
Vrachási
Latsída
Dréros
Kastélli
Fourní
818m
Voulisméni
Neápoli
Nikithianós
Límnes
Agia Pelagía
Kaló Chorió
Mochós
Selénа
Vrýses
Houmeriákos
Potamiés
Sfendýli
Krasí
1599m
1487m Machairá
Ágios Konstantínos
Káto Karouzaná
Avdoú
Moní Kardiótissa
Kerá
Mésa Potamoí
Káto Amygdáloi
Zénia
Karterídes
Askoí
Kastélli
Seli Ambelou
Éxo Potamoí
Roussapidiá
Áno Amygdáloi
Skísma
óri
Xidás
Tzermiádo
Pinakianó
Tápes
Flamourianá
Liliano
Amarianó
Káto Metóhi
Mésa Lasíthi
1664m Katharó Tsiví
Lasíthiou
Ágios Konstandínos
Ágios Geórgios
Latô
Máthia
183
Pláti
Psychró
Venizélos museío
Kritsá & Panagía Kerá
Diktaío Ántro
Avrakóntes
Katharó
Geráki
Avdeliakos
Kroústas
Nipidítos
1414m Virgioméno
Óros Díkti
1485m Platiá Koryfí
2148m
Panagía
Kasános
Katofýni
2141m Aféntis Christós
Las
1141m
Thomadianó
Christós
Máles
Kalamáfka
Karavádos
Martha
Metaxochóri
1783m Madára
Áno Viánnos
951m
97
Kefalóvrysi
Anatolí
Káto Viánnos
Mýloi
Kalógeroi
Amirás
Ágios Vasíleios
Ríza
Mourniés
Chóndros
Sykológos
Ammoudáres
Stómio
Mýrtos
Néa Mýrtos
Keratókampos
Árvi
Faflágkos
Tértsa
Órmos Keratokámpou
Akrotíri Sidonía

D
E
F
5
4
3
2
1
Pireás
PÉLAGOS
Akrotíri
Ágios Ioánnis
Vlychádia
Myronikítas
Sélles
Vrouchás
Epáno
Loúmas
Spinalógka
Pláka
Spinalógka
Pines
Mavrimianón
Kolokythía
Eloúnta
Ólous
Kalós
Lammos
Lénika
Katsíkia
Xirókampos
Ág Pántes
Ágios
Nikólaos
E75/90
Mardáti
Ammoudára
Kólpos
Mirampéllou
Pseíra
Kalavrós
Chamézi
Skopí
Móchlos
Myrsíni
Paraspóri
Tourlotí
Mésa
Éxo
Mouliana
Mouliana
Sfáka
Skordilo
Thólos
Lástros
Ornó
186
1238m
Askordaliá
Dáfni
937m
Ístro
Pýrgos
Kalo Chorió
Pachiá
Ammos
E75/90
Kavoúsi
Chrysopigí
Thryptís
Lápithos
Gourniá
Prina
Thryptí
1476m
Aféntis
Stavroménos
Oreinó
Stavrochóri
Péfkoi
Vasilikí
Meseléroi
Monastiráki
Ágios Stéfanos
Stavrós
Makryliá
Episkopí
Papadianá
Schinokápsala
Tsikkalariá
Kalyvítis
Análipsi
Káto Chorió
Ágios
Ioánnis
Koutsourás
Makrýgialos
Pilalímata
Kaló
Neró
Kentrí
Agía
Fotiá
Mávros
Kólympos
Vainiá
Bramianá
Koutsounári
Agiasménos
Gra
Lygiá
Ierápetra
97
PÉLAGOS
Mikronissi
Chrýsi
D
E
F

A
B
C
5
4
3
2
1
Paximáda
Dionisádes
Dragonáda
Giannisáda
Kassos, Karpathos, Ródos
Akrotíri Síderos
Órmos Ténda
Síderos
Elása
Akrotíri Mavro
Ítanos
Erimoúpolis
Vái
Vái Finikodasos
Órmos Grántes
Akrotíri Faneroméni
Metoxi
Moní Tóplou
Akrotíri Vamvakia
Grántes
Órmos Siteías
Akrotíri Plaka
Siteía
Tripitos
Palaíkastro
Angathia
E75/90
97
Petrás
Agía Fotiá
Chamézi
Skopí
Kimouriótis
Roússa Ekklisía
Piskokéfalo
Stavromenos
Kryonéri
Lagkáda
Órmos Karoúmpes
Éxo Mouliané
Paraspóri
Achládia
Chochlakiés
Zoú
803m
Priniás
Kellária
Akrotíri Avláki
Skordilo
Maroniá
Karýdi
Azokéramos
Sfákia
Adravástoi
Ágios Geórgios
Epáno Episkopí
Katsidóni
Sitanos
Áno Zákros
Zákros
185
Dáfni
937m
Néa Praísos
Káto Zákros
Ágios Spyrídonas
Katelíónas
Akrotíri Zákros
810m
Vorí
Chandrás
Lamnóni
Etiá
Zíros
Péfkoi
Lithines
Arménoi
Ágios Stéfanos
Chamaítoulo
Pezoúlas
Xerókampos
Kaló Chorió
Análipsi
Pilalímata
Agía Triáda
Kaló Neró
Goúdouras
Órmos Makrýgialos
Akrotíri Goudoúra
Stenon Konfonisou
Strongilo
Koufonísi
Koufonísi
Trahilos
LIVYKÓ PÉLAGOS

Register

Abbildungsnachweis

Abkürzungen: (o) oben; (u) unten; (l) links; (r) rechts; (m) Mitte

Die Automobile Association dankt den nachfolgend genannten Fotografen und Bildagenturen für ihre Unterstützung bei der Herstellung dieses Buches.

Umschlag: AA Photo Library/Ken Paterson

THE ART ARCHIVE 33; BRUCE COLEMAN COLLECTION 27, 28u; DONNA DAILEY 25o, 30o, 30m, 30r, 31o, 31u, 86, 89, 91o, 110o, 156o, 156u, 158, 158l, 158r, 159, 160m, 163r, 167; KOBAL COLLECTION 34o; MARY EVANS PICTURE LIBRARY 6/7, 7o, 13m

Alle übrigen Fotos befinden sich im Besitz des AA Bildarchivs (AA PHOTO LIBRARY) und stammen von NIGEL HICKS, mit folgenden Ausnahmen: 173o, 173r STEVE DAY; 2i, 2ii, 2iii, 2iv, 3ii, 5o, 11u, 12/13, 12u, 15u, 17/19, 18o, 18u, 19, 24, 25m, 34u, 35, 45, 46u, 50, 53, 54m, 55, 58, 59o, 71, 73, 74u, 77u, 81, 88m, 91m, 105, 110u, 125, 164, 168 PHILIP ENTICKNAP; 3iii, 3iv, 8, 9o, 9u, 10l, 10r, 11 om, 11or, 13o, 14, 14/15, 15o, 16o, 20o, 20/21, 22m, 23o, 28o, 46m, 48m, 49o, 50/51, 52/53 (Hintergrund), 52, 52/53, 54u, 62, 63o, 64u, 72u, 75u, 78/79, 79o, 82/83, 82, 90m, 90u, 100o, 100u, 101u, 102/103, 108/109, 111, 112, 114, 115o, 116m, 117, 118, 127, 133o, 144l, 145m, 145u, 147u, 148, 155, 157, 160, 161, 162, 163m, 165l, 165r, 166, 173l 169 KEN PATERSON

Die Autoren danken Sunvil Holidays in England für Hilfe beim Buchen von Flügen und Mietwagen sowie dem Istron Bay Hotel.

Leserbefragung

Ihre Ratschläge, Urteile und Empfehlungen sind für uns sehr wichtig. Wir bemühen uns, unsere Reiseführer ständig zu verbessern. Wenn Sie sich ein paar Minuten Zeit nehmen, diesen kleinen Fragebogen auszufüllen, könnten Sie uns sehr dabei helfen.

Wenn Sie diese Seite nicht herausreißen möchten, können Sie uns auch eine Kopie schicken, oder Sie notieren Ihre Hinweise einfach auf einem separaten Blatt.

Bitte senden Sie Ihre Antwort an:
NATIONAL GEOGRAPHIC SPIRALLO-REISEFÜHRER, MAIRDUMONT GmbH & CO. KG,
Postfach 31 51, D-73751 Ostfildern
E-Mail: spirallo@nationalgeographic.de

Über dieses Buch …

NATIONAL GEOGRAPHIC SPIRALLO-REISEFÜHRER KRETA

Wo haben Sie das Buch gekauft? ______________________

Wann? Monat __ __ / Jahr __ __

Warum haben Sie sich für einen Titel dieser Reihe entschieden? ______________________

Wie fanden Sie das Buch?

Hervorragend ☐ Genau richtig ☐ Weitgehend gelungen ☐ Enttäuschend ☐

Können Sie uns Gründe angeben?

Bitte umblättern …

Hat Ihnen etwas an diesem Führer ganz besonders gut gefallen?

____

____

____

____

____

Was hätten wir besser machen können?

____

____

____

____

____

____

Persönliche Angaben

Name ______________________________

Adresse ______________________________

____

____

Zu welcher Altersgruppe gehören Sie?

Unter 25 ☐ **25–34** ☐ **35–44** ☐ **45–54** ☐ **55–64** ☐ **Über 65** ☐

Wie oft im Jahr fahren Sie in Urlaub?

Seltener als einmal ☐ **Einmal** ☐ **Zweimal** ☐ **Dreimal oder öfter** ☐

Wie sind Sie verreist?

Allein ☐ **Mit Partner** ☐ **Mit Freunden** ☐ **Mit Familie** ☐

Wie alt sind Ihre Kinder? _____

Über Ihre Reise …

Wann haben Sie die Reise gebucht? Monat / Jahr

Wann sind Sie verreist? Monat / Jahr

Wie lange waren Sie verreist? ______________________________

War es eine Urlaubsreise oder ein beruflicher Aufenthalt? ______________________________

Haben Sie noch weitere Reiseführer gekauft? ☐ **Ja** ☐ **Nein**

Wenn ja, welche? ______________________________

____

Herzlichen Dank dafür, dass Sie sich die Zeit genommen haben, diesen Fragebogen auszufüllen.